EMU	Economic and Monetary Union	経済通貨同盟
EPA	Economic Partnership Agreement	経済連携協定
ESAF	Enhanced Structural Adjustment Facility	拡大構造調整ファシリティー（IMF、1999年に貧困削減・成長ファシリティPRGFに改名、2015年より拡大信用ファシリティECFに変更）
ESCAP	United Nations Economic and Social Commission for Asia and the Pacific	国連アジア太平洋経済社会委員会
ESM	European Stability Mechanism	欧州安定メカニズム
EU	European Union	欧州連合（従来のECに共通外交安全保障政策、司法・内務協力を加えた総称）
FAO	Food and Agriculture Organization of the United Nations	国連食糧農業機関
FDI	Foreign Direct Investment	対外直接投資
FRB	Federal Reserve Board	連邦準備理事会
FTA	Free Trade Agreement	自由貿易協定
FTAA	Free Trade Area of the Americas	米州自由貿易地域
G8	Group of Eight	先進主要国（日、米、英、仏、独、加、伊、露）
GATS	General Agreement on Trade in Services	サービスの貿易に関する一般協定
GATT	General Agreement on Tariffs and Trade	関税及び貿易に関する一般協定
GDP	Gross Domestic Product	国内総生産
GEF	Global Environment Facility	地球環境ファシリティー
GII	Global Issues Initiative	地球規模問題イニシアティヴ
GNI	Gross National Income	国民総所得
GNP	Gross National Production	国民総生産
HDI	Human Development Index	人間開発指数
HIPCs	Heavily Indebted Poor Countries	重債務貧困国
IAEA	International Atomic Energy Agency	国際原子力機関
IBRD	International Bank for Reconstruction and Development	国際復興開発銀行（世銀グループ）
ICBM	Intercontinental Ballistic Missile	大陸間弾道ミサイル
ICC	International Criminal Court	国際刑事裁判所
ICISS	International Commission on Intervention and State Sovereignty	介入と国家主権に関する国際委員会
ICJ	International Court of Justice	国際司法裁判所
ICPD	International Conference on Population and Development	国際人口・開発会議
ICRC	International Committee of the Red Cross	赤十字国際委員会
IDA	International Development Association	国際開発協会（世銀グループ）
IDB	Inter-American Development Bank	米州開発銀行
IEA	International Energy Agency	国際エネルギー機関
IFAD	International Fund for Agricultural Development	国際農業開発基金
IFC	International Finance Corporation	国際金融公社（世銀グループ）
IIC	Inter-American Investment Corporation	米州投資公社
ILO	International Labour Organization	国際労働機関
IMF	International Monetary Fund	
INF条約	Treaty on Intermediate-Range Nuclear Forces	
IOM	International Organization for Migration	
IPCC	Intergovernmental Panel on Climate Change	
IPPF	International Planned Parenthood Federation	

プレリュード国際関係学

Prelude to International Relations

板木雅彦・本名純・山下範久 編
ITAKI Masahiko, HONNA Jun, YAMASHITA Norihisa

東信堂

はしがき

　立命館大学国際関係学部は、国際関係学の入門用の教科書を独自に編集してきた。『プロブレマティーク　国際関係』（東信堂、1996年）に始まり、『クリティーク　国際関係学』（同、2001年）、『ニューフロンティア　国際関係』（同、2006年）、『エティック　国際関係学』（同、2011年）と五年おきに内容を見直して、本書は私たちが編む五冊目の教科書ということになる。
　私たちの学部ではこの教科書を一回生の必修科目である基礎演習のテキストとして用いてきた。本書ももちろんそのように用いられる。その本書を編むにあたっての編集委員会のチャレンジは主に二つであった。一つは、国際関係学の対象となる国際関係の現実の変化の速さ、広がりの大きさにいかに対応するか。もう一つは、国際関係学を学ぼうとして大学に入ってくる一回生の知的背景の多様さにいかに応えていくかである。
　もともと国際関係学は歴史の浅い学際的（インターディシプリナリ）な研究分野である。国際関係学はそれ自体としては、それほどの厚みのある体系的基礎を持たないが、他方で国際政治、国際経済、国際法といった異なる専門性を帯びたサブディシプリンの複合によって構成されており、それらに加えて社会学、人類学、歴史学といった隣接の人文・社会系のディシプリンによって方法論的に支えられている。
　また国際関係学は、もともとはほとんど国家間関係だけを対象として想定してきたのに対して、いまでは国際機関や非政府組織（NGO）など国家以外の主体の間の多様な関係を扱う学問へと対象を拡張させている。安全保障のような伝統的な国際関係学の中心的な主題においてさえ、たとえばテロリズムの拡散や海賊行為の増大といった問題が ── そしてそうした問題に対応するグローバルなガヴァナンスが ── 国家間の武力紛争と同等の、あるいはそ

れ以上の重みを持つ課題として論じられている。

　さらにグローバル化の進展は、国際社会が立ち向かうべき課題のスコープをも大きく広げることになった。ヒト、モノ、カネのフローの拡大と増大によって、たとえば、移民や難民といったヒトの移動の問題、経済発展と資源や環境の問題、グローバルな金融危機などの課題は今日ますます切迫している。またグローバル化の進行を、あるいは加速させあるいは屈折させる要素として、情報化、地域統合、文化や宗教などのイシューが国際関係学に占める重みも増している。

　私たちはこれまでも、入門用の教科書を編むたびに、こうした問題対象の拡大に対応するべく、一方でベースとなる総論の記述を深化させ、他方で新しい主題やイシューを取り込んで、読者が最新の国際関係学の関心の広がりのイメージを持てるように努めてきた。この方針は本書でも継承・徹底されている。特に今回はベースの総論（第1～4章）を全面的に刷新し、そのうえでグローバル化による社会や文化の変容に関する記述を中心に各論の内容も大胆に増強・更新した。

　本書編集のもうひとつのチャレンジである大学進学者の知的背景の多様化は、ある意味ではこのグローバル化の結果でもある。大学進学率の上昇や留学生の増加によって、「日本の大学」の大学生が持っている「常識」はかつてほど均質ではなくなった。また国内の中等教育の内容も多様化し、大学入学までに多様な経験と学びを経てきた学生が同じ大学に入学するようになっている。

　ゆえに私たちは一方で、日本語で国際関係学を学ぶ際の自らの立ち位置に対して自覚的であるよう、日本およびアジアの視点を大切にして内容に厚みを持たせつつ、すべての寄稿者にできるだけロー・コンテキスト（特定の高い知的・文化的背景を要求しない）で平明な記述をお願いして本書を編むことにした。集まった原稿を手にして、私たちは、本書は日本語で読める国際関係学の入門用教科書としてきわめてリーダブルなものになったことを自負している。

　他方、このように広いカバレッジと高いリーダビリティを目指した結果と

して犠牲にせねばならなかった要素もあった。それは学術的な文章の作法である。本書は大学に入学してすぐの多くの学生にとって最初に目にする「大学で読む本」のひとつとなることを想定している。しかし、本書は大学の学びの集大成として書く卒業論文においてはもちろん、最初の学期に課されるレポートのレベルにおいてでさえも、学生諸君が書くお手本とはならない。本書に収められた諸章は、学術文献として必要な形式 ── 主張を支えるデータの出所や文献の典拠を示す注、引用・参照されたすべての文献の一覧など ── を十分には具えていないからである。

　この意味で、本書はあくまで教育用のテキストであり、それが提供するのは国際関係学の現在をつかむためのラフスケッチでしかない。実際には、本書のいたるところ、短い一文の背後に分厚い研究の蓄積や込み入った論争が隠されており、読者はそこに誘われている。言い換えれば本書は、学生諸君がよく書くためと言うよりも、むしろまずよく読むための素材である。ゆえに、本書の読者が「もっと読みたい」という衝動を覚えたとき、本書はその役割を果たしたことになる。願わくは、本書を手に取る学生諸君はもちろん、教師として本書を使う読者にも、ぜひこの本望を全うさせるべく本書を読み、そして活用していただきたい。

　最後になったが、本書の刊行は東信堂の下田勝司社長と編集担当の二宮侑紀氏、ならびに立命館大学国際関係学部事務室の森本悠さんのひとかたならぬご尽力の賜物である。記して感謝の意を表したい。

2016年早春

編集委員一同

プレリュード国際関係学
目　次

はしがき ……………………………………………………………………… i

第1章　グローバル化時代の国際秩序構築を目指して ……足立　研幾　3
　本章のねらい（3）

　はじめに ……………………………………………………………………… 4
　1　不変の国際関係？ ………………………………………………………… 5
　　1　主権国家システム …………………………………………………… 5
　　2　リアリズムによる平和の模索 ……………………………………… 6
　　3　アナーキー下の秩序形成の難しさ ………………………………… 7
　2　国家間協調は可能か？ …………………………………………………… 9
　　1　リベラリズムによる平和の模索 …………………………………… 9
　　2　国際連合による平和の模索 ………………………………………… 10
　3　「主権国家システム」神話の崩壊？ …………………………………… 11
　　1　「主権国家システム」の形成 ……………………………………… 11
　　2　「国と国との間の関係」にとどまらない側面の拡大 …………… 12
　4　国際関係学の漂流 ………………………………………………………… 13
　　1　リアリズムとリベラリズムの失墜 ………………………………… 13
　　2　非国家主体の台頭 …………………………………………………… 14
　5　グローバル化時代の国際関係の理解に向けて ………………………… 16

　　参考文献（18）

第2章　現代国際経済の動向と課題 ……………………板木雅彦・大田英明　19
　本章のねらい（19）

　1　国際分業と国際貿易── 国際関係の土台 …………………………… 20
　　1　国際分業と世界労働 ………………………………………………… 20
　　2　国際分業と不等労働量交換 ………………………………………… 21
　　3　世界貿易機関（WTO）のもとにおける現代の国際分業 ……… 24
　2　多国籍企業と直接投資 …………………………………………………… 26
　　1　資本のグローバリゼーション ……………………………………… 26

2　多国籍企業をとらえる理論パラダイム ……………………………28
3　現代の国際金融 …………………………………………………………29
1　ブレトンウッズ体制の成立と崩壊 ……………………………29
2　グローバリゼーションと資本・金融自由化の影響 ………31
3　国際金融体制の変遷と改革 ……………………………………35

参考文献（38）

第3章　グローバル化と「文化」 ……………中本真生子・池田淑子　39
本章のねらい（39）
1　「文化」とは何か …………………………………………………………40
1　「文化」という言葉／概念の誕生 ……………………………40
2　「文明」と「文化」 ………………………………………………41
3　「文化」の定義 ……………………………………………………42
2　文化と権力 ………………………………………………………………43
1　日本と「文化」 ……………………………………………………43
2　国境と「文化」 ……………………………………………………45
3　グローバル化と文化 ……………………………………………………46
1　文化帝国主義 ……………………………………………………46
2　オリエンタリズムの衝撃 ………………………………………47
3　ポストコロニアルの現在 ………………………………………49
4　映像と文化 ………………………………………………………………51
1　『将軍』(1981)：残存する「支配」の図式 …………………51
2　『ラスト サムライ』(2005)：日本文化の変容 ……………53
3　矛盾する映像の背景 ……………………………………………55

参考文献（56）

第4章　国際関係と法 …………………………………………西村　智朗　59
本章のねらい（59）
1　市民生活と国際法 ………………………………………………………60
1　「法」の存在と役割 ………………………………………………60
2　国際法と国内法 …………………………………………………62
3　国際法の存在意義 ………………………………………………66
2　国際法の基本枠組 ………………………………………………………67
1　国際法の歴史 ……………………………………………………67
2　国際法の主体 ……………………………………………………68
3　国際法の立法と実施 ……………………………………………69

>　3　国際関係学を学ぶための国際法 ……………………………… 71
>　　1　国際連合と国際法 …………………………………………… 71
>　　2　アジアと国際法 ……………………………………………… 73
>　　3　日本と国際法 ………………………………………………… 77

参考文献（82）

第5章　グローバル・ガヴァナンス ── 国連の役割 ── ……… 石原　直紀　83
本章のねらい（83）

> 1　グローバル・ガヴァナンスと国連 ………………………………… 84
>　　1　グローバル・ガヴァナンスとは ………………………………… 84
>　　2　国連の役割 ………………………………………………………… 85
>　　3　国連組織の仕組み ………………………………………………… 86
> 2　グローバル・ガヴァナンスの過程と国連の役割 ………………… 87
>　　1　多国間外交の中心として ……………………………………… 87
>　　2　国際世論の形成と集約 ………………………………………… 88
>　　3　規範・ルールの創設 …………………………………………… 89
>　　4　政策協調の創出 ………………………………………………… 91
> 3　グローバル・ガヴァナンスの実効性と国連 ……………………… 94
>　　1　平和と安全保障のガヴァナンス ……………………………… 94
>　　2　経済・社会問題のガヴァナンス ……………………………… 96
>　　3　人権・人道問題のガヴァナンス ……………………………… 98

参考文献（101）

第6章　現代の紛争 ……………………………………… 末近　浩太　103
本章のねらい（103）

> 1　紛争が続く世界 ……………………………………………………… 104
> 2　紛争の定義・タイプ・発生要因 …………………………………… 105
>　　1　「紛争」とは何か ………………………………………………… 105
>　　2　紛争のタイプと件数 …………………………………………… 106
>　　3　紛争はなぜ起こるのか ………………………………………… 108
>　　4　内戦発生のメカニズム ………………………………………… 110
> 3　シリア内戦の発生・長期化・国際化 ……………………………… 112
>　　1　内戦はなぜ始まったのか ……………………………………… 112
>　　2　内戦はなぜ長期化したのか …………………………………… 113
>　　3　「国際化した内戦」としてのシリア内戦 …………………… 115

4 「イスラーム国」に見る現代の紛争の特徴と課題 …………………… 116
1 破綻国家を「宿主」とする「イスラーム国」………………… 116
2 国際社会に挑戦する「イスラーム国」………………………… 118
3 「新しい戦争」……………………………………………………… 119
4 国際テロリズム …………………………………………………… 120

参考文献（122）

第7章　現代政治におけるデモクラシーと
　　　　ナショナリズム ……………………………………南野　泰義 125
本章のねらい（125）

はじめに ── 「正義」のための闘争？………………………………… 126
1 デモクラシーとは何か ……………………………………………… 127
1 「民主主義」ということば ……………………………………… 128
2 デモクラシーと人間の「自由」………………………………… 129
2 ナショナリズムとポピュリズム …………………………………… 130
1 ナショナリズムとは何か？……………………………………… 131
2 ポピュリズムという名の「妖怪」？…………………………… 134
3 闘争から和解へ ── 「共存のための術」………………………… 136
1 北アイルランド紛争 …………………………………………… 136
2 北アイルランド和平の挑戦 …………………………………… 137
4 「政治参加」とシティズンシップ教育 ── いかに政治と関わるのか …… 139
1 政治参加と「民意」……………………………………………… 140
2 レファレンダムとイニシアティブ …………………………… 142
3 シティズンシップ教育と政治主体の形成 …………………… 143
まとめに代えて ………………………………………………………… 144

参考文献（145）

第8章　地球環境問題と国際関係 ………………………大島　堅一 147
本章のねらい（147）

1 環境問題の国際化 …………………………………………………… 148
1 環境問題の種類 ………………………………………………… 148
2 環境問題の原因 ………………………………………………… 149
3 環境問題の国際化 ……………………………………………… 150
2 国際的環境問題の類型 ……………………………………………… 151
1 越境型の広域環境汚染 ………………………………………… 151
2 国際分業を通じた環境破壊 …………………………………… 153

3　「公害輸出」による環境破壊 …………………………………… 154
　　　4　軍事環境問題 …………………………………………………… 156
　　　5　グローバル環境破壊 …………………………………………… 157
　3　国際的環境問題をどのように解決すればよいか ………………… 159
　　　1　国際的環境政策の始まり ……………………………………… 159
　　　2　国連人間環境会議（1972年）………………………………… 160
　　　3　「持続可能な発展」概念の登場（1987年）………………… 161
　　　4　国連環境開発会議（1992年）とその成果 ………………… 162
　4　国際的環境政策の構築に向けて …………………………………… 163
　　　1　国際環境条約の統合的実施 …………………………………… 163
　　　2　地球環境ガヴァナンス ………………………………………… 164

参考文献（166）

第9章　ヨーロッパの統合 ……………………… 益田実・星野郁　167
　本章のねらい（167）
　1　ヨーロッパ統合の政治的起源とその歩み ………………………… 168
　　　1　超国家的統合 …………………………………………………… 168
　　　2　ヨーロッパ統合をめぐる「神話」とその「脱神話化」…… 169
　　　3　ヨーロッパ統合の二つの起源：東西冷戦とドイツ問題 …… 169
　　　4　ECSCの形成：米仏独による冷戦を背景にしたイニシアチブ … 170
　　　5　EECの形成：メッシーナ提案からローマ条約へ …………… 171
　2　ヨーロッパ統合の歩み：60年代から冷戦終焉後まで ………… 173
　　　1　EEC発足初期：「空席危機」と「ルクセンブルクの妥協」… 173
　　　2　70年代の統合：「完成・深化・拡大」……………………… 174
　　　3　80年代の統合：第二次拡大、第三次拡大、欧州悲観主義と
　　　　　統合の再活性化 ………………………………………………… 174
　　　4　冷戦体制の終焉とヨーロッパ統合の深化 …………………… 175
　　　5　EUの拡大……………………………………………………… 177
　　　6　リスボン条約と制度面での統合の発展 ……………………… 178
　3　危機に直面するEU………………………………………………… 179
　　　1　ユーロ危機とギリシャ ………………………………………… 179
　　　2　難民問題で揺れるEU ………………………………………… 181
　　　3　ロシアやイスラーム世界との対立 …………………………… 183
　4　ヨーロッパ統合の行方 ……………………………………………… 183
　　　1　試練にさらされるヨーロッパ統合 …………………………… 183
　　　2　ドイツ問題の再浮上 …………………………………………… 184

3　危機を通じて統合は深化するか──試される統合の理念とEUの結束 … 185

　推薦文献（185）

第10章　世界の中の日本経済 ……………………………… 高橋　伸彰　187
　本章のねらい（187）
　1　戦後日本の経済成長とゆたかさ ………………………………… 188
　　1　名目GDPの長期推移 ………………………………………… 188
　　2　物の豊かさと心の豊かさ……………………………………… 189
　2　ゆたかな社会と社会的共通資本 ………………………………… 192
　　1　ゆたかさの条件 ……………………………………………… 192
　　2　社会的共通資本とは何か……………………………………… 193
　3　グローバル化の理論とグローバル化の現実 …………………… 194
　　1　世界の所得格差の推移 ……………………………………… 194
　　2　賛成か反対かを超えて ……………………………………… 196
　4　資本主義の歴史における成長と格差…………………………… 197
　　1　全体や平均に隠された不平等………………………………… 197
　　2　なぜピケティ『21世紀の資本』が注目されたのか ………… 198
　　3　ピケティへの反論とピケティの挑戦 ……………………… 202
　5　有限な資源の管理と成長の正当性……………………………… 203

　参考文献（205）

第11章　発展途上国開発の課題 ………………………… 中川　涼司　207
　本章のねらい（207）
　1　「発展途上国」（Developing Countries）の「誕生」…………… 208
　　1　大航海時代と植民地 ………………………………………… 208
　　2　帝国主義列強と植民地 ……………………………………… 208
　　3　第二次世界大戦後の植民地独立と呼称問題 ……………… 208
　2　地位向上を目指す途上国の運動 ………………………………… 211
　　1　「第三世界」運動（非同盟・中立運動）の展開と「南北問題」… 211
　　2　途上国間の格差拡大と「第三世界」運動の岐路──「南南問題」… 212
　3　国連ミレニアム開発目標（MDGs）の作成とその後 ………… 213
　　1　国連ミレニアム開発目標（MDGs）の作成 ………………… 213
　　2　国連ミレニアム開発目標（MDGs）の達成状況 …………… 214
　　3　「持続可能な開発のための2030年アジェンダ」…………… 222
　4　世界銀行の取り組み ……………………………………………… 223

5　国際協力NGOの活動と国連、ODA、世界銀行 ……………… 224
　　1　国際協力NGOの拡大 …………………………………………… 224
　　2　国際協力NGOと国連 …………………………………………… 224
　　3　日本の外務省、ODAと国際協力NGO ………………………… 224
　　4　国際協力NGOと世界銀行 ……………………………………… 225
　6　発展途上国自身の課題 ……………………………………………… 226
　まとめと今後の展望 …………………………………………………… 227

　　参考文献（227）

第12章　国際移民と多文化社会 ……………………… 南川　文里　229
　　本章のねらい（229）
　1　国際移民の時代 ……………………………………………………… 230
　　1　国際移民とグローバル化 ……………………………………… 230
　　2　国際移民とはどのような人々か？ …………………………… 232
　　3　国際移民と日本 ………………………………………………… 235
　2　エスニシティと多文化主義 ………………………………………… 237
　　1　移民からエスニック集団へ …………………………………… 237
　　2　多文化主義の登場とその国際的背景 ………………………… 239
　　3　多文化主義と「多文化共生」 ………………………………… 242
　3　多文化社会をめぐる葛藤 …………………………………………… 243
　　1　多文化主義の後退と排外主義 ………………………………… 243
　　2　寛容な社会のために …………………………………………… 245

　　参考・学習文献（248）

第13章　情報とメディア ……………………………… 岡田　滋行　249
　　本章のねらい（249）
　1　高度情報化社会と私たち …………………………………………… 250
　　1　メディアの歴史 ………………………………………………… 250
　　2　表現の自由の確立 ……………………………………………… 251
　　3　報道と国益（戦争報道） ……………………………………… 253
　2　情報通信技術（ICT）革命と国際政治 …………………………… 255
　　1　変革の波 ………………………………………………………… 255
　　2　新聞の衰退、ネットの興隆？ ………………………………… 256
　3　メディア・リテラシー ……………………………………………… 257
　　1　SNSと公共圏 …………………………………………………… 257

2　メディア・リテラシーの実践編 ……………………………………… 259
　　　3　インテリジェンスの視点から ………………………………………… 261
　4　最後に …………………………………………………………………………… 262

　参考文献（264）

第14章　グローバル化時代における家族のゆくえ
　　　　　　　　　　　　　　　　　　　　　　　　　ライカイ・ジョンボル　267

　本章のねらい（267）

　1　固定的なモデルから流動的なモデルへ ……………………………………… 268
　　　1　固定的な家族モデルの時代 …………………………………………… 268
　　　2　脱固定化する家族の時代 ……………………………………………… 269
　　　3　国境を越えて ……………………………………………………………… 273
　2　理論的な挑戦 …………………………………………………………………… 275
　　　1　家族の定義問題 ………………………………………………………… 275
　　　2　親密圏の変容 …………………………………………………………… 276
　　　3　圧縮された近代化 ……………………………………………………… 278
　3　文化との関わり合い …………………………………………………………… 280
　　　1　文化的アイデンティティと家族 ……………………………………… 280
　　　2　普遍性と特殊性 ………………………………………………………… 281
　　　3　収斂か分散か …………………………………………………………… 282

　参考文献（283）

事項索引 ………………………………………………………………………………… 285

人名索引 ………………………………………………………………………………… 291

編者・執筆者紹介 ……………………………………………………………………… 294

プレリュード国際関係学

第1章　グローバル化時代の国際秩序構築を目指して

足立　研幾

〈 本章のねらい 〉

　国際関係学は、もともとは、文字通り「国と国との間の関係」を考察するものであった。現実の国際関係には「国と国との間の関係」にとどまらない要素が常に存在してきた。にもかかわらず、依然として、国際関係を「国と国との間の関係」と見る見方が根強い。それは、いったいなぜか。本章では、人々の国際関係の見方に強く影響を与えてきた主権国家システムという考え方について概観する。そのうえで、主権国家システムにおいて、いかに平和を達成するかという課題に、国際関係学がどのように取り組んできたのかをみていく。

　冷戦が終焉し、グローバル化が進展する中で、「国と国との間の関係」にとどまらない要素はいっそう顕著にみられるようになってきた。国家以外の主体が、大きくその存在感を増し、国際関係をみるうえで無視し得ない存在となった。その結果、現在、国際関係をいかにとらえればよいのかという点についての幅広い合意が消滅した。グローバル化時代の国際関係を、いかにとらえればよいのであろうか。また、グローバル化時代の国際関係を生き抜くうえで、国際関係学を学ぶことを通して何を身につければよいのか。こうしたことを考える材料を提供すること、それが本章の目的である。

キーターム　主権国家システム、アナーキー、リアリズム、リベラリズム、非国家主体

はじめに

　国際関係学（International Relations, IR）とは、一体いかなる学問なのだろうか。「国際」とは、もともとは国と国とが出会うところを意味する。英語のInternationalという語も、国（nation）と国（nation）との間（inter）のという意味である。国際関係の対応を誤ると大きな惨禍をもたらすことが第一次世界大戦によって明らかとなり、その後国際関係学が発達してきた。第二次世界大戦、冷戦、グローバリゼーションの進展などにより、国際関係はその複雑さを増す一方である。そうした国際関係がわれわれ一人ひとりの生活に与えるインパクトも大きくなり続けている。国際関係学を学ぶことの重要性は、かつてないほど高まっている。

　現在、国際関係が、「国と国との間の関係」にとどまらないことは言うまでもない。複数の国から構成される国際連合のような国際機関や、非政府組織（NGO）、多国籍企業、時には一人の個人さえもが国際関係に影響を与える。国際関係学は、「国と国との間の関係」にとどまらない、世界の諸現象・諸問題を対象にした学問であると言える。

　しかし、である。私たちが世界について考える時、依然として多くの場合、国家が集まって世界を作っていると考えがちである。世界地図は、国ごとに色分けされているものが多い。経済について考える際にも、日本と他国との間の貿易収支が論じられることが一般的である。オリンピックなどのスポーツ大会においても、多くの人は国別のメダル獲得数に一喜一憂したり、自国チームを応援したりする。国際関係が「国と国との間の関係」にとどまらないにもかかわらず、いまだ国際関係を「国と国との間の関係」という観点から捉える意識が根強く残っている。それは、なぜか。そして、そのことがいかなる問題をもたらしているのか。また、それを乗り越えるために、「国際関係学」をと通して、どのようなことを学んでいくべきなのか。本章では、これらの点について考えていこう。

1　不変の国際関係？

1　主権国家システム

　われわれが、「国家」を基本単位として世界を認識するようになったのはいつごろからなのだろうか。そもそも、「国家」とはいったいいつから存在するのか。この問いに答えることは実は容易ではない。日本語の「国家」という言葉にせよ、他言語の類似した概念にせよ、さまざまな意味で用いられてきており、その意味するところは、時代によっても場所によっても異なる。現在は、一般に、領域、人民、主権の3要素を備えたものを「国家」とみなす。主権には、一定の領域内を排他的に管轄し独立性を維持する対外的側面と、国内での最高の意思決定を最終的に掌握する対内的側面とがある。「国家」とは、領域と人民を内外の干渉を許さず統治する存在であるととらえられている、と言える。このいわゆる主権国家を基本アクターとする世界は、1648年のいわゆるウェストファリア講和条約によって形成されたと言われてきた。それゆえ、主権国家を基本アクターとする主権国家システムは、しばしば「ウェストファリア・システム」とも呼ばれている。

　主権国家システムの下では、国家は自らの身を自ら守るよりほかない。というのも、国家よりも上位の権威、たとえば世界政府のようなものは存在しないからである。国家よりも上位の権威が存在しない状態のことを、国際関係学においてはアナーキー（anarchy）と呼ぶ。世界政府が存在しないからといって、まったくの無秩序状態であるというわけではない。しかし、アナーキーな国際関係において、他国が自国の財産を奪おうと戦争を仕掛けてきた場合、侵略国を止めるために頼ることができるのは自らの力のみである。そのような状況におかれると、国家は自らの力を少しでも大きくしようと行動する。そして、常に国家は自らの生存を最優先して行動せざるを得ない。これが、国際関係学の代表的な理論の一つであるリアリズムの見方である。

　ケネス・ウォルツ（Waltz, Kenneth）は、主権国家システムが成立して以降、国家の内実がさまざまに変化したにもかかわらず、300年以上にわたって国際関係のパターンは驚くほど一貫していたと主張した。絶対君主制国であれ

国民国家であれ、あるいは民主国家であれ独裁国家であれ、世界政府が存在しない国際関係において自らの身を守るためには、自国の力を少しでも大きくしようとする行動をとらざるを得ないから、というのがその理由である。

リアリズムという言葉を聞いたことがない人であっても、他国に対して、自国がより多くを獲得できる政策を「国益にかなう政策」とみなしがちである。このことは、国際関係を「国と国との間の関係」ととらえ、その中にあって自国の国力が相対的に増す行動をとることが、望ましい政策であるという見方を、多くの人が共有していることを意味している。

2 リアリズムによる平和の模索

世界政府が存在しない国際関係において、いかに秩序を形成すればよいのであろうか。トマス・ホッブス（Hobbes, Thomas）は、自然状態のことを「万人の万人に対する闘争」と表現した。そして、自然状態から抜け出すべく、人々は社会契約によって国家を成立させたと見た。国際関係においては、残念ながら現時点では世界政府は存在しない。また、近い将来に世界政府が形成される見込みは小さい。そうした中で、国際関係を秩序だったものにすることは果たして可能なのであろうか。

勢力均衡（バランス・オブ・パワー）論は、アナーキーな国際関係において、いかに戦争を回避するかを考察する議論の一つである。戦争遂行には、人的、金銭的、政治的なコストが伴う。戦争に勝利すればコスト以上の利益が得られる場合であっても、戦争に勝利できるかどうかが不確かであれば、それだけ各国は開戦に慎重になる。対抗し合う国家間や同盟間の力関係が同等であれば、いずれの側にとっても戦争に勝利できるかどうかが不確実となり、戦争が回避される。すなわち、各国間で軍拡と、同盟の組み換えを柔軟に行うことによって、同盟間の勢力を同等に保つことができれば、戦争を起こりにくくすることが可能となる。これが、勢力均衡論の考え方である。

抑止論も、国家間の戦争をいかに防ぐかを考察する中で発達してきた議論である。抑止とは、相手に何らかの行動をとることを思いとどまらせることをいう。国際関係学における抑止論は、他国が戦争を仕掛ける（軍事攻撃を

する）ことを思いとどまらせる方策を考察するものである。抑止をするためには、大きく分けると二つの方法がある。その一つは、相手の攻撃に対する防衛力を高める方法である。高い城壁を築いて攻撃困難にしたり、対戦車地雷を敷設し戦車による攻撃を困難にしたりすることで、攻撃を仕掛けることを相手国にあきらめさせるのである。

　いま一つは、攻撃をした相手に対して報復攻撃を仕掛ける能力を誇示することで、攻撃を思いとどまらせる方法である。この方法は、防衛することが困難な攻撃、とりわけ核攻撃を抑止するための方策として考察が深められた。核攻撃の破壊力はきわめて大きく、そこから自国を完全に防衛することは容易ではない。そのため、もし他国が先に核攻撃を仕掛けてきたならば、自国は壊滅的な状態に陥ってしまう。こうした中にあっては、相手が核攻撃を仕掛けてくるよりも先に、自ら核攻撃を仕掛けたいという誘惑に駆られる。核攻撃を防ぐには、核攻撃を仕掛けた国に対して、同等以上の報復を行う能力があることを誇示することで、核攻撃を思いとどまらせるしかない。そのためには、他国による核攻撃を受けても、核兵器によってその国に報復することができる能力（第二撃能力）を保有することが重要となる。

　このような抑止論に基づき、冷戦期、アメリカとソ連は、核攻撃に耐えられる地下核サイロに核戦力を配備したり、潜水艦から発射できる核弾頭の開発を進めたりした。また、米ソ間で弾道弾迎撃ミサイル制限条約を締結し、核攻撃からの防衛システム配備を制限することを約束した。第二撃能力を持ち合う米ソ両国が、お互いに相手の核攻撃に無防備な状態にあえてとどまることで、核戦争を避けようとしたのである。相互確証破壊（Mutual Assured Destruction: MAD）と呼ばれるこの核抑止戦略は、文字通り、正気とは思えないものであった。

3　アナーキー下の秩序形成の難しさ

　勢力均衡論に従えば、戦争を防ぐ鍵は、同盟間の勢力バランスを同等に保つことである。しかし、同盟間の勢力を同等に保つことは容易ではない。そもそも、各国の国力を正確に測定することは不可能である。実際には均衡が

とれていたとしても、相手陣営の方が強いと感じれば、自らの陣営の軍拡を行う。そうした行動は、相手陣営の軍拡を引き起こし、軍拡競争に陥ってしまう。また、イデオロギーや心理的な対立などから、柔軟な同盟組み換えができない場合も少なくない。勢力均衡を保つことは至難の業である。

　勢力均衡がきわめてうまく機能した例とされる19世紀ヨーロッパにおいては、ナポレオン戦争終結後に開催されたウィーン会議以降、およそ100年間、主要大国間の戦争を回避することに成功した。しかし、ヨーロッパ各国は次第に三国協商（イギリス、フランス、ロシア）と三国同盟（ドイツ、オーストリア＝ハンガリー、イタリア）という二つの同盟システムに分極化するようになり、同盟組み換えの柔軟性が失われていった。勢力の均衡を保つことが困難になり、二つの同盟の間での軍拡競争が活発化していった。同盟組み換えがなされず、敵対的な同盟同士が軍拡競争に陥ると、少しでも自らに有利なうちに戦争に訴えようとする誘惑が強くなる。二つの同盟間の勢力均衡が崩れていく中、オーストリア＝ハンガリー帝国皇位継承者がセルビア人民族主義者によって暗殺されると、同盟関係を通じて瞬く間に両陣営を巻き込んだ未曾有の世界大戦が勃発してしまった。

　抑止論について言えば、他国が攻撃を思いとどまるのは、もし攻撃したならば相手国が同等以上の報復をする能力があり、そうした報復攻撃は回避したいと認識する時のみである。相手の報復能力を低く見積もったり、報復の意思を疑ったりする場合には、抑止は機能しない。核抑止について言えば、自国が核攻撃にさらされ壊滅状態になった後に、核報復を行うことが果たして現実的かという懐疑がつきまとう。つまり、自国がすでに壊滅状態になった後では、核報復をしようがしまいが、失われた自国民の生命がかえってくることはない。しかし、ひとたび核報復の実行が疑われたが最後、抑止は機能しなくなる。核報復に意味がないのであれば、先に核攻撃を仕掛けてしまおうという誘惑が強くなる。また、報復を恐れない相手に対して抑止は機能しない。自国民の死をいとわない指導者が率いる国や、追い詰められた国の攻撃を抑止することはできない。

2 国家間協調は可能か？

1 リベラリズムによる平和の模索

　世界政府が存在しない中にあって、現在も勢力均衡論や抑止論に基づいて自国の安全保障政策を策定している国は少なくない。そうした国は、隣国の軍事費が増大すると、自国も軍事費を増大したり、同盟を強化したりする行動をとる。だが、前節で見たとおり、勢力均衡論によっても、抑止論によっても、戦争を防ぐことは容易でない。

　世界政府が存在しないからといって、国家間の関係が対立的になるとは限らないと考える見方もある。ジョン・ロック（Locke, John）は自然状態であっても、人間は協調が可能であるとみていた。同様に、世界政府が存在しない国際関係においても、国家間で協調することが可能であるとする見方も存在する。実際、国境を越えた交流が増加するに従い、さまざまな政策分野で、国際機関などを通した国家間の協調が観察されるようになった。リベラリズムは、こうした国家間の協調を通して、国際関係も平和的で秩序だったものになりうるとみる。

　第一次世界大戦後、国際機関によって国家間の利害を調整することで戦争を防ごうという考えに基づいて、国際連盟が設立された。ただし、国際連盟は世界政府ではない。国際機関を通して各国の利害調整をしても、その結果に納得できず戦争に訴える国が出てくる可能性はある。こうした問題に対して、国際連盟はその手続きを無視したいかなる戦争も、連盟のすべての加盟国に対する戦争とみなすと規定することで対応しようとした（第16条）。すなわち、戦争に訴える国があれば、それ以外の連盟国すべてがその国に対抗することをあらかじめ示すことで戦争勃発を防ごうとした。この集団安全保障という考え方は、対抗し合う同盟間でバランスをとろうとする勢力均衡とは根本的に異なる。集団安全保障においては、対抗し合う関係もなければ、各国の力を測定したり、それに基づいて同盟の組み換えや軍拡によりバランスをとったりする必要もない。どの国が戦争に訴えても、それ以外のすべての国が協力して侵略国に対抗することを示すことで、戦争を抑えようとする

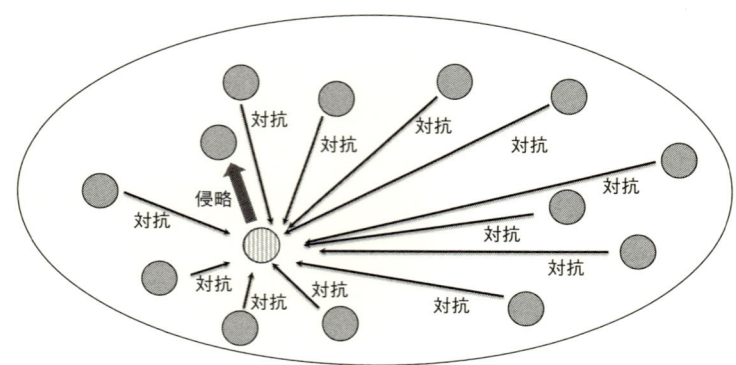

図1-1　集団安全保障の仕組み

のである。

2　国際連合による平和の模索

　国際連盟は、第二次世界大戦勃発を防ぐことはできなかった。しかし、第二次世界大戦後には、やはり国際機関における国家間協力を通して戦争を防止すべく国際連合が設立された。その際、国際連盟の失敗の教訓を生かし、集団安全保障体制を強化した。具体的には、安全保障理事会が、平和に対する脅威、平和の破壊または侵略行為の存在を認定すると、まずは非軍事的措置をとり、それでは不十分な場合には軍事的措置をとりうることも規定している（国連憲章第7章）。加えて、国際連盟が理事国の脱退によって崩壊を招いたとの反省から、米英仏中ソに拒否権を与え5大国が望まない決議が採択されないことを保証した。主要国が国際連合を脱退してしまっては集団安全保障機能が著しく低下する。あるいは、5大国いずれかに対する軍事制裁が決議されれば、国際連合の軍事的措置によってかえって第三次世界大戦が始まってしまう。5大国に強い主導権を与え、一致して国際社会の平和と安全に対応する体制を整えることで、集団安全保障体制の信頼性を担保しようとした。

　集団安全保障システムの強化と並んで国際連合の柱となっているのが、経済、社会分野における国際協力の増進である。国際連合の経済社会理事会は、

万国郵便連合をはじめ、国際労働機関（ILO）、国際電気通信連合（ITU）などの機関と連携協定を締結した。また、国際連合設立と同時期に設立された国際連合教育科学文化機関（UNESCO）、国際通貨基金（IMF）、世界銀行グループ（IBRD）、世界保健機関（WHO）なども、同様に経済社会理事会と連携協定を結んでいる。国際連合はこれらの専門機関と連携しつつ、経済社会分野のいっそうの国際協力促進を図っている。国際協力が可能な個々の問題領域において国際協力を進展させ、国際協力から得られる利益を大きくした。戦争によってそうした利益が失われるのだとすれば、国際協力を進めれば進めるほど、戦争によって失うものも大きくなる。経済社会分野の専門機関を網の目のように張り巡らせることで、戦争が起こりにくい環境を整備し、集団安全保障システムを補完しようとしたのである。しかし、第二次世界大戦後まもなくアメリカとソ連の対立は深刻なものとなり、国際連合は、その設立時に想定していた機能を果たすことはできなかった。

3　「主権国家システム」神話の崩壊？

1　「主権国家システム」の形成

　国際関係を「国と国との間の関係」とするリアリズムの見方は、国家があたかも一人の人間に擬制できる単一のアクターであるとの前提に立つものである。しかし、国家は、さまざまな立場、さまざまな価値観を持った多くの人々が集まって構成されており、決して単一のアクターではない。また、移動や通信手段が発達する中で、個々人が国境を越えて交流することはますます容易になりつつある。

　実際、いわゆるウェストファリア条約が締結されて以来、不変の主権国家システムが存続しているという見方自体が一つの神話に過ぎない。近年の研究では、主権国家システムは、15世紀後半から19世紀にかけて徐々に形成されたという立場をとるものが多い。1648年時点では、帝国諸領邦やハンザ都市などのさまざまな国家以外の主体、すなわち非国家主体が外交関係を結んでおり、国際会議にもこれら非国家主体が参加していた。国際会議への

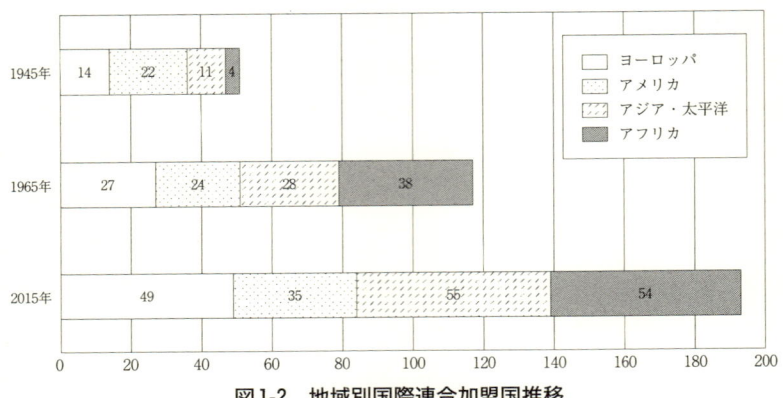

図1-2　地域別国際連合加盟国推移

出典）国際連合広報センターの資料（http://www.unic.or.jp/info/un/un_organization/member_nations/chronologicalorder/）より作成。

参加資格は徐々に主権国家に限定されるようになっていくものの、それは当初ヨーロッパ諸国に限られていた。

　地球規模でみれば、一部の地域に主権国家システムが定着し始めていたに過ぎず、他の地域ではヨーロッパ流の主権国家とは異なるさまざまな主体が重要な位置を占めていた。その後、力を背景にヨーロッパ流の主権国家が他の国際的な主体を駆逐していき、19世紀以降主権国家システムが国際関係の中心的位置を占めるようになった。ただし、主権国家システムが地球上を覆うようになったのは、脱植民地化が進んだ1960年以降のことである。

2　「国と国との間の関係」にとどまらない側面の拡大

　17世紀半ば以降のヨーロッパには、主権国家システムとしてとらえられる側面があったことは確かであろう。しかし、それはせいぜい国際関係の一部に過ぎない。「国と国との間の関係」にとどまらない国際関係は脈々と存在し続けてきた。そして、地球全体を主権国家システムがようやく覆い尽くすようになったころには、すでに国際関係を「国と国との間の関係」のみとしてとらえることを不適切とする見方が現れてきていた。

　というのも、1970年代には、国境を越えたヒト、モノ、カネ、情報な

どの相互作用が増大していたからである。ある国で発生した問題は容易に他国に影響を及ぼし、また国際問題が各国国内にも大きな影響を与えるようになった。多国籍企業をはじめとする非国家主体や個々人が国境を越えて活発に活動するようになり、そうした非国家主体が国際関係に無視し得ない影響を与えていると認識されるようになりつつあった。各国間の国境を越えた相互作用が増大する中で、軍事力以外の問題も各国の存立にとってきわめて重要な意味を持ちうるようになった。オイル・ショックは、こうした点を各国に明瞭に自覚させる象徴的な出来事であった。

4　国際関係学の漂流

1　リアリズムとリベラリズムの失墜

　非国家主体の活動が目立つようになりつつあったにもかかわらず、国家が国際関係における中心的なアクターであるという見方は、1970年代以降も国際関係学の中心的位置を占め続けていた。国際関係を見る二大理論であるリアリズム、リベラリズムは、議論の精緻化を進める中で、徐々に接近していた。両者とも、国家を国際関係における基本アクターとし、世界政府が存在しない国際関係において、各国は自国利益を最大化するために、合理的に行動するという見方を共有するようになった。むろん、リアリズムの議論は国家間の協調の可能性に悲観的であるのに対して、リベラリズムの議論はそれに楽観的であるという相違はある。だが、経済分野等で国家間協力が進展する現実を受けて、安全保障分野における国家間協力が困難な一方で、経済問題等では国家間協力がありうるとの見方は幅広く受け入れられていった。

　しかしながら、リアリズム、リベラリズムいずれの議論も冷戦終焉を予想することができなかった。冷戦終焉に至る過程で、自らの一方的な力の低下につながるにもかかわらず、ソ連はアフガニスタンから軍を撤退させたり、自らが優位に立っていた中距離核戦力の全廃条約に調印したり、一方的な兵力削減を行ったりした。また、アメリカはそこに付け込んで自らの勢力を拡大させるのではなく、ソ連との協調を進めた。このような冷戦終焉に至る米

ソの行動を、リアリズムやリベラリズムの観点から説明することもまた困難であった。それゆえ、国家は、自国利益の最大化を目指して合理的に行動するという前提に対する信頼が大きく揺らぐこととなった。

こうした中で台頭してきたのが、コンストラクティヴィズムである。コンストラクティヴィズムは、各国が何を自国利益と考えるか、いかなる行動をとることを適切と考えるかといったことは、国家間の相互作用を通して形成され、変容すると見るアプローチである。従来、あまり顧みられてこなかった規範やアイデンティティといった観念的な要素にも注目しながら、国際関係を分析しようとする点にその特徴がある。ただし、コンストラクティヴィズムによる研究も、いまだ十分に理論的に体系立っているとは言いがたい。国際関係学において支配的であったリアリズムやリベラリズムでは、国際関係をうまくとらえきれないことが明らかになり、かといってそれに代わる議論も十分に説得力を持つには至っていない。国際関係学は漂流を続けているのである。

2　非国家主体の台頭

冷戦終焉後、しばらく「ポスト冷戦」といった語が用いられたが、これは、冷戦「後」であるという以上の積極的意味を持たない語である。冷戦後の国際関係がいかなるものなのか、という点についてなかなか幅広い合意ができないでいると言える。さらに、国際関係を、「国と国との間の関係」とする見方が、ますます不適切であるように感じられるようになった。というのも、冷戦終焉と時を前後してグローバル化が急速に進展するようになり、ヒト、モノ、カネ、情報が国境を越えていっそう密に往来するようになったからである。そうした中、国境を越えて活動する非国家主体の数も激増した。数が増加しただけでなく、グローバルな問題に対するその影響も大きくなった。このことが、国際関係学の漂流に拍車をかけている。

実際、多国籍企業の中には、一国のGDPをはるかにしのぐ売上高を誇るものが現れてきた。2014年の統計（**表1-1**）で見ると、世界最大の売上高を誇るウォルマートを上回るGDPを持つ国は27カ国しか存在しない。世界経

済の動向に対して、時に国家以上に大きな影響を持ちうる多国籍企業が存在しているのである。国際NGOについても、年間予算が、数千万ドル、なかには数億ドルに及ぶものさえ出てきた。たとえば、パンダをはじめとする野生動物保護で有名な世界自然保護基金の年間予算は2億ドルを優に超えている。野生動物保護にこれだけの予算を拠出できる国はほとんどない。国際NGOの活動もまた、特定の分野においては、時に国家以上に大きな影響を持ちうるようになったのである。

　グローバル化の進展に伴い、人身売買や違法薬物の取引など、国境を越えた犯罪行為もまた増加した。各地のテロ組織が国境を越えて緩やかに連携することもしばしば観察されるようになった。こうした国際テロ組織は、2001年の9.11同時多発テロが契機となり、国際社会に脅威を与える存在として明瞭に認識されるようになった。主としてイラクで活動していた武装集団が、イラクとシリアの一部を実効支配し、2014年に「イスラーム国」を名乗りはじめる事態も発生した。これらの組織は、国境を越えて連携したり、資金集めやリクルートなどを行ったりしており、国家の枠組みで対処することが難しい。国家や国際社会の安全を確保するためには、こうした非国家主

表1-1　2014年の経済規模トップ50

(単位:100万ドル)

1	United States	17,419,000
2	China	10,360,105
3	Japan	4,601,461
⋮		
27	Norway	500,103
28	Walmart	485,651
29	Sinopec Group	446,811
30	Austria	436,344
31	Royal Dutch Shell	431,344
32	China National Petroleum	428,620
33	Iran	415,339
34	United Arab Emirates	401,647
35	Exxon Mobil	382,597
36	Colombia	377,740
37	Thailand	373,804
38	BP	358,678
39	South Africa	349,817
40	Denmark	341,952
41	State Grid	339,426
42	Malaysia	326,933
43	Singapore	307,872
44	Israel	304,226
45	Egypt	286,538
46	Philippines	284,582
47	Finland	270,674
48	Volkswagen	268,566
49	Chile	258,062
50	Toyota Motor	247,702

出典）各国の経済規模については世界銀行の各国GDPデータ (http://http://data.worldbank.org/data-catalog/GDP-ranking-table)、企業については売上高のデータ (http://fortune.com/global500/) を用いて作成。

体の活動にも目配りをする必要性が大きくなった。

5　グローバル化時代の国際関係の理解に向けて

　グローバル化がますます深化し、国際関係について学ぶ重要性は大きくなる一方である。ありとあらゆる問題が国際化するようになる中で、地球環境問題、難民問題、感染症問題、エネルギー問題など、一国では解決できない問題が頻発し、その深刻度も増すようになった。これらの問題を解決するためには、各国間の協力が不可欠である。また、国境を越える問題には、国境にとらわれないで活動できるNGOなどの非国家主体が、時として国家以上に適切に対応できることもある。

　たとえば難民問題への対応にあたっては、国連難民高等弁務官事務所（UNHCR）のような国連機関や、国境なき医師団のような国際NGOが大きな役割を果たしている。実際、さまざまな問題において、国家と、これらの非国家主体とが協働して国際問題の解決にあたることが増えている。草の根に根差した活動を行うNGOだからこそできるきめ細やかな活動、国際機関だからこそできる活動、国益にとらわれない高い専門性を持つ団体だからこそ可能となる活動など、非国家主体の強みが発揮できる活動は多い。

　国家に頼らず、非国家主体主導で国際問題の解決が試みられることもある。自然環境や資源が適切に管理されたもとで生産・製造された商品に、認証マークを付ける活動はそうした一例である（**図1-3**）。消費者がこれらの認証マークの付いた商品を選択することによって、環境や資源管理を顧みない業者を淘汰し、環境や資源を保護しようと試みている。

　こうした活動には、問題解決を国家に任せ、環境規制などに関する国家間合意が形成されるのを待つのではなく、非国家主体自らが問題解決に乗り出したという面がある。また、いかに国家間で規制条約などが形成されても、条約に拘束されるのは国家に限られる。しかし、実際に環境破壊や資源枯渇につながる活動を行っているのは企業や個人である。それゆえ、国家間条約などだけではうまく活動を規制できない場合が少なくない。国家だけでは対

図1-3　認証マークの例

応が難しいがゆえに、非国家主体が解決に乗り出したという面も、上述の活動にはあるのである。こうした活動の実効性には懐疑的な見方もあるが、非国家主体が主体的に問題解決に乗り出す例は増えつつある。

　現在の国際関係を理解し、そこに山積する国際問題を解決する方策を考察していくためには、国際関係を国家の枠組みにとらわれずに把握しようとすることが重要となる。現実として、「国と国との間の関係」にとどまらない関係が脈々と存在し、そしてその要素が拡大してきている。ただ、国家の重要性が低減する一方かというとそうとも限らない。世界政府が存在しない国際関係において、国家が正統な集合的決定をなしうる重要な組織の一つであることに変わりはないからである。また、グローバル化が進展する中で、人々が、宗教や民族、あるいはナショナリズムにアイデンティティのよりどころを求めることも少なくない。グローバル化が進展する中で、かえってナショナリズムに基づく対立が強まっているように見える地域も散見される。

　非国家主体が国際関係に与える影響は増大し続けているが、国家の重要性も依然として高い。ありとあらゆる問題が国際化するようになる中で、国際関係は複雑さを増し、またそれを学ぶ重要性も大きくなっている。ただし、そのような国際関係をとらえる見方については、幅広い合意は存在しない。

だからこそ、さまざまな議論を学ぶ際に、それらをうのみにせず批判的に検討することが重要となる。また、国際関係学という語に惑わされず、国家の重要性を認識しつつも、「国と国との間の関係」という側面にとらわれすぎないことが肝要である。先入観を持つことなく、複雑な国際関係を読み解こうとする姿勢、これを身につけることが、グローバル化時代の国際関係を理解し、生き抜くうえで不可欠なのである。

〔参考文献〕

E・H・カー（新訳版）『危機の二十年 ── 理想と現実』岩波書店、2011年
アナーキーな国際関係においていかに秩序を構築するのかについて深く考察する古典。原著は1939年出版だが、戦間期との類似性を指摘される今、改めて読みたい。

ケネス・ウォルツ『国際政治の理論』勁草書房、2010年
リアリズムを発展させ国際関係を分析する洗練された理論を提示し、国際関係学にインパクトを与え続けている書。原著は1979年だが邦訳も出たので、読んでおきたい。

ジョゼフ・S・ナイ・ジュニア、デイヴィッド・A・ウェルチ『国際紛争 ── 理論と歴史 原著第9版』有斐閣、2013年
国際政治の理論と歴史の両面から国際紛争について解説する書。勢力均衡や集団安全保障をはじめとする国際関係学の基本概念を理解するうえで便利。

中西寛『国際政治とは何か ── 地球社会における人間と秩序』中公新書、2003年
国際政治の展開・変容を近代ヨーロッパからたどることで、国際政治の本質に迫ろうとする書。

山本吉宣『国際レジームとガバナンス』有斐閣、2008年
リベラリズムの系譜の観点から国際関係の現状を理論的に分析する書。非国家主体主導による国際問題解決の試みに関する先駆的な議論も含まれている。

大矢根聡『コンストラクティヴィズムの国際関係論』有斐閣、2013年
リアリズム、リベラリズムが失墜する中で台頭してきたコンストラクティヴィズムというアプローチから国際関係を分析する教科書。

第2章　現代国際経済の動向と課題

板木　雅彦・大田　英明

〈 本章のねらい 〉

　国際経済とは、どのようなものであろうか。わたしたちは通常、国境を越えて移動したり取引されたりするヒト、モノ、カネ、情報の動きを国際経済ととらえている。

　そもそも、それぞれの学問体系は、ある中核的な概念を基礎にすえて構築されている。生物学であれば生命がそれであり、「そもそも生命とは何か」という根源的な問いに答えることを使命としている。物理学であれば物質とは何か、法学であれば正義とは何か、政治学であれば権力とは何か、そして経済学であれば価値とは何か —— すなわち、人間社会において「価値あるものとは何か」「価値あるものを豊かにするにはどうすればよいか」という問題を追求するわけである。そして、学問は全体として、「人間とは何か」という究極の問いに答えようとする人間の営為にほかならない。

　ヒト、モノ、カネ、情報が国境を越えて移動するということは、国ごとに異なる「価値の体系」をまたぐことであり、新たな「価値の体系」に換算し直されることである。これに対応して、ヒトの根本的な在り方さえ変化する。ここに、国内経済とは異なる国際経済に独特の現象や法則が生ずることになる。このことを以下では、国際経済学の三つの柱である国際貿易、国際投資、国際金融に則して、理論と現実の双方を検討していくことにしよう。

キーターム　労働のディスカウント（不等労働量交換）、自由・無差別・多角、折衷理論、ブレトンウッズ体制、国際資本移動の拡大と危機

1 国際分業と国際貿易——国際関係の土台

1 国際分業と世界労働

　コペル君とあだ名をつけられた中学2年生の男の子の成長を描いた『君たちはどう生きるか』という本の中に、次のような一節が登場する。舞台は、二・二六事件の起きた1936年、日中戦争がはじまった1937年頃の日本である。
　「僕は、寝床の中で、オーストラリアの牛から、僕の口に粉ミルクがはいるまでのことを、順々に思って見ました。そうしたら、まるできりがないんで、呆れてしまいました。とてもたくさんの人間が出て来るんです。ためしに書いて見ます。
（一）粉ミルクが日本にくるまで。
　牛、牛の世話をする人、乳を搾る人、それを工場に運ぶ人、工場で粉ミルクにする人、かんに詰める人、かんを荷造りする人、それをトラックかなんかで鉄道にはこぶ人、汽車に積みこむ人、汽車を動かす人、汽車から港へ運ぶ人、汽船に積みこむ人、汽船を動かす人。
（二）粉ミルクが日本に来てから。
　汽船から荷をおろす人、それを倉庫にはこぶ人、倉庫の番人、売りさばきの商人、広告をする人、小売りの薬屋、薬屋までかんをはこぶ人、薬屋の主人、小僧、この小僧がうちの台所までもって来ます。
　僕は、粉ミルクが、オーストラリアから、赤ん坊の僕のところまで、とてもとても長いリレーをやって来たのだと思いました。工場や汽車や汽船を作った人までいれると、何千人だか、何万人だか知れない、たくさんの人が、僕につながっているんだと思いました。でも、そのうち僕の知っているのは、前のうちのそばにあった薬屋の主人だけで、あとはみんな僕の知らない人です。むこうだって、僕のことなんか、知らないにきまってます。僕は、実にへんだと思いました。……だから、僕の考えでは、人間分子は、みんな、見たことも会ったこともない大勢の人と、知らないうちに、網のようにつながっているのだと思います。それで、僕は、これを『人間分子の関係、網目の法則』ということにしました。」(吉野、1982、85-88頁)

なんと瑞々しい感性と観察力であろうか。そして、なんと鋭い時代批判であろうか。明るい国際貿易のあるべき姿が、ここに描き尽くされていると言ってよかろう。コペル君がとらえたもの ── それが国際分業に基づいて編成された世界労働の体系なのである。実際には「何千人だか、何万人だか」どころではなく、みなさんの胸のたった1本のボールペンにさえ、文字通り世界数十億人の労働がわずかずつではあるが込められているのである。こうしてわたしたちは、事実上ありとあらゆる世界の人々と商品の交換を通じて交わり合い、年々歳々質量ともに豊かな暮らしを送ることが可能になっている。

2　国際分業と不等労働量交換

では、このような国際貿易を司る原理とは、どのようなものなのだろうか。それが、リカード（Ricardo, David）『経済学と課税の原理』1817年の第7章で展開された比較生産費説である。国際経済学には、これ以外にもヘクシャー＝オリーン理論などさまざまな説明原理が存在するが、ここでは最も古典的なリカード理論を用いて説明しておこう。彼は、これを次のような仮設例を用いて説明している。

(必要労働時間)	イギリス	ポルトガル
毛織物　（1単位）	100人	90人
ぶどう酒（1単位）	120人	80人

「1単位」というのは経済学者独特の言い回しで、毛織物なら1メートルとか1ヤード、ぶどう酒なら1リットルとか1本など一定の量を「1単位」として、その生産に必要な労働時間を表した表がこれである。たとえばイギリスでは、毛織物1単位の生産にイギリス人100人分の労働時間が必要である。注意してほしいのは、この100人分の労働時間の中には、職工たちが織物を織るのに直接必要な労働時間だけでなく、そのための糸や織機を製造する労働時間も含めた総労働時間であるという点である。また、ある職工がさぼっていて時間ばかりかかるといった事態は取り除かれていて、「その社会で平均

的に必要な労働時間」がここに計上されている。したがって —— 1817年当時、すでにイギリスは産業革命を終えているのでおかしな話なのだが ——、毛織物の生産でもぶどう酒の生産でもイギリスはポルトガルに劣っている。何をやらせても時間がかかって労働生産性が低い。もし、この状態で貿易が始まったとしたら、どうなるだろう。当然、ポルトガルが毛織物もぶどう酒もイギリスに輸出するから、早晩イギリスの外貨準備（当時は金）が枯渇して破産してしまう —— といったことは起こらない、とリカードは主張する。そんな不思議なことが、果たして生ずるのだろうか。

上の表から両国の国内交換比率を計算すると、次の表のようになる。たとえば、イギリスでは毛織物1単位を生産するのに100人分の労働時間、ぶどう酒なら120人分の労働時間がかかるから、もし国内で両者を物々交換すれば、毛織物1単位に対してぶどう酒0.83単位が交換される。逆算すると、ぶどう酒1単位に対して毛織物1.20単位が交換される。ポルトガルの数値は自分で計算してみよう。

（国内交換比率）	イギリス	ポルトガル
毛織物　（1単位）	0.83単位	1.13単位
ぶどう酒（1単位）	1.20単位	0.89単位

"Hey, presto!" とリカードなら叫ぶだろう。もうみなさんは、彼のマジックにはまってしまっているのである。イギリスの毛織物業者になって考えてみよう。国内では、毛織物1単位に対してぶどう酒0.83単位しか得ることができない。ところがお隣のポルトガルでは、毛織物1単位に対して、なんとぶどう酒1.13単位が交換されているではないか。さあ、ポルトガルに輸出しよう。今度はポルトガルのぶどう酒生産業者の立場で考えてみよう。国内では、ぶどう酒1単位に対して毛織物0.89単位しか手に入らない。ところがお隣のイギリスでは、ぶどう酒1単位に対して、なんと毛織物1.20単位が交換されているではないか。さあ、イギリスに輸出しよう。こうして、イギリスからは毛織物が、ポルトガルからはぶどう酒が輸出されるわけである。仮に —— リカードが想定したように両比率の中間で —— イギリスの毛織物1単位

に対してポルトガルのぶどう酒1単位が交換されたとすると、両国はともに貿易から利益を得ることができる。ここには、詐欺もなければ強制もない。

　どうしてこのような不思議な現象が起こるのだろうか。イギリスは何を生産させてもポルトガルより生産性が低い。しかし、ぶどう酒の120人に対して80人という圧倒的な絶対的劣位に比べると、毛織物の100人に対して90人という絶対的劣位はまだましである。つまり貿易は、生産性の絶対優位・劣位によって決定されるのではなく、比較優位・劣位によって決定されるという点が、彼の理論のポイントである。

　しかし、まだキツネにつままれたような顔をしたみなさんの疑問を解消するために、ここで「労働のディスカウント（不等労働量交換）」という考え方を導入しよう。リカードの想定に従って、イギリスの毛織物1単位に対してポルトガルのぶどう酒1単位が交換されたということは、言い換えれば、イギリス100人の労働に対してポルトガル80人の労働が交換されたということを意味する。繰り返すように、イギリスは何をやらせてもダメな国である。その国が「毛織物1単位の生産に100人かかりました」といっても、国際市場では通用しない。そこでは、「100人分の労働なんてとんでもない。国際的にみれば —— いまの場合、ポルトガルを基準とすれば —— 80人分の労働にしかあたらない」として、8割にディスカウントされてしまうのである。このようなことは、国内市場では決して起こらない。100人の労働は、あくまで100人分として評価され、100人分の労働に相当する商品と交換される。したがって、最初の表は、「労働のディスカウント」の結果、次のように換算される。

（国際価値）	イギリス	ポルトガル
毛織物　（1単位）	80人	90人
ぶどう酒（1単位）	96人	80人

　こうしてイギリスは、全般的に労働生産性が低いにもかかわらず、毛織物をポルトガルに向けて輸出することができる。つまり、自国の労働を国際的に安売りすることで初めて国際競争力を獲得する。しかし、ポルトガルも無傷ではいられない。イギリスとの貿易に参加することでぶどう酒輸出におい

て利益を得ながら、本来絶対的に生産性の高かった毛織物産業を破壊され、そこから撤退せざるを得ない。特化と呼ばれる現象である。

　リカードの簡単な設例から学ぶべきことは多い。みなさんはもう、「日本のお米は生産性が低いからタイのお米に負ける」とか「中国は賃金が低いからアパレルを世界に輸出できる」とは、決して言わないだろう。タイのお米が世界に輸出できるのは、タイの人々の労働が大幅にディスカウントされているからであり、中国の賃金が低く現れるのは労働のディスカウントの結果なのである。いくつかの仮定を置いたうえではあるが、世界の国々の労働のディスカウント／プレミアムの比率は、ドル建て一人当たり国民所得（あるいはGDP）を比較することで概算することができる。このデータから、発展途上国の労働が日本や西欧諸国の数十分の一にディスカウントされている状況を見てとることができる。

　コペル君のみた、あの明るい国際分業の裏側には、このような不等労働量交換の世界が広がっている。同じ人間が、たとえ同じだけ一所懸命働いたとしても、国際市場では決して同じとはみなしてもらえないという現実がここにある。そして、国際貿易に参加するすべての国が不等労働量交換の階層構造（ヒエラルキー）の中に組み込まれている。なぜ世界の貧困はなくならないのか。なぜ戦争や紛争は貧しい国に多く発生するのか。これら国際関係に不可分の疑問の多くは、この問題を抜きに理解することはできない。しかしまた、このような階層構造への組み込みによって初めて、発展途上国が国際貿易に参加することが可能となり、世界の労働が一つに結び合わされていることも忘れてはならない。

3　世界貿易機関（WTO）のもとにおける現代の国際分業

　リカードが明らかにしたように、貿易参加国は、比較劣位産業を捨て比較優位産業に特化することで貿易利益を最大化しようとする。しかし、産業構造の転換は先進国においても途上国においても大きな痛みを伴うものであり、社会的・地域的な摩擦が避けられない。そのため、世界の貿易体制は歴史上、自由貿易と保護貿易の間を大きく揺れ動いてきた。

現代の国際貿易は、1995年に設立された世界貿易機関（WTO）のルールにもとづいて営まれている。この前身は、紆余曲折の末に1948年から適用された関税貿易一般協定（GATT）である。「自由・無差別・多角」の原則を掲げ、最恵国待遇と内国民待遇の適用によって国際貿易の自由化を促進することを目的としている。これは、列強諸国のブロック主義が第二次世界大戦の遠因となったという苦い歴史的教訓に学ぶとともに、イギリスの帝国特恵関税制度などの保護貿易主義を解体し、戦後の資本主義世界市場を統一して社会主義圏に対抗しようとするアメリカの主導権を体現するものでもあった。こうして、ケネディ・ラウンド（1964-67年）、東京ラウンド（1973-79年）、ウルグアイ・ラウンド（1986-94年）などの多角的関税交渉を通じて、世界は貿易自由化の道を歩んでいった。

　しかしGATTのもとでは、植民地体制から脱してモノカルチャー経済を克服しようとする発展途上国の要求はほとんど考慮されていなかった。欧米先進諸国の利害を最優先して、農産品貿易の自由化はほとんど進まず、工業化の第一歩である繊維貿易に関しても、禁止されているはずの輸出自主規制や数量制限がまかり通っていた。また盟主アメリカは、1974年通商法301条を皮切りに、1988年の包括通商競争力法でスペシャル301条、スーパー301条を追加するなど、自らが「不公正貿易慣行」とみなす外国の貿易政策に対して一方的に制裁措置を行使していった。

　このようなGATT体制の行き詰まりの背景には、発足当初GATTが想定していた財貿易に加えて新たにサービス貿易（観光、金融、電気通信、運輸、流通など）が急速に発展し、知的所有権（特許、著作権、商標、意匠など）を巡る紛争が多発していたことがある。こうして、農業協定によって農産品を自由貿易体制に組み込み、繊維製品にGATTルールを10年かけて完全適用することと引き換えに、サービス貿易を一定自由化し（GATS）、知的所有権の保護を達成し（TRIPS協定）、紛争解決手続きを明確化して強化することを当面の課題としてWTOが設立された。いわば、先進国と途上国の互譲の産物がWTOであった。

　ところが、途上国は「特別かつ異なる待遇」を受けるとはいえ、数少ない

新興諸国を除いて大きく輸出を伸ばすことができず、WTO協定実施に伴う国内的な負担ばかりがかさんでいった。そこで、途上国の開発問題に重点を置いて2001年閣僚会議からドーハ・ラウンド（正式にはドーハ開発アジェンダ）が開始されたが、先進国と途上国の根深い対立から2015年現在に至るまでほとんど交渉の進展が見られていない。

1990年代に入って飛躍的に増大する自由貿易協定（FTA、経済連携協定EPAも同様）は、このようなWTO体制の行き詰まりを背景としたものである。WTOによれば、2015年4月現在、262の協定が機能している。FTAは、一方でサービス貿易自由化や知的所有権保護の強化でWTOを越える内容を持ち、政府調達や投資の自由化を強力に推し進めるといった積極的側面を持っている。しかし、FTAはWTOの無差別原則（最恵国待遇）を否定する排他的地域主義であり、その恩恵は参加国だけに限定されたものであることを忘れてはならない。現在、多数の先進国と途上国を糾合したいくつかの「メガFTA」の設立が目指されている。その中でもとくに環太平洋パートナーシップ（TPP）協定や東アジア地域包括的経済連携（RCEP）は、成長著しいアジア太平洋地域の分割を巡って争われているものであり、そこに米中の覇権交代の思惑がからむだけに、その帰趨から眼を離すことができない。

2　多国籍企業と直接投資

1　資本のグローバリゼーション

みなさんは、「資本」という言葉を聞いたことがあるだろう。マルクス（Marx, Karl）の考えに従ってこれを厳密に定義すれば、資本とは「無限に自己増殖する価値」のことである。価値——簡単に言えば一定額の貨幣が、工場・原材料・機械・労働力、完成品、そして再び貨幣というように、次々と姿形を変えながらどんどん増殖していく——つまり、利潤を生みだして、それが最初の元本に付け加えられて、より大きな規模で価値増殖過程を無限に繰り返していく。このような資本が主役の社会——つまり、お金儲け（利潤の獲得）がすべてに優先する社会だからこそ、わたしたちの社会は資本主義

社会と呼ばれている。企業とは、このような資本が運動するための「入れ物」のようなものと考えられる。

　海外に直接投資（グリーンフィールド投資、M&A）を行って子会社を設立することで、企業は多国籍企業となる。わたしたちが経済的グローバリゼーションと呼ぶものの正体は、このような資本の資本による資本のためのグローバリゼーション——つまり、価値増殖過程の世界的な展開なのである。そして、それを担う巨大企業群が多国籍企業である。

　ためしにフォーチュン誌のグローバル500企業ランキング（http://fortune.com/global500/）を検索してみよう。2014年には、売上高でみて世界最大はアメリカの小売業のウォルマート、2位は中国石油化工、3位はロイヤル・ダッチ・シェルと続き、8位にフォルクスワーゲン、9位にトヨタがきていることがわかる。次に世界銀行（World Bank）（http://databank.worldbank.org/data/home.aspx）や国際通貨基金（IMF）（http://www.imf.org/external/data.htm）のデータベースから国別の国内総生産（GDP）を検索して、この売上高と比較してみよう。そうすると、第1章でも詳しく触れられたように、これら巨大多国籍企業の売上高が、多くの発展途上国のGDPを上回っている事実が判明する。ただし、一国の総付加価値を表わすGDPと一企業の売上高では統計上の次元が異なっているため、厳密には比較できないことに十分な注意が必要である。

　さらに、国連貿易開発会議（UNCTAD）から毎年出版されている *World Investment Report* を見れば、世界経済全体に占める多国籍企業の比重を知ることができる。2014年における年間の直接投資流出入額は、1兆2,000～3,000億ドルに上り、世界全体の残高は約26兆ドルである。多国籍企業の在外子会社・関連会社の売上高は36兆ドル、そのうち付加価値は7.9兆ドルで世界GDPのほぼ1割を占め、輸出額は7.8兆ドルで世界の貿易総額の3分の1と推計されている。在外資産の総額は102兆ドル、海外での雇用は7,500万人に上っている。

　さらに重要な点は、世界で10万社に上ると推計される多国籍企業親会社のうち、ほんの一握りの巨大多国籍企業が世界の生産・販売を牛耳っている

という事実である。これを海外雇用数で比較すれば、トップ100社で960万人——つまり、全体の1割を超える海外雇用を生み出している。19世紀末に始まった資本の集中が、百数十年の時を経て今日ではグローバルな規模にまで拡大し、いまや一握りの巨大多国籍企業が極端なまでに世界の経済力を集中的に支配していることがわかる。

2 多国籍企業をとらえる理論パラダイム

このような多国籍企業の国際展開を説明する理論パラダイムの代表として、ダニング（Dunning, John）の折衷理論（Eclectic theory）がある。これによれば、多国籍企業の活動は、所有優位（Ownership advantage）、立地優位（Location advantage）、内部化優位（Internalization advantage）の3つの組み合わせによって説明することができる。

所有優位とは、ライバル企業に対して持っている技術的優位、流通・マーケティング上の優位、企業規模の大きさからくる優位、優秀な経営者を抱えていることの優位、天然資源等の原料への有利なアクセスからくる優位などに分けられる。これによって、なぜ（Why）ある企業が多国籍化するのかが明らかにされる。次に立地優位とは、たとえば中国やベトナムは名目賃金が安い、シンガポールは資金調達が容易だ、ルクセンブルグでは手厚い税制上の優遇策を受けられる、ドイツではインフラがよく整備されている、といった優位性である。これによって、どこに（Where）子会社を立地するかが明らかにされる。最後に内部化優位とは、所有優位と立地優位をどのような仕方で（How）利用するかを明らかにするものである。企業は、所有優位が体化された財やサービスを輸出するか、現地生産（これを内部化と呼ぶ）するか、技術ライセンシングするかという3つのチョイスに直面している。そこで、それぞれの方式で将来得られる収益と費用を予想し、その差額である利益を最大化する方式で進出することになる。こうして、3つの優位性を結合することで、世界的な生産・販売ネットワーク（グローバル・バリュー・チェーン）を築き上げているのが、多国籍企業なのである。

リカードが明らかにしたように、国際貿易の原理は比較優位・劣位であり、

国別の生産性格差と産業別の生産性格差という二重の不均等発展がこれを生み出している。この両者の間に一種の「ねじれ」あるいは「ずれ」が存在することによって貿易が発生する。実際に貿易や投資を担う主体である企業の間にも、所有優位に関するさまざまな格差が存在している。多国籍企業は、企業間の不均等発展（所有優位）を利潤の源としつつ、労働のディスカウントに基づく賃金率格差（国家間の不均等発展）と貿易の比較優位（産業間の不均等発展）を活用して追加的な利潤を獲得し（立地優位）、これらを最適に選択・組み合わせて（内部化優位）グローバル・バリュー・チェーンを築き上げることで、利潤を世界規模で最大化しているわけである。

　以上わたしたちは、国際貿易と国際投資（ここでは直接投資）について検討してきたわけだが、そこから浮かび上がってきた世界経済の姿は、光と影をともに含むものであった。暗いアジア太平洋戦争の時代に抗して、コペル君の眼を通して語られた明るい国際分業の裏側には、不等労働量交換が存在した。同じ人間の労働が同等な労働とはみなされないというこの階層構造を利用しながら、多国籍企業は、より安い賃金と資源、そしてより豊かな販売市場を求めて世界にあまねく展開し、利潤を最大化させている。しかし、生産力の劣った諸国は、このヒエラルキーに組み込まれることで初めて、あの国際分業の利益を享受することが可能になる。国際関係の底に横たわるこの光と影の絡まり合いを理解することなしに、人類の平和と平等と豊かな未来を語ることはできない。

3　現代の国際金融

1　ブレトンウッズ体制の成立と崩壊

　第一次・第二次世界大戦間の1919年から1930年代初めまで主要国では金価格と自国通貨を固定する金本位制を採用していた。しかし、アメリカ（以下、米国）の大恐慌（1929）を契機に世界経済が大幅に悪化したため、1930年以降米国は関税を大幅に引き上げ、欧州主要国や日本でも域内経済のブロック化が進み、国際貿易は縮小した。このため世界経済はさらに悪化し、

主要国では失業率は大幅に上昇した。これが、結果的にドイツ・イタリアや日本のファシズムの台頭を招き、第二次世界大戦（1939-1945）を引き起こした。この経験に基づき戦後の世界経済の安定化と経済発展を維持するため、戦争の大勢がほぼ決定した1944（昭和19）年7月米国ニューハンプシャー州ブレトンウッズで国際通貨基金（IMF）・世界銀行（設立当初は国際復興開発銀行、〔IBRD〕）設立が合意された（以降、IMF・世界銀行はブレトンウッズ機関と呼ばれる）。IMFは国際経済安定化のために通貨体制の維持と国際収支の安定化を目指し、短期融資支援を行う役割を担った。また、世界銀行（世銀）は、戦後の欧州や日本など戦禍に見舞われた国々／地域に復興資金を提供し、経済発展に寄与する機能が期待された。一方、世銀は1960年代以降、主に途上国を対象として中長期的な開発案件への融資機関として現在に至っている。

第二次大戦後、圧倒的経済力を背景に金1オンスを米国ドル（米ドル）35ドルに固定し交換（兌換）できる通貨制度（金・ドル本位制とも呼ばれる固定相場制、いわゆるIMF体制下のブレトンウッズ体制）が維持された。しかし、1960年代後半に入り米国ではベトナム戦争下で軍事支出は大幅に増加し財政赤字が拡大した。さらに物価の上昇にもかかわらずドルの為替レートは不変であったため、米ドルは割高となっていた。このため、輸出が低迷する一方輸入は

図2-1 米国国防費の推移

出所）米国 Financial Management Service, Treasury.

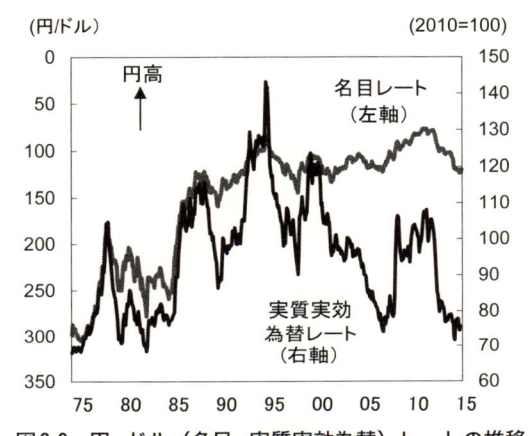

図2-2 円・ドル（名目・実質実効為替）レートの推移

注）実質実効為替レートは物価上昇率、貿易相手国割合を考慮した相場。
出所）日本銀行、BIS。

増加したため、貿易収支は悪化した。その結果、米ドルへの信認は次第に低下し、米国の金準備も減少したため、金・ドルの固定相場制を維持することが困難になった。そこで、1971年8月15日、ニクソン大統領（Nixon, Richard）はドルと金の兌換を停止することを突然発表（ニクソン・ショック）し、事実上固定相場制は崩壊した。これに伴い、1972年から73年3月までには主要国の通貨は変動相場制に移行した。日本円はこれ以来長期的にドルに対して名目為替レートでは上昇してきたが、物価や貿易相手国を考慮した実質実効為替レートは1995年をピークとして下落する傾向にある。

2　グローバリゼーションと資本・金融自由化の影響

(1)　米国「双子の赤字」と資本・金融自由化

戦後、ブレトンウッズ体制下では先進国でも為替・資本取引は厳しく監視され制限されていた。しかし、資本自由化は米国の国際収支を改善する政策の一環として実施されてきた。1970年代の石油危機（1973／4, 1979）を経て米国ではインフレ圧力が拡大したため、1980年代初めにレーガン（Reagan, Ronald）政権（1981-89）下で国内金利を引き上げたことに伴い国内市場の金利が上昇し、資金逼迫（クレジット・クランチ）が生じた。また、金利を引き

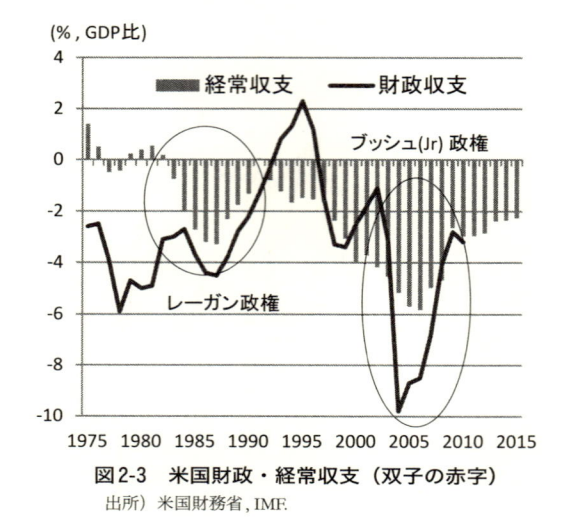

図2-3 米国財政・経常収支（双子の赤字）
出所）米国財務省，IMF.

上げた結果、ドル高となり輸出が低迷したため1970年代末までほぼ均衡していた経常収支は赤字化した。さらに軍事支出の拡大に伴う財政赤字とともに「双子の赤字」が生じた。そこで米国は海外資金を米国内に還流させるとともに国際収支を改善するため、世界的に資本規制の緩和や撤廃を実現させ、資本移動の自由化を進めてきた。

この資本・金融自由化に大きな役割を果たしたのがIMFであり、支援プログラムにおける貸付条件（コンディショナリティ）や定期的協議を通して各国の政策に積極的に関与してきた。その結果、資本・金融自由化が進展し国際資本移動が拡大した。このため、90年代以降、以下に述べるように急速な資本流出に伴う危機が顕在化した。

(2) アジア危機と「資本収支危機」

1990年代に入りメキシコでは、ほぼ米ドルに固定した通貨制度のもとで自国通貨建て国債を大量に発行し、外国投資家が積極的に保有した。しかし、1994年末に大統領選挙の候補者暗殺や地方反乱など政治・社会不安に加え、米国の金利引き上げを契機に一斉に資金が引き揚げられたため、メキシコ・ペソは暴落し、対外債務が拡大した。急激な資本流出による通貨下落（通貨

危機）と対外債務の拡大に伴う金融危機、さらに実体経済（成長率低下、失業率上昇など）の悪化を伴う経済危機が生じた。こうした複合的な通貨・金融・経済危機は「資本収支危機」と呼ばれる。ただし、メキシコ危機は比較的小規模でIMF等国際機関や日米関係機関の支援で短期に収束し域外への波及も限定的であった。

　史上最も大きな資本収支危機はアジア危機（1997/8）であった。東南アジアでは1990年代に入り一層資本自由化が進展し、タイ・マレーシアなどで自由に外貨と当該国通貨を交換できる「オフショア」市場が拡大した。しかも東南アジア各国では通貨がほぼドルにほぼ固定していたため、為替リスクが過小評価され、海外からの短期借入が拡大した。しかもインフレ率が高まる中、資金流入が拡大したため通貨が割高となり、輸入増加に伴う貿易・経常収支赤字拡大を引き起こした。これが当時投機的な資金取引で利益を上げてきた「ヘッジファンド」(高い収益を目標にリスクの高い金融取引を行う金融業者）の急激な資金引き揚げを招き、最初に1997年7月にタイの通貨バーツの急激な下落をきっかけに危機が発生した。その後、危機は瞬く間に周辺アジア諸国に波及した。

　危機が深刻化したタイ、インドネシア、韓国では、1997年秋からIMFの融資と引き換えに厳しい緊縮政策が実施された。IMFプログラム実施に伴い各国とも歳出は大幅に削減され、金利も引き上げられたため、経済低迷は一層深刻化した。当初の厳しい緊縮政策を多少緩和したことで次第に経済は回復したものの、危機後の経済・社会への打撃は大きく、人々の不満が拡大し、上記IMF支援対象国ではいずれも政権崩壊や交代が起きた。アジア危機の影響で世界的に資源価格は低迷し、石油収入に依存するロシアでも資本の流出に伴う通貨危機（1998年8月）が発生した。その後、ラテンアメリカのブラジル（1999）やアルゼンチン（2001/2）でも急激な資本流出に伴い危機を引き起こし、政権崩壊や交代がもたらされた。こうした中、資本規制を継続してきたインド、中国や1998年に資本流出規制を導入したマレーシアなどでは危機の影響は軽微にとどまった。この相次いだ危機の経験からアジアやラテンアメリカの主要途上国や新興国では2000年代以降国際資本移動の監視監

督体制を強化・整備してきた。

(3) 世界金融危機（2008）発生とその影響

　2000年代半ばには、欧州先進国や「資本収支危機」に伴う経済低迷から脱した新興国では欧米の金融機関や投資家の投資が拡大し、いわば「バブル」の状況が発生した。しかし、2006年3月の日本銀行（日銀）の量的緩和政策（2001-2006）終了後、米国への低利で潤沢な資金流入も減少し、徐々に金利が引き上げられ住宅ローンなど低所得層向け融資（「サブプライム・ローン」）の返済が困難となり、2007年夏以降には米国の金融危機は深刻化した。さらに、2008年9月に米国大手金融機関リーマン・ブラザーズの破綻（リーマンショック）は世界金融危機の引き金となった。

　危機発生を受けて、先進国では大幅な金融緩和策が一般化し、特に日銀や米国のFRB（連邦準備理事会）は市場に大量の資金を供給する量的緩和策を導入した。先進国経済が低迷する中、その大量の資金が新興国市場や国際商品市場に流入した結果、株価の高騰や原油、鉱物資源、食糧価格の上昇が相次いだ。しかし、2013年以降米国経済の回復に伴い比較的リスクの高い新興国市場から資金を引き揚げる動きが加速化したため、新興国の株価や為替は下落する一方、日本や米国など先進国の株価は上昇した。しかし、米国FRBは世界金融危機以降実施してきた量的緩和政策の終了（2014年10月末）とともに日銀は量的・質的緩和政策（「異次元緩和」、2013年4月より導入）を一層強化し、資金供給を加速化した。その同時期（2014年11月）に中国では上海・香港株式市場の相互取引が開始されたため、中国国内へ資金が急速に流入し、過去数年間低迷してきた株価は急速に上昇した。しかし、中国経済の減速に加え、2015年夏以降、米国利上げ観測の高まりや当局の金融規制強化に伴い、上海市場の株価は急落しバブルは崩壊した。このように新興国では先進国の金融政策の変化と国際資本移動の変化に伴い大きな影響を受けやすい。

(4) 欧州ユーロ危機と「金融のトリレンマ」

　世界金融危機前には欧州や米国では資金が流出入し、しかも大半の銀行が

比較的リスクの高い証券や金融派生商品（デリバティブ）を保有しており、それが危機発生後暴落したため、金融危機が発生した。これが実体経済に波及し、欧州では2010-2012年前半に危機が深刻化した。特に南欧のギリシャ、ポルトガル、スペイン、イタリアなどでは失業率は大幅に上昇し、景気も低迷した。

　国際金融では①自由な資本移動、②安定的な為替相場、③金融政策の独立性のうち2つまでしか両立できないという「金融のトリレンマ」があるとされる。ユーロ圏では①と②は両立しているが、金融政策の独立性を持たず、欧州中央銀行（ECB）に委ねている金利や通貨供給は加盟各国で自由に決定できない。また、ユーロ圏内では通貨固定で為替リスクがなく自由に借入が可能であったため、上記の国々では多額の財政赤字を補てんするため国債売却を通して対外債務を拡大してきた。特にギリシャでは、債務の返済が困難となったため、ECBからの緊急融資借入や、域内の国際収支危機国の支援機関である欧州安定メカニズム（ESM）から借入をして債務返済を繰り延べているが、根本的には経済構造改革が必要となっている。

3　国際金融体制の変遷と改革

(1)　ブレトンウッズ機関の変貌

　固定相場制の維持を通した国際収支の均衡を主たる役割としてきたIMFは1970年代初めの主要国での変動相場制移行に伴い初期の役割を終了したが、1973／4年の（第一次）石油危機以降、各国の国際収支が悪化し、融資機能を大幅に拡張してきた。1970年代には途上国のみならず先進国（米国、イタリア等）もIMFの融資対象国であった。しかし、1980年代以降、ラテンアメリカの債務危機支援などIMFの融資対象国は主に途上国・新興国となった。さらに1990年代以降、IMFはメキシコ危機（1994）、アジア危機（1997／8）、ロシア、ラテンアメリカでの危機発生を受け融資を大幅に拡大した。IMFは支援対象国に融資条件として緊縮政策（主に財政支出削減、金利の引上げ）や国有企業の民営化や金融機関のリストラを含む構造政策の短期実施を求めた。こうした急激な変革を求められたIMF融資対象国では経済状況が大幅に悪化、

失業率は上昇したため、IMFは途上国・新興国で大幅な反発を招いてきた。

2000年代半ば以降、多くの途上国・新興国では経済安定化が進み、所得水準も着実に上昇し外貨準備高も増加した。さらに資本流出入の管理規制の強化に伴い以前に比べ大幅な悪化は回避され経済は安定化したため、多くの途上国・新興国ではIMF融資から「卒業」している。現在では2008年に起きた世界金融危機の深刻化に伴いIMFの支援はギリシャなど欧州中小国が主な対象となっている。世界金融危機（2008）後、2009年にIMFは事前に審査合格した国々には緊急時に新たな貸付条件を要求せず短期融資をする制度（FCL:Flexible Credit Line）などの「改革」を導入したものの、その制度はまったく活用されていない。しかも従来型の融資制度（スタンドバイ取極〔SBA〕等）における各国プログラムの運営は実際には「柔軟化」されず、依然として厳しい条件が適用されている。

世界銀行（世銀）では途上国支援ニーズに対応して、1960年に低所得国向け融資・支援を担当する国際開発協会（IDA）を設立する一方、従来の国際復興開発銀行（IBRD）は中所得国向け融資に専念してきた。世銀は90年代以降組織改革を積極的に進め、途上国・新興国でのインフラ分野をはじめ多様なニーズに応じて融資も拡大しているが、近年では世界的な資金需要の拡大に対応できにくくなっている。

(2) 拡がる地域別金融支援体制と地域開発金融機関

アジア危機の経験から2000年に東アジア・東南アジア13カ国間でチェンマイ・イニシャティブ（CMI）が合意された。これは危機に際して短期資金の融通を行う仕組みであり、2010年より当初の二国間から複数国間で協力するマルチ化［CMIM］と融資（通貨のスワップによる）総額の増加が決定されている。さらに、地域の経済・金融の監視・分析とともにCMIMの実施を行うAMRO（ASEAN+3 Macroeconomic Office）は2016年2月に国際機関として昇格した。これにより、アジア諸国が独自に運営可能な「アジア通貨基金」の役割を果たすことが期待されている。

従来のIMFおよび世界銀行では新興国（中国、インド、ブラジル等）の出資

比率の増加に見合う投票権引上げを含む改革案が2009年に合意されたものの、米国の反対で事実上改革は停止している。このため、最近では経済力が拡大した中国など主要新興国により従来のIMFや世界銀行に依存しない新たな国際金融機関を設立する動きが活発化している。たとえば、2014年にはブラジル（Brazil）、ロシア（Russia）、インド（India）、中国（China）、南アフリカ（South Africa）によっていわゆるBRICS銀行（New Development Bank, NDB）およびその傘下に緊急時の外貨融通機能を持つCRA（Contingent Reserve Arrangement）が設置された。さらに、世界銀行や地域開発金融機関（アジア開発銀行［ADB］、米州開発銀行［IDB］など）のみでは拡大するインフラ開発需要に対応できないため、2015年には中国主導のもとにアジアインフラ投資銀行（AIIB）が設立された。このように新興国が主導する国際機関体制は徐々に整備されており、今後国際金融システムの見直しと再構築が進む可能性もある。さらに、当面米ドルの基軸通貨体制は継続するものの、今後IMF内部で加盟国間決済や出資の際の通貨単位であるSDR（特別引出権：米ドル、ユーロ、円、英ポンド、中国人民元（2016年11月以降）を基準として設定）は、IMF内外で使用可能な国際通貨の基準となることも考えられる。

(3) 国際金融の変化と理解

　途上国・新興国の経済・市場は、先進国等からのグローバル規模の資金の流出入に大きく左右され、特に世界金融危機以降、急激な資本流出入に伴う経済や市場への影響が一層顕著になっている。このため、短期の投機的資本移動を避け安定化を図ることが重要となってきた。しかし、資本規制の具体的手法や適用対象などについては各国でも対応は異なり、米国・英国では金融機関の取引監視・監督機能の強化にとどまったが、EU主要国・新興国では為替取引や短期資本の規制措置（例：短期金融取引高に応じて一定の課税する金融取引税）が導入されている。

　以上のように、グローバル規模の金融取引・資本移動や為替の動向を把握することは、今後とも先進国や新興国・途上国の経済のみならず国際関係や開発協力分野に関する理解を深めるうえでますます重要となっている。

〔参考文献〕

石田修・板木雅彦・櫻井公人・中本悟編『現代世界経済をとらえる』2010年、東洋経済新報社
　第5章が貿易の基礎理論、第6章が多国籍企業と直接投資、第9章がWTOを取り扱っている。特に、第6章を読んで多国籍企業に関する理解を補足してほしい。

岩本武和『国際経済学　国際金融編』ミネルヴァ書房、2012年
　国際金融論に関わる包括的な標準テキスト。

大田英明『IMF（国際通貨基金）』中公新書、中央公論新社、2009年
　IMFに関する基本的な理解が得られる。

梶田朗・安田啓編著『FTAガイドブック2014』JETRO、2014年
　FTAに関する最新かつ詳細なガイドブック。日本を巡るTPPの議論や内容を考える際の必読文献。

神田眞人『図説　国際金融』財経詳報社、2015年
　国際金融の最新の情報が包括的に網羅されている。

神田眞人『国際金融のフロンティア ── 経済協力・開発・通貨競争の最先端』財経詳報社、2015年
　国際金融の豊富な経験と政策的含意が反映された最新の情報が得られる。

中川淳司『WTO ── 貿易自由化を超えて』岩波新書、2013年
　GATTからWTOに至る歴史、WTOの内容、その問題点とFTAの台頭など、世界貿易体制の現状をコンパクトに整理している。

西川潤『新・世界経済入門』岩波新書、2014年
　国際貿易と国際投資の問題に限らず、途上国の経済開発、資源・エネルギー、環境、軍事など、世界経済に関わる諸問題をコンパクトに網羅している。

宮崎勇・田谷禎三『世界経済図説　第3版』岩波新書、2012年
　世界経済に関わる諸分野をカバーしたデータ集であり、国際貿易、国際投資、国際金融を語る際に必携。

吉野源三郎『君たちはどう生きるか』岩波文庫、1982年［1937年］
　今日においてもなお、社会科学の最もすぐれた入門書の一つ。歴史や自然科学、さらには人として生きる倫理に関しても深い示唆を与えてくれる名著。

第3章　グローバル化と「文化」

中本真生子・池田　淑子

〈 本章のねらい 〉

　「文化」という言葉は日常に溢れている。しかしこの言葉を定義しようとすると、途端にさまざまな問題とズレが生じてくる。伝統文化を思い浮かべる者、生活習慣をイメージする者、民族文化を思い浮かべる者、ソフトパワーを連想する者もいるかもしれない。日常から外交まで。過去から現在まで。「文化」とはいったい何なのだろうか？

　最初に確認しておきたいのは、「文化」という言葉は必ずしも平和な言葉／概念ではないということである。民族や宗教に端を発する紛争は「文化」と切り離して考えることはできない。平時においても、「文化の相違」をめぐる対立や構造的な差別は遍在している。たとえばアメリカでは1980年代以降、「文化戦争 culture war」と呼ばれる、社会の規範、価値観をめぐる議論、衝突が政治問題化している。

　しかしその一方で、異文化への憧れもまた常に存在し、文化交流の中で、日々新たな文化が生まれている。さらに人の移動がさまざまな形で増加している現在、「文化の共存」は緊急の課題である。本章では、このような「文化」の多様性、複数性を、その語の誕生と意味の歴史的変遷を元に辿り、そのうえで世界の諸問題を「文化」の側面から考えることの意味を考察したい。

キーワード　民族、オリエンタリズム、ポストコロニアリズム、人種主義、文化統合

1 「文化」とは何か

「文化」は日常的に使用されているが、実は非常に捉えにくい概念である。「平和」な言葉のようにイメージされがちであるが、実は複雑な権力関係を反映するものであり、差別や抑圧を生み出す源でもあり、またそれらを打破していこうとするエネルギーの源ともなる。この複雑かつ重要な概念について、まずはその語／概念の出現、変遷と「世界」の歩みを重ねて見ていこう。

1 「文化」という言葉／概念の誕生

「文化」という日本語が現在に近い意味で使用され始めたのは、実は明治半ば（1880年代）、cultureの翻訳語としてである。もちろんそれ以前から、現在の「文化」が意味する「芸術、伝統、習俗、習慣」等は存在した。しかしそれらが「文化」という言葉で呼ばれるようになったのは、日本においては19世紀末であり、それ以降1世紀かけて新たな意味が付け加わり現在に至る。さらに言うなら、cultureと「文化」は、重なりつつも異なる意味を内包している（たとえば日本語の「文化」には、「耕作」という意味はない）。つまり言語ごとに、その言語が使用されている国や地域の近代の歴史を背負い、ズレを生じさせながら、現在、世界中で使用されているのが「文化」という言葉なのである。「文化」という語には、実は西洋を中心とした世界システムの構築と植民地主義、それに対する世界各地の反応、抵抗、独立といった歴史が刻み込まれていると言えよう。

それでは、その出発点であるcultureという語、概念はいつ誕生したのだろうか。この言葉の語源はラテン語のcultura（耕作、崇拝）である。その言葉に16世紀ごろ「（家畜などの）育成」、17世紀には「修練（人間の精神を育てる）」という意味が加わった。そして18世紀末、cultureは「洗練、修練、反－野蛮」という意味で使用されるようになる。1793年のドイツ語辞典には「個人または民族のすべての精神的、物質的諸力の改良や洗練。偏見からの解放による理解力の向上だけでなく上品さ、すなわち習俗の改良や洗練も含む。反－野蛮、マナーの洗練を含む」と定義されている。これが現在の「文

化」につながる第一歩であった。

2 「文明」と「文化」

そして同時期、「文明civilization」という言葉、概念もまた誕生していた。ラテン語のcivis（都市）を語源とするこの語は、civiliser（開化する、教化する）という使い方を経て、18世紀半ばに「教化、開化、進化、反－野蛮」という意味で使われ始める。このことからわかるように「文化」「文明」は、似たような意味で、同じ時期に使われ始めたのである。その背景にあったのは、「西洋世界の世界への拡大」であった。1492年のコロンブスの「西インド諸島」到達、そして「長期の16世紀」を経て18世紀半ば、西洋主導の「資本主義的な世界システム」（イマニュエル・ウォーラーステイン Wallerstein, Immanuel）は文字通り世界を覆い始めており、西洋世界の中でも際立って海外進出を果たしていたスペイン、ポルトガル、次いでイギリス、フランス、オランダが、「植民地」を拡大していた。それはヨーロッパの人々にとって「自分たちとは異なる人々」、そして当時の感覚として「自分たちよりも遅れた（劣った）＝野蛮な」社会、人々との出会いであった。「文化」「文明」という言葉、概念の誕生の背景には、「自分たちは世界の中で進んだ位置にある」という自己認識が存在している。この時代に展開された啓蒙思想（理性の尊重、進歩、発展、未来志向）にも、同様の思考様式が見て取れる。そして続く19世紀、さらに拡大する西洋の植民地主義、帝国主義は、その行為を「文明化の使命」という言葉で正当化したのだった。

しかし当初は似た意味を持っていた「文化」はその後、「文明」とは異なる道を歩む。19世紀に入ると、「文化」の語は「文明」を掲げる強国による支配から弱小国が独立するための「根拠」を示す語／概念へと変化したのである。ロマン主義（情熱の尊重、過去、伝統志向）の先駆者と呼ばれるヨハン・ゴットフリート・ヘルダー（Herder, Johann G）は、1774年に出版した『人類形成への歴史の哲学』において、啓蒙思想に警鐘を鳴らし、「世界各地、各時代の個々の、独自の価値を認めるべきである」と書いた。これが「文明」に対抗する「文化」（民族の個々の独自の価値尊重）へとつながっていく。19世紀

前半から、オーストリア・ハプスブルク帝国やオスマン帝国、ロシア帝国の支配下にあった中、東欧、さらに北欧の諸国、諸地域が「独自の言語」「慣習」「伝統」等を根拠として独立を目指す運動を展開し始めた（ベネディクト・アンダーソン Anderson, Benedict『想像の共同体』参照）。この動きはヨーロッパ以外にも伝播し、やがて数多くの植民地が「民族」（＝文化を共有する者）独立運動を繰り広げていく。彼らが独立の根拠とした「共通の言語、習慣、価値観、伝統」が、やがて「文化」という一語で表現されるようになった。こうして「文化」は「普遍的な価値、先に進んだ者の権利」を代表する「文明」と対抗する概念となり、20世紀には脱植民地・独立運動を支える原動力となったのである。

3 「文化」の定義

このような背景のもと、「文化」の語を明確に定義したのが人類学者エドワード・タイラー（Tylor, Edward）である。彼は著書『原始文化』(1871)の中で「文化あるいは文明とは、その広い民族誌的な意味において、知識、信仰、芸術、法律、慣習、その他、およそ人間が社会の成員として獲得した能力や修正を含む複合的全体である」と定義した。彼は、「未開（＝遅れている）とされる社会にも、その社会独自の規範や倫理が存在する」と考え、「文化」の語に「集団の生活そのもの、独自の習慣、習俗、伝統、価値観」の意味を持たせたのである（ただし、「文化あるいは文明」という書き出しには、「文明」と「文化」が、未分化な部分を残していたことがうかがえる）。

タイラーの『原始文化』から約100年後に書かれたレイモンド・ウィリアムズ（Williams, Raymond H）の『キーワード辞典』(1976年)では、「文化」という語は19世紀末から20世紀初頭にかけて①精神的、美的発展、②ある国民（民族）の集団の特定の生活様式、③知的、芸術活動の実践や成果、を表す語として広く使われるようになったと述べられている。①は文化の最初の意味（洗練、修練）を引き継いでいる。②は19世紀のナショナリズムの運動と連動し、タイラーの定義によって定着した使用法と言えよう。③は①と似ているが、①がいわゆるハイカルチャーを意味するのに対し、サブカル

チャー等のより広い範囲の知的、芸術的活動を含む。「大衆文化」「消費文化」が勢力を拡大した、20世紀的な用法と言えよう。

　ここまで見てきたことで重要な点をまとめると、「文化」とは①近代に入って使用され始めた言葉、概念、②文明と似たような意味から分化し、対抗概念となったもの、③歴史の中で、意味が積み重なり、また変遷してきた言葉、と言うことができるだろう。このように「文化」は、「文明への抵抗」そして「民族の結束、独立運動」を支えるという大きな役割をもって、近代以降世界に拡大していった。しかし、それは文化の一側面であり、別の視点から見ると、文化もまた、人々に対する支配、抑圧という側面を有している。それは「文化」と権力が結びついた時に顕著となる。文化は「抵抗」だけでなく「支配」のツールともなるのである。次節では文化と権力、特に国家権力が結合した際に生じる問題について見ていこう。

2　文化と権力

1　日本と「文化」

　前節でも述べたが、江戸時代には「日本文化」という言葉は存在しなかった。「文化」は中国の史書に出てくる言葉であり、「平成」と同じように年号に使用される言葉であった（「文化」は江戸時代、「文明」は室町時代に元号として使われている）。

　しかし1853年、ペリー提督率いるアメリカの太平洋艦隊（黒船）の来航によって、日本はほぼ強制的に「世界システム」に組み込まれた。内戦を経て成立した明治政府は、まず西洋の科学技術、思想の導入を意味する「文明開化」を進め、近代国家形成を急いだ。明治初期の日本では、福沢諭吉の『文明論之概略』がベストセラーとなり、まずcivilizationの訳語として「文明」が「開化、近代化、西洋化」という意味で日常的に使用されるようになる。一方cultureの訳語としての「文化」は、明治20年前後から、「西洋化（西洋の模倣）だけでは対等な国家としてはみなされない」という経験（鹿鳴館政策の失敗）と共に、「文明」への対抗概念として「日本の独自性」「伝統」といった

意味で使用されるようになった。同時に、「文明開化」の中で衰退しかけていた能や相撲、茶道等への援助が政治家、官僚、財界人などによって積極的に行われる。このように日本の「伝統文化」は、国家政策として「制定」されたという性格を持っている。さらに、日本精神＝サムライ＝「武士道」という言説も、明治中期に提示されたものである。現在の「武士道」は、明治33（1900）年に新渡戸稲造がアメリカで出版した *Bushido-The Soul of JAPAN* が基盤となっているが、新渡戸は西洋の「騎士道」に対抗しうる観念が日本にも存在することを提示することを目的としてこの書を著した。「武士道」は、日本にも誇るべき文化、精神性が存在するという西洋へのアピールであり、またその「精神」とされる「忠君愛国」は、むしろ近代日本形成に必要とされたものであったことから、新渡戸の「武士道」は「明治武士道」と呼ばれることもある。

　ここまでは日本の伝統、独自性という意味での「文化」の成立について見てきたが、次に近代日本における「集団に固有の生活習慣」という側面について見ていこう。明治政府は日本の近代化を推し進め、西洋諸国と対等な「一等国」となることに邁進した。政府が行った諸政策の中で、特に「人々の生活慣習」に関わるものを見てみると、そこに「反－野蛮」と「文化統合」という二つの特徴があることがわかる。たとえば「断髪令」は、それまで「普通」であった「ちょんまげ」という髪型を、「西洋風」に変えようとするものであり、その目的は「西洋人から見て奇異なスタイルを排する」ことであった。「裸体禁止令」「混浴禁止令」なども同じく、西洋から「野蛮」とみなされることを非常に警戒していたことがわかる。また言語の統一、習慣、習俗の統一や、特定の習俗の禁止等も、法律や制度を通して実行された。たとえば、江戸時代までは、地域、階層ごとにさまざまな「日本語」（方言）が話されており、北と南とでは口語では通じないこともままある状態であった。それが明治期、義務教育を通して「標準語」の普及がなされ、地域の言葉は衰退し（させられ）ていった。この政策は特に、明治時代になって日本に組み込まれた琉球（沖縄）と蝦夷地（北海道、アイヌ民族）で顕著であり、これらの地では、アイヌ民族への狩猟の禁止や刺青の禁止、日本語の強制、沖縄

では学校での琉球語（ウチナーグチ）の使用禁止と日本語学習、方言札の導入など、強力な同化政策が実行されたのである。このように「均質性が高い」とされる日本でも、近代以降の「文化統合」がそれを支えていることがわかる。この意味において、「文化」は「国家」（権力）によって作られる（その過程で、多くのものが排除される）という側面を持つのである。さらに付け加えるなら、「文化統合」、そして「同化政策」は、日清、日露戦争後、日本が植民地として領有した台湾や朝鮮半島でも実行された。アメリカの日本史研究者キャロル・グラック（Gluck, Carol）は「近代日本は、アジアに対しては〈自分たちの方が、より文明ができる〉と言って支配を正当化した」と評している。台湾、朝鮮半島で日本語教育、日本化教育が行われた結果、済州島出身の詩人、金時鐘（キム・シジョン）は、「1945年、16歳だった自分は皇国臣民であり、日本は勝つと信じていた。学校で優等生だった（＝日本語がよくできた）自分は、ハングルの一文字も書けなかった」と語っている。日本は文明化され、文化を主張し、しかし一方で文明化を行った、非常に特殊なポジションに位置していた国家なのである。

2　国境と「文化」

次に、「人々の生活習慣」に複数の国家が介入したケースについて見てみよう。例に挙げるのはドイツとフランスの国境、アルザス地方である。アルザス地方は17世紀半ばまではドイツ語圏に属しており、住民の日常語はドイツ語の一種のアルザス語であった。1648年のウェストファリア条約の結果フランス王国領となったが、その後もアルザス語（話し言葉）、ドイツ語（書き言葉）が主流であり続けた。19世紀に入ると、徐々にフランス語が浸透してきたが、大半の住民の日常語はアルザス語のままであった。

ところが1870年、フランスは普仏戦争に敗北し、アルザス地方はドイツに割譲される。それに伴い、住民の大半はフランス人からドイツ人へと国籍が変更された。人々の日常語がドイツ語方言のアルザス語であったため、生活全般に大きな困難はなかったとされるが、公用語、教育言語はフランス語からドイツ語へと切り替わり、通貨、法律、社会制度、そして徴兵制も含め

て生活全般が「ドイツ化」された。アルザス語は「フランスなまりのドイツ語」と蔑視され、「正しいドイツ語」が奨励された。

しかし1918年、第一次世界大戦が終結すると、アルザスは敗戦国ドイツから戦勝国フランスへと再度割譲される。「われらの同胞を取り戻した」と喧伝したフランスは、ドイツ語、アルザス語しか話せない住民が大半であったにもかかわらず、公用語、教育用語としてフランス語の使用を決定した。そのためアルザス社会は大混乱に陥いり、特に戦後10年の間に義務教育を受けた子どもたちは、他の世代と比較して著しく学力が低下した。通貨、法律、社会制度もフランスのものへと切り替えられ、「ドイツの歌を歌う」ことさえ禁じられたケースもあったという。言葉、生活習慣への強制的介入、変更を伴って、アルザスの人々は再度「フランス人」とされたのだった。

アルザスは極端な例かもしれないが、「国民」という集団が共有する「文化」には、国家権力による介入、統制が常に何らかの形で介入している。たとえば一国の「伝統」とされる文化の中にも国家によって「発明／捏造」されたものが含まれていることもある。なんらかの意図をもって「作られた文化」について、わたしたちは敏感にならなくてはならないだろう。なぜなら、このような「作られた文化」は、容易に「自民族中心的」なナショナリズムの源となるからである。

3　グローバル化と文化

ここまで「文明」に対抗する手段としての「文化」、人々を国家へと統合する手段としての「文化」について見てきた。しかし現在、グローバル化の進展の中で、「文化」はさらに複雑な関係を相互に結ぶものとなっている。本節では、グローバル化がますます進展する現在の「文化」をめぐる問題や、文化を論じる切り口を見ていきたい。

1　文化帝国主義

「文化帝国主義 cultural imperialism」とは、「ある国の文化や言葉を他の国

に植え付ける政策や行為」を意味する。グローバル化に伴う文化帝国主義と言ったとき、まず挙げられるのは、世界各地へのアメリカの影響力の拡大、介入である。マクドナルド、ハリウッド、ワーナー・ブラザーズ等、多国籍企業の展開とともにアメリカの「文化」は世界を席巻している。それは途上国のみならず先進国にも広がり、たとえば危機感を募らせたフランスは「フランス文化の防衛」のため、英語の音楽の放送や映画の上映に制限をかけている。このアメリカの経済活動と連動した文化の拡大は、ソフトパワー論（文化等の魅力を通して外交上の望む結果を得る能力）につながった。ただこのアメリカ化に関しては、マクドナルドにおいて「現地メニュー」が開発されるように、常に「現地化」、現地の文化との混交を伴っており、一方的な文化支配ではないという見方（グローカリゼーション）もされる。また他の国の人々が自発的にアメリカの文化や英語を学ぼう、取り入れようとすることも多々ある。これは文化ヘゲモニーの問題（従属者が自発的に権力者に同意するようなシステムの存在）であるとも言える。

2　オリエンタリズムの衝撃

　しかし現在の世界には、マクドナルドや英語といった目に見える形での文化支配よりも深いレベルで存在し続けている「文化と帝国主義」の問題がある。それを白日の元に晒したのがエドワード・サイード（Said, Edward W）著『オリエンタリズム』(1978年) である。

　「オリエンタリズム orientalism」とは、元々「東洋趣味」「東洋研究」という意味で使われており、18世紀ヨーロッパに始まる、東洋を題材とした文学や絵画、音楽等の芸術、さらには東洋の文献研究などを指す中立的な言葉だった。しかしサイードは、この「東洋趣味」の中に潜む権力関係、現実世界の植民地主義との関係を暴き、この語の意味を文字通りひっくり返したのである。パレスチナに生まれ、カイロを経て15歳で渡米、コロンビア大学で英文学研究者となったという経歴を持つ彼は、イギリスとフランスの名高い文学作品の中に、東洋に対する「神秘的、官能的」かつ「異質、残虐、停滞」という一方的な、「西洋人の頭の中で作られたイメージ」（ステレオタイプ）

を見出した。そしてそのイメージが繰り返し、幾世代にも渡って書き継がれ、その結果、それが真実であるかのように西洋の人々の中で共有されていると指摘したのである。サイードによって、オリエンタリズムは「西洋が東洋を支配するための様式」であり、西洋による東洋の支配（植民地化）を支えるものである、という新たな定義を与えられたのだった。18世紀、19世紀の最高峰とされる文学作品に対するこの新たな解釈と批判は大きな議論を呼んだ。文学という「聖域」に「政治」を持ち込むことに対する批判も当初は大きかったが、それ以上に旧植民地諸国、諸地域から、そして旧宗主国の内部からも賛同と反響が沸き起こり、以後、文学のみならず絵画、音楽、舞台芸術、映画等の芸術各方面における「オリエンタリズム」が研究され始める。政治活動、経済活動を行う人間の考え方、感じ方を規定する「文化」の中に蓄積されている一方的なイメージや偏見の存在と、それが現実の世界に及ぼす影響の大きさ、そしてかつての植民地が独立した後にもこのイメージや感覚が存在し続けていることが、広く認識されるようになったのである。

　「オリエンタリズム」は、は帝国主義とともに非西洋地域にも広がっていた。たとえばサイードが挙げた文学作品は、非西洋地域においても普遍的な「教養」「世界文学」として翻訳され、共有されていた。非西洋諸地域の人々は、西洋のまなざしを介して互いを知る状況に長く置かれた。さらに、自身についても西洋の見方を受け入れ、内面化し、「自分たちはこのような文化、特徴を持つものである」との自己認識を有するようになったケースも多く存在する。たとえばアメリカの人類学者ルース・ベネディクト（Benedict, Ruth）による「恥の文化」という日本文化の定義は、その後長らく日本人による「日本文化論」に影響を与え続けた。あるいはアメリカの海軍士官と恋に落ち、彼を待ち続けるが裏切られ、自殺する日本人女性「蝶々さん」を主人公としたオペラ「蝶々夫人（マダム・バタフライ）」は、「一途で忍耐強く可憐な日本女性」イメージを作り出し、その「蝶々さん幻想」は今でも根強く残っている。さらに、オリエンタリズムを内面化した結果、西洋に対する一方的なイメージを形成（ステレオタイプ化）し憧れる、あるいはそれを反転させた形で憎悪する「オクシデンタリズム」が生じることも付け加えておきたい。

ただ、サイードの『オリエンタリズム』は、彼自身が「西洋」と「東洋」を完全に分ける二元論に陥っている、という問題点を有していた。この点についてはサイード自身も認め、1993年に出版された『文化と帝国主義』においては、帝国主義が支配、被支配という関係を有しつつも、互いの「文化」を接触させ、相互に変容させるという現象も常に生み出してきたこと、また「純粋な文化」自体が想像上の産物であり、現実の「文化」（それは芸術から生活習慣、価値観まで含むだろう）が、常に接触し、混交し、変容しながら生まれてくるものであるという観点を打ち出している。このような視点は、インド出身のアメリカの文化研究者ホミ・バーバ（Bhabha, Homi K）によって、さらに展開されている（『文化の場所』）。グローバル化の進展とともに、文化はさらに複雑化し、新たな意味と作用を生み出し続けているのである。

3　ポストコロニアルの現在

ここまで見てきたように、かつての植民地支配は、深い部分で現在の世界を規定し続けている。20世紀後半、「植民地」は次々に独立を果たしたが、政治面、経済面において、かつての列強と植民地の関係が、先進国と途上国という形で残り続けている。先に見たサイードやバーバの研究、あるいは1970年代のイギリスに始まったカルチュラル・スタディーズは、「文化」の側面においても植民地主義の遺産が残存していることを明らかにした。この状況を「ポストコロニアル」と呼ぶ。「独立したにも関わらず政治的、経済的、そして文化的にかつての支配／被支配関係が構造的に維持され続けている」、つまり「脱したように見えて、実際には脱していない」という意味である。さらにグローバル化の進展は、かつてとは比べ物にならないほどの人の移動を引き起こし、それとともに「文化」をめぐる衝突、「文化」を理由とした差別や抑圧、そして「文化」の混交もさらに複雑化している。

かつての植民地主義の、乗り越えるべき「負の遺産」としてポストコロニアリズムが重視するのが「人種主義」である。人種差別、ヘイトクライムについてはもちろんのこと、「有色」とされた側からの白人への意識、支配された側が支配する側に対して抱く「羨望」や「同一化願望」もまた問題とされ

る。この傾向を非常に早い時期に指摘したのが、フランスの旧植民地（現在は海外県）、カリブ海のマルチニック島出身の精神科医、フランツ・ファノン（Fanon, Frantz）である。ファノンは1952年に書かれた『黒い皮膚・白い仮面』において、かつての黒人奴隷の子孫であるマルチニックの人々（その多くは白人と混血している）が、いかに白人に近づきたい、白くなりたいという「漂白化願望」を抱えているか、そのために「フランス人のようなフランス語」が話せるようになりたい、あるいは「白人の子どもを産みたい」という願望に取りつかれているかを、自身の経験をも踏まえながら論じた。この「精神の征服」とも言うべき心性（メンタリティ）は、マルチニックのみならず、現在でも、世界各地で見られる現象である。無意識の内に存在する、内面化された優劣、上下の感覚からいかにして身を引き剥がすか、これはファノンの告発から半世紀経った現在でも、アクチュアルな問題であり続けている。

　最後にもうひとつ、ポストコロニアルの領域において注目すべき思想・運動である「サバルタン・スタディーズ」について触れておきたい。サバルタンとは「従属する者」「下層の者」という意味で、元々は20世紀初頭のイタリアのマルクス主義思想家、アントニオ・グラムシ（Gramsci, Antonio）が提示した概念である。この概念が、20世紀末のインド現代史研究の中で、植民地支配下、さらには独立後の社会の中での、インドの底辺に置かれた人々の経験を掬いあげる試みとして再定義された。従来のエリートから見た／書かれた歴史ではなく、多数の、しかし自ら書くことのない人々の体験を通してインド史を描き直そうという試みである。さらにこのサバルタン研究を批判しつつ推し進めるのが、インド出身で現在はアメリカとインドを行き来して研究活動を行うガヤトリ・スピヴァク（Spivak, Gayatri C）である。彼女は前述の研究の中の「サバルタン」に女性が含まれていないことを指摘し、「従属」の中にある、ジェンダーを介したさらなる支配／被支配関係を明らかにした。表面的な支配／被支配という二元論にとどまらず、それぞれの場における複雑な権力関係を見とおす視点、そしてその中で弱者（マイノリティ）に寄り添い、その声を掬いあげようとするスピヴァクの実践は、今後ますま

す重要となるだろう。

4　映像と文化

　前節「グローバル化と文化」では、植民地支配が終わっても「文化」の中に一方的な他者のイメージが残存する問題が指摘されてきた。本節ではそうした他者のステレオタイプに焦点を当て、検証する。19世紀末に発明された映画は、20世紀になると、国民国家や国民としてのイメージ、そして敵国民のイメージを次々に創りだした。西欧諸国とともに植民地獲得競争に参加し、日本に開国を迫り、第二次世界大戦を経てグローバリゼーションの旗手となったアメリカ合衆国は、映画の誕生以来、繰り返し「日本人」を描いてきた。こうした「日本人」の映像は、アメリカ人にとっては、前述のサイードが「支配の様式」として注目した「他者のステレオタイプ」である。本節では、アメリカ映画に現れる日本人の映像を事例に、これまで論じられてきた文化と「支配」の関係や文化の「変容」について、身近なものから考えてみたい。

1　『将軍』(1981)：残存する「支配」の図式

　まずは1980年代のアメリカに「日本ブーム」を引き起こした映画を紹介しよう（**写真3-1**、**写真3-2**はVHSビデオ *James Clavell's SHOGUN* ⓒ1980 Paramount Pictures Corporationより静止画像を取り込んだものである）。

写真3-1　虐待する侍　　　　　　　写真3-2　按針とまりこ

第3章 グローバル化と「文化」

『将軍』は、実在のウィリアム・アダムス（三浦按針）、徳川家康、そして石田三成をモデルにし、関ヶ原の戦いの前夜を描いた歴史物語である。17世紀、オランダを出てアメリカに向かう途中遭難し、日本に漂着したイギリス人航海士ブラックソーン（物語の中で「按針」と呼ばれ、以降「按針」と記す）と美しい日本女性まりこの悲しいラブ・ストーリーである。まりこは、按針と虎長（後の「将軍」）との会見で通訳をし、按針の世話役になる。按針は勇敢に何度も虎長の命を救い、信頼を得て名刀と領地を授けられ侍になるが、まりこは虎長の政敵から按針を守るために命を捧げる。

では、この映画の中で「日本人」はどのように描かれているのだろうか。登場人物のほとんどが侍で残忍なイメージが目立つ（写真3-1）。たとえば武将は家来がお辞儀を欠くと無礼だと即座に刀で首を切り落とし、また按針と仲間の船員たちが脱走を企てると1人ずつ釜茹でにする。武家社会の頂点に立つ将軍でさえも、戦に負けた政敵を見せしめに3日間日干しにする。このように侍は残酷な「野蛮人」として描かれている。船員たちは侍を「Yellow Monkeys」と呼び、恐れると同時に軽蔑する。国を統一し、絶対的な権力を握る将軍と武家社会も按針や船員たちの目を通して時代遅れの封建的な国家として表される。

こうした侍と社会の描写は、戦時中制作されたアメリカのプロパガンダ映画や戦後の戦争映画に登場する、捕虜を虐待する日本軍のイメージに重なる。また、悪役として登場するヤクザやビジネスマンの社会も残忍で封建的に描かれると同時に侮蔑も表している。

一方、西欧人はどうだろうか。『将軍』の主役の按針は、一人で苦難を乗り越える勇敢な男で、世話をしてくれる村人たちのことを思いやり、彼らのためにも命を賭ける平等意識や正義感の強い、温情深い人間でもある。まりこから日本語や文化を学び、異文化にも適応する。天文学、地理学、航海技術を虎長に教え、進んだ科学技術を有する「文明人」として描かれている。

こうした按針と対照をなす侍や侍社会の映像のなかに、西洋人の「自分たちより遅れた（劣った）＝野蛮な社会」を見つめる差別の眼差しや「自分たちは世界の中で進んだ位置にある」という自民族中心的な認識を見て取れる。

また、黄色人種の日本人（Yellow Monkeys）を劣った〈他者〉として定義すると同時に、日本人より優れた〈自己〉イメージを（再）形成し、〈東洋＝日本〉を支配する〈西洋＝アメリカ〉の立場を正当化する、支配の図式も読み取れる。

　さらに映画の歴史を遡れば、まりこという日本女性のイメージ（写真3-2）が、植民地主義の不安と欲望の痕跡であることもわかる。神秘的で美しく、白人の男性に献身的に仕え愛し命を捧げるまりこ。このイメージは前出の19世紀末に生まれた「蝶々さん幻想」とも言われる日本人女性のステレオタイプである。占領直後にもこうしたアメリカ人将校を愛し、献身的に仕える日本人女性や芸者が多く描かれた。見知らぬ土地の残酷で野蛮な「日本男性」と白人男性を優しく受け入れてくれる「日本女性」には、日本の開国時や終戦直後のアメリカ帝国主義の不安と欲望が映し出されている。

2 『ラスト サムライ』（2005）：日本文化の受容

　では、西洋人が侍になったもう一つの映画『ラストサムライ』を見てみよう（写真3-3、写真3-4、写真3-5はDVDビデオ『ラストサムライ』（*The Last Samurai* ©2004 Warner Bros. Entertainment Inc.）より静止画面を取り込んだものである）。これは明治初期の戊辰戦争を舞台に、西郷隆盛をモデルとした勝元（写真3-3）と、彼とともに官軍と戦うアメリカ人オールグレン大尉（以降「大尉」と記す）の話である。官軍の指導者として招かれた大尉（トム・クルーズ）が勝元（渡辺謙）に捕えられ、勝元の村で暮らすうちに剣道を学び侍（写真3-4）とな

写真3-3　勝元　　　　　　　　写真3-4　侍になった大尉

写真3-5　勝元形見の刀

る。この物語の侍は、『将軍』のそれとは顕著に異なる。まず刀の描写の違いを見てみよう。『将軍』では刀は恐ろしい「人殺しの道具」であるのに対し、勝元の形見として天皇に献上される刀（写真3-5）は、武士道の「崇高な精神性」および日本の伝統文化を表現する。「切腹」の場面は、『将軍』では「不可解で不合理な野蛮行為」として示されるのに対し、勝元の場合は、「生と死の美学」として尊敬すべき行為として描写されている。勝元は、天皇に近代化反対の意見を伝えようと命を懸け勇敢に戦う（「忠」と「勇」の精神を示す）。たが力及ばず「名誉」の死を選ぶ。武士道の精神を体現する勝元の死の前に、敵となった官軍の全兵士が両手をついて跪く姿が描かれる。

　一方、アメリカ人といえば、効率的に大量に侍を殺す「銃器」が示唆するように、最新鋭の近代文明を操るが、それを明治政府に売りつけ金儲けを企む物質的な資本主義者として描かれている。主人公の大尉は、利潤を追求する武器会社やアメリカ政府、そして出世のために先住民族を虐殺しても平気の元上司に激しい嫌悪感を露わにする。オープニングでは、先住民族を襲ったトラウマに苦しみ、自暴自棄になった大尉の姿がクローズアップされる。だが、荒んだ彼の心も勝元と出会い、武士道を身につけ、勝元とともに勇敢に戦うことによってトラウマを克服し、失った誇りや人間性を取り戻す。

　この勝元と大尉との関係は、『将軍』の場合とは逆である。『将軍』では侍の野蛮性が進んだ文明を持つ西欧人と差異化するのに対し、ここでは侍の精神性は、「アメリカ人」の文明がもたらす物質主義的な一面を否定し、それと引き換えにアメリカ人大尉のなかに取り入れられる。このような日本文化の受

容はこの映画に限られるわけではない。早くは1930年代の映画に柔術や柔道を披露する「日本人」の描写が見られ、1950年代には実際にアメリカ兵が柔道で訓練している様子が描かれる。また1970年代に始まったスター・ウォーズのジェダイの修行や最近の映画にも日本の武道を「取り入れ」、大尉のように強くなるアメリカ人の映像が頻繁に見られる。

3 矛盾する映像の背景

　ではなぜこのように同じ侍でも映画作品や時代によってポジティブにもネガティブにも描かれたりするのだろうか。また、アメリカの支配や優位な立場を正当化するかと思えば、逆にその国民性を批判し日本文化の一面を受容するといった一見相反する現象が見られるのだろうか。第一に頭に浮かぶのは他者に対する相反する心情である。心理学者サンダー・L・ジルマン（Gilman, Sander L.）は *Difference and Pathology*（1985）の中でステレオタイプの可変性について強調し、他者のポジティブなステレオタイプは、そうなりたいと切望するイメージであり、ネガティブなステレオタイプはその反対であると説明する。つまり、人は他者と出逢うとなりたくない自分を他者に投影し、差異化する一方で、大尉が武士道の精神を「取り入れ」侍になるように、なりたい自分を取り入れ、変容する方向に傾くのである。

　第二に考えられるのは、映像の背景（コンテクスト）である。戦争や占領といった日米間の歴史的・政治的要因、貿易摩擦などの経済的要因、戦後敵から同盟へと変わり、親密になった日米関係だろう。ベトナム戦争やイラク戦争の負の遺産、不況、巨大化した企業と行き過ぎた個人主義、そして9.11などといった特定の時代のアメリカ社会独自の要因も考えられる。特に同盟関係の色彩が強くなった9.11以降の映画、『サユリ』（2005）や『硫黄島からの手紙』（2007）などについては、ステレオタイプ的な表現も残るものの、史実や実際の出来事に忠実に描かれるようになってきた。第三に、前節で論じられた『オリエンタリズム』の衝撃が普及するとともに、差別や力関係を示唆する表現が排除されるようになった国際社会の流れも影響しているだろう（これは「ポリティカル・コレクトネス」と言われる）。さらにもう一つ重要な点

は、野蛮な侍も美化された侍もそして神秘的で献身的な日本女性についても、アメリカ側からの一方的な描写ではないということである。『将軍』の侍のイメージは、おそらく『七人の侍』(1954) などの日本映画に描かれる侍のイメージや前出の新渡戸著の『武士道』(1900) の普及、パリ万博への芸者の参加など、日本側から発信したイメージも影響を及ぼしているだろう（これが「セルフ・オリエンタリズム」である）。

こうして「日本人」の映像を詳しく見ていくと、映像や映画というものが一人の監督の好みや選択だけでなく、歴史的・政治的・経済的・社会的・文化的そして心理的なさまざまな力が相互作用するなかで複雑に創られたものであることがわかるだろう。また、それは必ずしも一方的なわけではなく、対等の力関係ではなくとも双方向のコミュニケーションも作用しているだろう。

最後に、人々の心の中に存在する国民としてのイメージといったものは、新聞や小説、テレビや映画あるいはインターネット等の媒体が映し出す像でしか知ることができないことを強調しておきたい。映像はあくまでも一個の現実を元にした代理の虚像であるが、われわれは、自分の心の中のイメージとメディアが作り出した虚像との重なりの中でイメージを（再）形成していく。その意味で映像の及ぼす影響は大きいと言えるだろう。われわれは映像に潜む力学を見抜くことができるように映像の背景を読み解く知識と力を養わなければならない。

〔参考文献〕

西川長夫『国境の越え方』平凡社、2001 年
「国民」と「文化」の関係を歴史、地理、そして文学の側面から問い直し、「国民国家論」の出発点となった著作（初出、1992 年）。「文明」「文化」のイデオロギー性を鋭く提示する。

テッサ・モーリス＝スズキ『日本を再発明する』以文社、2014 年
オーストラリアの日本研究者が、日本の近代化、国民国家建設を時間、空間、ネイションという切り口から辿り、グローバル化の中の日本の、これからの在り方を考える。

ベネディクト・アンダーソン『想像の共同体』書籍工房早山、2007年
　ネイションを「想像の共同体」と定義し、その歴史的構築の過程をラテンアメリカからアジアまでを含む全世界的なスパンで描いた「ナショナリズムの新しい古典」。

エドワード・サイード『オリエンタリズム』平凡社、1993年
　「オリエンタリズム」という言葉のコペルニクス的転換を果たした著作。英仏の文学作品の中に、いかに一方的な他者イメージが生産、再生産されているかを告発する。

本橋哲也『ポストコロニアリズム』岩波新書、2005年
　ファノン、サイード、スピヴァクといった人々の思想を紹介しながら、現在のポストコロニアル社会の構造と問題点を提示する、ポストコロニアリズムの入門書。

『中国の戦い』「われらはなぜ戦うか」シリーズ The Battle of China, "Why We Fight" Series, 1944
　アメリカのプロパガンダ映画の古典。第二次世界大戦時の敵国としての「日本」が描かれる。捏造された映像が混じり、信憑性に乏しいが、多くの国で観られている。

『戦場にかける橋』The Bridge on the River Kwai, 1957
　英米合作映画、第30回アカデミー賞作品賞。英国人、米国人、日本人のステレオタイプが描かれるが、日本軍の残虐で野蛮なイメージは緩和されている。

『パール・ハーバー』Pearl Harbor, 2001
　真珠湾攻撃を描いたアメリカ映画。史実の不正確さをアメリカのメディアにも批判され、日系移民からの抗議もあったが、アメリカで大ヒットした作品である。

『硫黄島からの手紙』Letters from Iwo Jima, 2005
　硫黄島での激戦を日米双方からの視点から描いたアメリカ映画の2部作の第2編で、日本側から描いたとされる。この作品の前に上記の映画を時代順に観ると日本軍のステレオタイプの変容がわかる。

『あの旗を撃て』The Dawn of Freedom, 1944
　第二次世界大戦時の日本のプロパガンダ映画。当時、非常に稀な敵国の「アメリカ人」を描く。ステレオタイプのさらなる理解には『中国の戦い』との比較が重要である。

第4章　国際関係と法

西村　智朗

〈 本章のねらい 〉

　本章では、国際関係及び世界のさまざまな問題に対処するための国際法の役割や機能について考える。現在の世界は約200の国家からなる「国際社会」によって成り立っている。異なる人種、宗教、文化を持つメンバーが共存する以上、そこには一定の約束＝ルール（法）が必要である。他方で、国際社会は国内社会とは多くの点で異なっており、その結果、ルールの作り方、守り方、違反者への対応も同じではない。

　したがって、まず「法」の存在意義や役割を身近な国内法を例に確認する。そのうえで、国内法と比較しながら、国際社会のルール＝国際法の性質や特徴について検討する。さらに、近現代史を紐解きながら、国際法の形成と発展の歴史的経緯を振り返るとともに、国際法の構造や規律内容を確認することによって、その基本的な枠組みを把握する。加えて、グローバル化、アクターの多様化といった近年の国際社会の変化に国際法がどのように対応しているかについても考察する。

　最後に、国連、アジア、日本といったカテゴリーごとに特に最近関心が高まっている国際法上のテーマについて概観し、国際関係学を学ぶ上での国際法の活用の可能性について考える。

キーターム　社会あるところに法あり（*Ubi societas, ibi ius*）、法の支配（rule of law）と法治主義（rule by law）、合意は当事者を拘束する（*Pacta sunt servanda*）、人民の自決権、武力行使禁止原則

1　市民生活と国際法

1　「法」の存在と役割

社会あるところに法あり（*Ubi societas, ibi ius*）　この言葉は、ヨーロッパに古くから伝わる法格言である。ここでいう「法」とは、民法や道路交通法など、立法府（議会）で制定される法律よりも広い概念で、校則、スポーツのルール、町内会の規則なども含まれる。すなわち、複数の人間が一定の社会空間で共同生活を営んだり、共通の行動をとる場合、必然的に当事者間で約束事＝ルールが生まれるという人間の摂理を表現した言葉である。

ある民族集団（一民族とは限らない）が国家という一つの社会＝国内社会を形成すれば、そこに国内法が必要になる。同様に、地球上に存在する国家が「国際社会」という社会を形成すれば、そこに国際法が誕生することは必然である。ただし、国内社会と国際社会はその社会基盤が異なるため、それぞれに妥当する「法」の性格や特徴は多くの点で違いがある。国際関係学を学ぶ上で、この相違を意識することが重要である。

それでは、「法」は何のために存在するのか？　さまざまな解答がありうるが、ここでは代表的な二つの見解を提示する。一つは「秩序の維持」のためである。イングランドのT. ホッブズ（Hobbes, Thomas 1588-1679年）は、『市民論』及び『リヴァイアサン』の中で、自然状態の中で利己的な存在である人間は「万人の万人による闘争」に陥ると警告した。このような状態を回避するために、フランスのJ. ルソー（Rousseau, Jean-Jacques 1712-1778年）は、『社会契約論』において、自己を一般意思に従わせることの必要性を説いた。すなわち、主権者の意思によって形成される法が社会秩序の破壊を除去し、社会の安定を保つと同時に、その法に従う限り、社会を構成する主体の活動の自由は保障される。

もう一つは「正義の実現」のためである。社会に複数の主体が共存する以上、主体の間で紛争が起こることは避けられない。この時、暴力や経済力といった主体間の力の差によって、強者が弱者を無理矢理に従わせるようなことがあれば、その社会は健全とは言えない。そこで、実際に紛争が発生した

場合、あらかじめ定められたルールに基づき、中立の第三者によって紛争の解決を図ることが、社会の安定を保つことにつながる。

このような法の存在意義に関連して、**法の支配**（rule of law）と**法治主義**（rule by law）の違いに留意するべきである。法の支配とは、中世から近代にかけての歴史的教訓から、法は常に権力行使者の上位に立ち、主権者の自由と権利を守るために存在するという考え方をいう。これに対して、法治主義とは、統治機関は立法府の定めた法に基づいて運営されなければならないという考え方をいう。

ところで、現実の社会には、法以外にも道徳や宗教などさまざまな規範が存在する。それらと比較して、「法」はどのような特徴を有しているのだろうか？　他の規範と比較して、最も重要な違いは拘束力の存在である。すなわち、「法」は、それが有効に適用される限り必ず守らなければならない。この遵法意識を高めるために、国内法では「法」に強制力を伴わせることが多い。すなわち、「法」が持つ本質として、違法行為者に対して、罰を与えたり、責任をとらせることを立法者が命じている。ただし、このことは、強制力の存在が「法」の必要条件であることを意味するものではなく、すべての「法」に強制力が伴っているわけではない（たとえば民法752条の夫婦の同居義務）。また、「法」は、社会秩序の維持を目的とする以上、朝令暮改であってはならない。これを法的安定性と呼ぶ。ただし、社会状況や構成員の変化に伴い、必要に応じて法を改正することは当然認められる。

実際には「法」はそれぞれ異なる役割を持ち、適用する対象によって、さまざまな種類が存在する。ここでは、典型的な法の類型を挙げておく。まず、歴史的発展経緯から、法は「自然法」と「実定法」に区分することができる。現在は、人間の自然的理性に基づく自然法よりも、経験的事実に基づく人間の行為によって作り出された実定法が重要視される。この実定法は、その存在形式によって、文章によって記録される「成文法」と慣習法や判例法など文章化されていない「不文法」に分類される。英国や米国など、不文法が国内法で重要な位置を占める国も存在するが、それらの国を含めて、今日では圧倒的に成文法の比重が高い。ただし、成文法を中心とする日本にお

いても慣習の法的効力は否定されていない（たとえば民法92条）。

次に、「法」の適用対象によって、「公法」と「私法」に分類することができる。公法とは、憲法や刑法など、国および国家機関もしくは地方自治体の間、またはそれらと私人との間で適用される法である。これに対して、私法とは、民法や商法など、自然人や企業など私人間を規律する法である。ただし、現代社会では両者の厳密な区分は困難であり、労働法や経済法といった新たなカテゴリー（社会法）も存在する。

また、「法」は、適用対象の権利義務を定めるだけでなく、その権利侵害や義務不履行が発生した場合の解決方法についても規律しなければならない。「実体法」とは、民法や刑法など、権利義務関係や犯罪の要件およびその効果といった法律関係の内容を定める法を言う。これに対して、民事訴訟法や刑事訴訟法などの「手続法」は、実体法の内容を実現するための紛争解決手続を定める法である。

2　国際法と国内法

国際法（international law）とは、その名の通り、国（nation）の間で（inter-）適用される法（law）である。厳密には、国際法には、国際公法（public international law）と国際私法（private international law）が存在する。前者は、一般に主権国家を主体にして国家間で形成、解釈、適用される。後者は、それぞれの国内で私人の行為が国境を越える問題（国籍の異なる夫婦の婚姻や離婚、外国企業との契約不履行など）に直面した場合、いずれの国の国内法を適用するかについての基準（準拠法）を定める。したがって、国際私法とは、国境を越える問題に対処するという意味で国際的な法であるが、正確には、それぞれの国によって制定される国内法の一部である。たとえば日本の場合、「法の適用に関する通則法」が代表的な国際私法の法典である。今日、国際法と言えば国際公法のことを意味することが一般的であり、以下、国際法とは、国際公法のことを指す。

国際法は大きく2種類から構成される。日米安全保障条約や対人地雷禁止条約など、文章の形で存在する「条約」と、国内問題不干渉原則や領海12

カイリ原則など、世界各国の長期にわたる慣行によってすでに義務的なものとして認識されるに至った「慣習国際法」の2つである。

　条約は、条約法に関するウィーン条約（以下、条約法条約）によると「国の間において文書の形式により締結され、国際法によって規律される国際的な合意（単一の文書によるものであるか関連する二以上の文書によるものであるかを問わず、また、名称のいかんを問わない）」と定義される（2条1項（a））。したがって、京都議定書や自由権規約など、「条約」以外の名称であっても、国際法上の条約である。言い換えれば、条約であるか否かは、名称だけでは判別できない。たとえば、日本とソ連（現在のロシア）との間で締結された日ソ共同宣言（1956年）は条約であるが、日朝平壌宣言（2002年）は条約ではない。両者の違いは「国際法によって規律」されているか否かによる。そして、条約の当事国になるか否かは各国家の裁量であり、その結果、条約の最大の特徴として、条約は当事国にしか法的拘束力を及ぼさない。

　不文法である慣習国際法は、その存在や内容をめぐって、国家間で意見が対立することも珍しくない。ただし、慣習国際法の成立要件が、国家による「一般慣行」と、その慣行が遵守されるべきとする「法的信念」であることについて争いはない。慣習国際法は、条約と異なり、一旦成立すれば原則としてすべての国家を拘束する。これは慣習国際法形成後に誕生した国家に対しても同様である。

　なお、今日では、条約と慣習国際法の相互浸透も進んでいる。たとえば、国際連合（以下、国連）憲章で確認された武力行使禁止原則は、今日慣習国際法として認められている。したがって、仮にある国が国連から脱退しても、その国の武力行使は違法である。逆に、海洋法の中で慣習国際法として定着してきた公海自由原則や領海の無害通航権などは、現在国連海洋法条約の中で明文化されている。

　国際司法裁判所（以下、ICJ）は、条約と慣習国際法以外に「法の一般原則」も裁判所が適用する裁判基準としている。法の一般原則とは、各国の国内社会で一般的に存在する基本原則のことであり、信義誠実原則や禁反言原則などがあげられる。

表4-1 国内法と国際法の違い

比較対象	国内法	国際法
対象とする社会	各国の国内社会	国際社会
社会の構成員(主体)	国民(自然人)	国家
法の本質	強制力・命令	当事者の合意
強制力	存在が前提	必ずしも存在せず
立法者	国民の信託を受けた立法府	国家自身
違法行為に対する対応	行政府による執行	国家による自助
裁判管轄権	強制的管轄権	任意的管轄権

ところで、国際法と国内法は、同じ「法」と言ってもその性格や特徴は大きく異なる。まず、国内法は国民を中心に構成される(ただし、企業などの法人や国家などの公的機関も必要に応じて国内法の主体となる)。これに対して、国際法は主権国家を中心に構成される。法にとって、権利義務の担い手を「主体」と呼ぶが、この主体が異なる点が両者の最大の違いである(表4-1)。

また、国内法は、一般に国の基本法である憲法を頂点に、議会が制定する法律、政府や各省庁が制定する政令および省令、各地方自治体で制定される条例、裁判所や議会の内部で効力を有する規則などがある。そして多くの場合、憲法、法律、その他の法令の順に優劣が決められている。これを法の階層構造と呼ぶ(図4-1)。国際法は、対等平等な国家間の合意によって構成されていることから、個々の条約や慣習国際法の間に序列は存在せず、「特別法は一般法に優先する」、「後法は前法に優先する」という一般原則にのみ従う

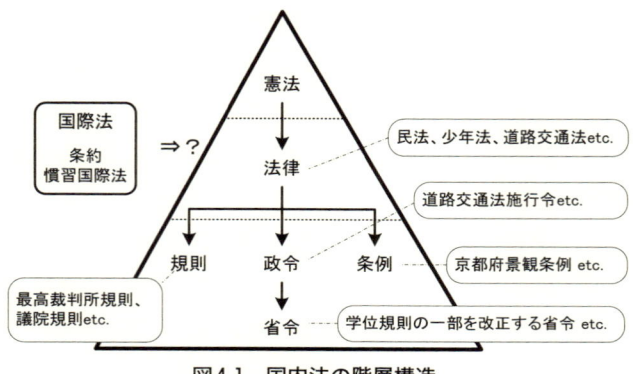

図4-1 国内法の階層構造

とされてきた。もっとも、20世紀に入り、武力行使禁止原則や基本的人権の尊重義務など重要な規範の確立や、国際社会の構成員の増加及び多様化といった影響から、一般規範に優位する強行規範（*jus cogens*）（条約法条約53条）や、国際法における立憲化（constitutionalism）にも注目が集まっている。

そして、国内法は多くの場合その違反に対して国家権力による強制力（罰則や損害賠償命令など）がはたらくのに対して、国際法違反には強制力が伴わないことが多い。このことが、しばしば「国際法は法でない」という誤解を生んでいる。たしかに、国際法は国内法よりも違反に対する対応が十分ではない。しかし、国際法の本質は、当事者間の合意、すなわち**合意は当事者を拘束する**（*pacta sunt servanda*）」に基づいており、現代の国際社会において、国際法の法的妥当性を否定する国家は存在しないと言ってよい。

なお、国内法の分野では、社会の多様化や緊密化に伴い、憲法、民法、刑法、商法、民事訴訟法、刑事訴訟法といった基本法（上記の法典を日本では六法と呼ぶ。）に加え、行政法、税法、労働法、環境法といった法分野の増加傾向が顕著に見られるが、これは国際法の分野においても同様に見られる現象であり、国際人権法、国際経済法、国際環境法、海洋法、宇宙法、国際人道法など国際法の専門分野は多岐にわたる。

ところで、19世紀頃まで、国際法は国家のみを規律の中心とし、対外問題だけに対応すると位置づけられていたため、基本的に国際法と国内法の接点はなく、結果として両者が抵触したり、優劣関係が問題にはなることはないと考えられてきた。20世紀に入り、国際法が人権や経済問題について積極的に規律するようになり、また多くの人や企業が国境を越えて活動するようになると、国際法と国内法の関係は緊密化し、それに伴って両者の抵触や矛盾が発生するようになった。そこで、国際法と国内法が異なる義務を課している場合、どちらが優先するのかという問題が発生する。

この問題について、国際社会と各国国内社会で対応が異なる。国際社会においては、「国際法が国内法に優先する」という原則がすでに確立している。特に条約に関しては、条約義務を履行できないことを国内法で正当化することはできない（条約法条約27条）。

他方で、国内法における国際法の地位については、各国の国内法に委ねられている。一般的に、国の基本法である憲法が国際法と国内法の優劣関係を決定する。ほとんどの国では最高法規としての憲法が国際法よりも上位に置かれている。議会制定法である法律との関係について、たとえば、日本国憲法は98条2項の解釈により、国際法は法律より上位であるとされており、多くの国が同様の立場をとっている。また米国のように国際法を法律と同列とみなす国もある。逆に国際法を法律よりも下位に置く国はほとんどない。

結果として、ある条約の規定と憲法の規定が抵触した場合の対応については、国際社会においては、たとえ一国の憲法であっても、国際法の義務の方が優先する。ただし、このことは当該国の憲法規定が無効になることを意味しない。逆に当該国内においては、条約が憲法規定と矛盾すれば、その国の国内では当該条約が無効となる場合がある。

3　国際法の存在意義

19世紀までの国際法は、「共存の国際法」と呼ばれ、国家間の利害関係の調整を目的とした権利義務関係の総体として位置づけられていた。その内容も、戦争法、領域や海洋の画定に関する原則、外交使節に関する特権など、国家の存立や外交関係に関するものがほとんどであった。したがって、ある条約が締結されても、それが当該国の国民の権利義務に直接影響を与えることはほとんど想定されなかった。19世紀後半に入り、ヒトやモノの移動が大規模に行われるようになると、外国人の処遇をめぐる問題や貿易に関する問題は、国家間の問題であるとともに、そこで締結された条約や形成される慣習国際法が直接一般市民や企業に影響を与える結果をもたらすようになってきた。

20世紀に入り、植民地独立運動やナチスによるユダヤ人迫害などの人権侵害問題に直面した国際社会は、これまで国内問題としてきた基本的人権の尊重を国際問題として共有するようになる。また環境問題について、当初は戦後の高度経済成長に伴う先進国間の越境汚染問題が懸案であったが、今日では、地球温暖化や生物多様性の喪失といった地球環境問題のグローバル・

パートナーシップに基づく解決も急務である。その結果、今日の国際法は新たに「協力の国際法」としての性格も併せ持っている。

それだけでなく、今や国際法はわれわれ市民の日常生活にも深い関わりを持っている。たとえば、日本国内で有効な運転免許証を所持していれば、国際運転免許証を申請・所持することにより、新たな試験を受けることなく、道路交通に関する条約（ジュネーブ条約）締約国の国内で乗用車を運転することができる。これは条約が締約国間で相互に免許の有効性を認めているからである。また、旅行や滞在中の外国で身柄を拘束された場合、領事関係条約は、自国領事と通信し面接する権利を保障している（36条1項）。言うまでもなく、多くの人権条約は個人に直接基本的人権を認めている。

また日本と諸外国の間の関税協定は、牛肉や小麦といった輸入物品の価格を左右する。マグロやウナギなど、日本人にとって大切な漁業資源も、近年条約に基づく国際的な管理が叫ばれており、その内容によって鯨肉のようにいくつかの海産物も日本の食卓から消えるかもしれない。つまり、たとえわれわれが国境を越えずに生活していても、国際法の存在を無視することはできない。

2　国際法の基本枠組

1　国際法の歴史

法はその社会基盤のあり方を示している。したがって、社会が変化すれば当然法の姿も変化する。すなわち、国際社会の構成員や社会状況が変化すれば国際法も変容する。

今日、法律学の研究対象としての国際法の萌芽はヨーロッパで誕生した。1648年に三十年戦争を終結させる目的で締結されたヴェストファーレン（ウェストファリア）条約の締結は、近代国際社会形成の象徴的出来事であった。この時期に誕生した国際法は、立憲主義に基づく近代国家を「文明国」と位置づけ、これらの国家間の主権尊重と相互平等を保障した。他方で、文明国の条件を満たさなければ、「非文明国」として不平等条約を強要したり、

「植民地」として支配の対象にしたりした。当時の国際法はヨーロッパ公法とも呼ばれるが、産業革命を経て市場拡張政策に乗り出したヨーロッパ諸国は、このような非欧州地域の支配を正当化するために国際法を積極的に利用した。

　中世ヨーロッパの戦争は、「国際法の父」と呼ばれるH. グロチウス（Grotius, Hugo 1583-1645年）が提唱したように、正しい目的による戦争は許されるとする「正戦論」が妥当していた。これはヨーロッパの各国国王よりも政治的発言権を持っていたキリスト教権威が正・不正の判断者として君臨することによって初めて成立する理論であった。その後、キリスト教権威の失墜と各国の主権平等が確立した18世紀以降のヨーロッパでは、国家が主権の発動として行う戦争について、第三者が正・不正を判断できないため、結果としてすべての戦争は違法でないとする「無差別戦争観」が定着した。

　しかしながら、20世紀に入り、二度の世界戦争を経て、戦争は違法であるとする「戦争違法観」が登場し、現在では威嚇を含めた**武力行使禁止原則**」が確立するに至った。同時に、植民地独立運動の高まりを受けて、「**人民の自決権**」が政治的スローガンから国際法上の権利として発展し、戦後多くの発展途上国の独立を法的に正当化した。

　このように19世紀までの国際法と20世紀以降の国際法は、戦争観やその構成員（文明国概念）において大きな変動が見られる。前者を近代（または伝統的）国際法、後者を現代国際法と呼び、前者から後者への変化を「国際法の構造転換」という。

2　国際法の主体

　国際社会にとって、国家は不可欠の構成員である。それでは、国家はどのようにして誕生するのか？　一般に「国家の三要素」とは、国民、領域、主権（統治権）とされているが、国際法上の国家の要件は、永続的住民、確定した領域、政府および他の国と関係を取り結ぶ能力とされている（国の権利及び義務に関する条約1条）。

　近代国際法の時代は、国際機関もそれほど多くなく、国境を越えて活動す

る企業や団体もそれほど多くなかったので、国際法の主体は国家にほぼ限定することができた。しかしながら、20世紀に入ると、国際連盟や国連など多数の国際機関が登場するようになった。また先進国を中心に多国籍企業が増加し、平和や人権などの問題について取り組む非政府団体（NGO）も国境を越えて活動するようになってきた。その結果、現代国際法のもとでは、このような非国家アクターにも国際法上の主体性が認められつつある。

ただし、以下の点に注意しなければならない。まず、現代国際社会の主体が多様化したとはいえ、主権国家が国際法の主体の中心であるという事実に変わりはない。また、非国家アクターの国際法上の主体性は、主権国家が国際法によって規律する。国際機関の場合、国際機関設立文書である国際条約（国連の場合、国連憲章）の中で確認される目的の範囲内でしか、当該機関は活動できない。また多くの国際人権条約は、個人に基本的人権という国際法上の権利を直接認めているが、ここで認められた人権が侵害された場合に、個人が国際法上の主体として人権侵害国に義務違反を主張し、責任を追及するためには、当該人権条約が別に定める手続が必要である。何よりも、国家は、条約や慣習国際法という国際法の立法に直接関与できる積極的主体であるのに対して、国際機関や私人は自ら国際法を作り出すことができない消極的主体である点が決定的に異なる。

3　国際法の立法と実施

国際条約は、国家の合意によって作成される。参加する国の数によって、二国間条約と多数国間条約に分類することができるが、その立法の手続きは基本的に同じである。国家間で何らかの問題が発生し、ルールの必要性が高まると、まず条約交渉のための国際会議が行われる。会議の結果、合意が成立したら、条約が「採択」される。国内法と異なり、条約の場合、採択されただけでは効力は発生しない。採択された条約は、一般に交渉に参加した国に対して一定期間「署名」のために開放される（二国間条約の場合、採択と同時に署名が行われることが多い）。署名は、当該条約に対する国家の同意を確認する最初の手続きである。その後、国家は改めて条約に拘束されることに同

意する意味を持つ「批准」を行う（その他に、受諾、承認、加入という手続きもあるが、その効果は批准と同じである）。このようにして条約に定められた要件（そのほとんどが批准国の数）を満たせば、一定期間を経て条約は「効力発生（発効）」する。ただし、近年批准を必要とせず、署名だけで発効することを認める「簡略形式による条約（日本では行政協定と呼ばれる）」の数が増加している。なお、国連憲章は、秘密条約を防止するため、条約は事務局に登録され、公表されなければならないと規定する（102条1項）。

　発効した国際条約は、慣習国際法とともに、国際法上の拘束力を有する。その結果、国際法に違反した国は、国際義務違反となり、違反国には国家責任が課せられる（国家責任条文1条および2条）。ただし、国際社会は国内社会と異なり、主権者である国家に命令・強制する権限を有する統治機構を持たない。法律問題の場合、民主主義国家においては、一般に裁判所が三権の一つである司法権を行使し、事実の確認、当事者の意見の聴取、そして存在する法の解釈を行い、最終的な判断として判決を出す権限（強制管轄権）を行使する。しかし、国際社会には、このような司法管轄権を排他的に行使する裁判所は存在しない。その結果、紛争は原則として当事者同士で解決しなければならない。もちろん、当事者同士の交渉によって解決できない場合、第三者が関与する審査、仲介、調停などを利用することも可能である。また当事者が合意すれば、仲裁裁判または司法的解決によって法的拘束力のある決定を導くこともできる。近代国際法の時代には、国家は最終的に紛争を武力で解決する権限を有していたが、現代国際法のもとでは、武力行使禁止原則の帰結として、国家は紛争の平和的解決義務（国連憲章33条）を負う。

　現在、国際社会には、ICJ、国連海洋法裁判所、国際仲裁裁判所の他、地域機関による司法裁判所や、事実上の司法判断と言える世界貿易機関（WTO）の紛争解決パネルなど多数の司法機関が存在する。他方で、これらの機関には国内の最高裁判所と下級裁判所のような優劣関係が存在するわけではないので、いわゆる「フォーラム・ショッピング」といった問題も指摘されている。

3　国際関係学を学ぶための国際法

1　国際連合と国際法

　普遍的国際機関である国際連盟と国連もまた、主権国家によって合意された国際条約（国際連盟規約及び国連憲章）によって設立された。すなわち国際機関の誕生も国際法によって規律される。ここでは、国連憲章を紐解きながら、国連の主要機関の法的役割について確認する。

　国連憲章は、1条で国連の目的について規定する。国際連盟との違いは、機関の目的を国際の平和および安全の維持（1項）に限定せず、諸国間の友好関係の発展（2項）や人権および基本的自由の尊重についての国際協力（3項）を含めている点である。そのため、国連は、主要機関以外に多くの専門機関を置いている。しかし、このことは国連が加盟国を管理したり、命令したりする上位機関であることを意味しない。国連憲章は、国連の行動原則を定める2条の中で、国内管轄問題不干渉原則（7項）を確認しており、国連といえども各国の主権に関連する事項に介入することはできない。

　すべての国連加盟国で構成される国連総会は、この憲章の範囲内にある問題を広く討議することができる（9および10条）。この点で平和と安全の維持を専門とする後述の安全保障理事会（以下、安保理）とは一線を画する。また加盟国は人口や分担金の多少に関係なく、一個の投票権を有している（18条1項）。ただし、総会で採択される決議は、国際法上の拘束力を認められておらず、勧告的な意味を持つに過ぎない。他方で、総会は国際社会の主要な、そして大多数の国家によって構成されているという事実から、国際法の形成に多大な役割を果たしてきた。その一つは、憲章10条が規定する「国際法の漸進的発達及び法典化」であり、総会のもとに設置された国際法委員会は、先述の条約法条約や外交関係条約など多くの重要な国際条約を世に送り出している。もう一つは総会決議の法的「効果」である。総会決議は加盟国を法的に拘束しないものの、それでも重要な総会決議は、その後の国際社会の実行により、法的信念の表明と認められ、慣習国際法として確立することがある。また1948年採択の世界人権宣言が1966年採択の国際人権規約に結実す

るなど、総会決議が後の重要な国際条約の制定を導く役割を果たすこともある。このような総会決議をはじめとする国際機関の決議を「ソフト・ロー」と呼び、その法的効果を積極的に評価する学説も存在する。特に、総会は、決議を通じて、人種差別撤廃条約（1965年）、女子差別撤廃条約（1979年）、児童の権利条約（1989年）など多数の人権条約の採択を実現したほか、2006年には国連人権委員会を人権理事会に昇格させるなど、積極的な人権保護活動を実践している。

安保理は、「国際の平和及び安全の維持に関する主要な責任（24条）」を負う主要機関であり、5つの常任理事国と10の非常任理事国によって構成される。安保理の最大の特徴として、憲章第7章に基づいて行う強制措置（41条および42条）の決定は、加盟国を法的に拘束する（25条）。また同決定は、前述の国内管轄事項不干渉原則に優先する（2条7項）。

なお、常任理事国は、表決手続きにおける特権、いわゆる拒否権が認められており（27条3項）、理事国としての地位と併せて、加盟国の主権平等原則（2条1項）と矛盾すると批判されることがある。しかし、加盟国は、憲章に明記されている加盟国間の差異について同意したとみなされるため、不当であるという主張は正当化できない。

ICJは、国連の主要な司法機関であり（92条）、国際連盟時代の常設国際司法裁判所を引き継ぐ形で、主要機関の中で唯一オランダのハーグに設置されている。裁判官は15名で構成され、安保理と総会の選挙によって選出される（ICJ規程8条）。国連加盟国は、憲章と不可分の一体であるICJ規程の当事国でなければならない（国連憲章92条および93条1項）。裁判所は、憲章の原則の一つである国際紛争の平和的解決（2条3項）の手段の一つとして、国家間の紛争を法的に解決する役割を担う。ただし、裁判所は、紛争当事国から提起された訴訟を必ず審理し、判決を出せるわけではない。裁判所による解決のためには、紛争発生の前または後に当事国双方が裁判所での解決について同意している必要がある。たとえば、2014年に判決が出された南極海捕鯨事件において、オーストラリアは日本を一方的に提訴したが、これは両国が裁判所の強制管轄権を事前に認める選択条項受諾宣言（ICJ規程36条2項）を

あらかじめ行っていたためである。2015年現在、同宣言受諾国は70カ国であり、その数は決して多いとは言えない。

ICJの裁判は一審制で、判決は当事者間においてかつその特定の事件に関してのみ拘束力を有する（59条および憲章94条1項）。もっとも、裁判所は基本的に従前の判例を尊重する傾向が強く、裁判所の法創造機能は事実上存在する。なお、一方の当事国が判決を履行しない場合には、他方の当事国は安保理に訴えることができる（94条2項）。

ICJは、加盟国の紛争解決の他に、国連諸機関の法的問題に対する諮問に対して勧告的意見を出す権利を有する（ICJ規程65条）。同意見に法的拘束力はないが、国際法の最高権威が出す結論であることから、最大限に尊重されている。実際に、総会が諮問した核兵器使用に対する合法性やパレスチナ占領地域に対してイスラエルが設置した分離壁の法的帰結など、国際社会の重大な法的論点について貴重な見解を示してきた（**表4-2**）。

2　アジアと国際法

アジアは四大文明を生んだ地域であり、独自の文化や宗教を発展させ、紀元前から古代都市国家を形成していた。ルーブル美術館所蔵の「禿鷹の碑」には、紀元前約2600年にメソポタミアの都市国家間で締結された講和条約が記されており、世界最古の国際条約と言われている。その意味で、アジアは古代国際法発祥の地と言えなくもない。しかし、法律学としての国際法が立憲主義国家の存在を前提とする限り、この時代の条約は歴史学上の価値を持つにとどまる。

ヨーロッパの大航海時代にも、トラデシリャス条約（1494年）など、キリスト教権威のもとで世界分割が行われたが、アジア地域が現実に国際法に触れるようになるのは19世紀になってからである。すでに市民革命と産業革命を経験した欧米列強は、市場の拡大を求めて積極的にアフリカやアジアへと進出した。その際に、これら列強はヨーロッパ公法の基準をこれらの地域に押しつけて勢力拡大を進めていった。当時、外観上国家としての体制を確立していたオスマン・トルコ、清朝中国、日本（江戸幕府）に対しては、国

表4-2 重要なICJ判決・勧告的意見

	事件名	当事国（管轄権の基礎）／諮問機関	年	判決／意見概要
訴訟事件	コルフ海峡事件	英国 vs. アルバニア（応訴管轄）	1949	軍艦も領海の無害通航権を有する。沿岸国は自国領海の危険を通告する義務を負う。無許可の掃海は沿岸国の主権を侵害する。
	北海大陸棚事件	西ドイツ vs. デンマーク（合意付託）西ドイツ vs. オランダ（合意付託）	1969	慣習国際法の成立要件は、国家慣行と法的信念。大陸棚条約の境界画定原則は慣習法ではない。
	核実験事件	オーストラリア vs. フランス（選択条項）ニュージーランド vs. フランス（選択条項）	1974	フランスの大気圏核実験中止宣言は、フランスを法的に拘束する。原告の請求目的は消滅したため、訴訟は受理不可能。
	ニカラグア事件	ニカラグア vs. アメリカ合衆国（選択条項）	1986	武力行使禁止原則は慣習国際法。集団的自衛権行使には、被害国からの要請が必要。
	ラグラン事件	ドイツ vs. アメリカ合衆国（裁判条項）	2001	領事官の国民との通信権を定める領事関係条約36条1項は個人の権利でもある。ICJの仮保全措置命令は法的拘束力を持つ。
	南極捕鯨事件	オーストラリア vs. 日本（選択条項）	2014	オーストラリアの提訴はICJの管轄権を許容。日本の捕鯨許可は科学的研究を目的としたものとは言えない。
勧告的意見	国連職員が被った損害賠償事件	国連総会	1949	国連は、その活動中に蒙った損害を、国連非加盟国である加害国（イスラエル）に請求する資格を有する。
	PKO経費事件	国連総会	1962	国連憲章に明記のないPKOの活動に関連する経費は、国連の目的達成のために必要な経費であり、機構の経費に該当する。
	ナミビア事件	安保理	1971	ナミビアの委任統治を認めた南アへの委任状は、総会決議及び安保理決議によって無効。南アのナミビア存続は国際法違反。
	核兵器使用の合法性事件	国連総会	1996	威嚇を含めた核兵器の使用は一般的に国際法違反である。ただし自衛の極限状況において合法性は判断できない。
	パレスチナの壁事件	国連総会	2004	イスラエルのパレスチナ地域での壁設置は国際人権法及び国際人道法に違反する。人民の自決権は対世的権利である。
	コソボ独立宣言の合法性事件	国連総会	2010	国際法は一方的な独立宣言を禁止していない。安保理決議1244はコソボの最終的な地位を定めたものではない。

家としての主体性を認めつつ、無差別戦争観に基づく軍事力を背景に不平等条約を強要した。それ以外の王朝や政権に対しては、国家としての主体性さえ認めず、無主地先占の法理の下で植民地支配の対象とした。また、タイ（シャム王国）のように英仏の植民地支配の緩衝として独立を認められた国もあった。

　中華思想に基づく華夷秩序によって国際社会が形成されてきた東および東南アジアにおいて、欧米列強の進出は華夷秩序から近代国際法秩序（ヴェストファーレン体制）への転換と見ることもできる。その後、アヘン戦争（1840-1842年）やアロー号戦争（1856-1860年）を経てヨーロッパ列強によって中国領土に租借地が生まれると、清朝も国際法を受容する必要性に迫られるようになった。1864年にH. ホイートン（Wheaton, Henry）の著書 *Elements of International Law* の翻訳書が『万国公法』として中国で刊行され、これが日本や朝鮮における国際法の普及に寄与した。

　20世紀に入り、植民地独立運動のもとでアジアでも多くの国が独立を達成したが、19世紀までの経験は、アフリカ諸国と同様に国際法に対する不信感を醸成することにつながった。また、アジア地域は古くから独自の国家観で国家を形成してきたことに加えて、多様な宗教、文化、言語が存在するため、これがアジア地域独自の国際法形成の障害になっている。

　たとえば、人権分野において、前述の国連だけでなく、各地域機関もそれぞれの地域性や構成国の事情に即した地域人権条約を制定している。人権発祥の地と言われるヨーロッパでは、1950年に採択された欧州人権条約のもとに16の議定書が締結され、これらに違反する場合、最終的に欧州人権裁判所が判断するという独自の制度を構築している。また、その他の地域でも、1969年に米州機構が米州人権条約を、1981年にアフリカ統一機構（現在のアフリカ連合）が人及び人民の権利に関するアフリカ憲章（バンジュール憲章）をそれぞれ採択している。宗教上の理由などから欧州起源の人権概念に消極的な中東地域でも、法的拘束力はないものの1968年にテヘラン宣言が採択されている。

　これに対して、東および東南アジアには人権条約はおろか、法的拘束力の

ない人権宣言さえ採択されてこなかった。しかし、2012年の東南アジア諸国連合（ASEAN）首脳会議において、ASEAN人権宣言が採択され、その内容と今後の実践に注目が集まっている。

　開発協力の分野においては、国連の経済社会理事会の下部機関として、それぞれの地域の経済委員会が設置されており、アジア地域にはアジア太平洋経済社会委員会（ESCAP）と西アジア経済社会委員会（ESCWA）が存在する。ESCAPの前進である国連アジア極東経済委員会（ECAFE）が設立したアジア開発銀行は、これまでこの地域における経済成長および経済協力の助長と地域内の発展途上国の経済開発の促進に寄与すること（アジア開発銀行設立協定1条）を目的として、同地域の経済発展に貢献してきた。これに対して近年、同銀行で賄えない資金提供の機関として、中国が中心となってアジアインフラ投資銀行（AIIB）を設立した。

　環境保護の分野においても、欧州経済委員会（ECE）が越境大気汚染防止条約など積極的に地域の環境条約を採択しているのに対して、アジアでは北京やバンコクなどで都市公害が顕在化し、越境環境汚染が深刻化しているにもかかわらず、地域の環境条約が締結されたことはない。国際河川に関しては、唯一メコン川流域協力協定（1995年）が締結され、ライン川などと同様、流域国による協力体制がとられているが、上流国の中国は非当事国である。

　安全保障の分野では、第二次世界大戦から冷戦を経て、国際社会の安全保障の関心は民族対立、テロ、サイバー攻撃などの非国家間対立に移行しつつあるが、アジアにはなお伝統的な国家間紛争が複数存在する。

　朝鮮半島では、1950年に勃発した朝鮮戦争の結果、朝鮮民主主義人民共和国（北朝鮮）と大韓民国（韓国）がそれぞれ独立を宣言し、終戦協定も締結されないまま、現在もなお分断された状態にある。また、1947年の英領インド帝国解体に伴い、インドとパキスタンが分離独立したが、宗教上の対立や国境線画定問題により、3次にわたる印パ戦争が勃発した。その後両国は、それぞれ核兵器の開発保有を宣言するなど対立は解消していない。さらに、中華人民共和国（中国）は、1971年に中華民国から国連代表権を勝ち取ったが、現在も台湾は中華民国の存続を主張している。現在、中国は急速な経済

成長を遂げ、アジア経済を牽引しているが、同時に近隣諸国との間で領土および海洋境界画定問題を引き起こしている。特に最近では、フィリピン、マレーシア、ブルネイ、インドネシア、およびベトナムがそれぞれ領海及び排他的経済水域を主張している南シナ海において、大規模な海洋主権を展開し、これらの諸国との緊張を高めている。フィリピンは2014年に南シナ海の領有権をめぐり、中国を国連海洋法条約に基づく仲裁裁判所に訴えたが、中国は同裁判所には管轄権がないとして裁判による解決を拒絶した。

3　日本と国際法

　日本は江戸時代初期から鎖国政策を維持してきたが、1853年の黒船来航により、翌年日米和親条約を締結し、その後欧米列強との不平等条約締結を余儀なくされた。勝海舟や坂本龍馬が万国公法に強い関心を持っていたことからもわかるように、この頃から日本国内で国際法に対する関心が高まっていた。

　江戸幕府から正統な政府としての地位を承継した明治新政府は、1868年に五箇条の御誓文を公布した。この中の一つ「旧来ノ陋習ヲ破リ天地ノ公道ニ基クヘシ」の「天地ノ公道」とは万国公法のことを意味するとされており、古い慣習を捨て国際法に基づいて行動することを国内外に宣言した。その後、日本は、マリア・ルス号事件（1872年）における仲裁裁判の活用や日露戦争（1904-1905年）での捕虜待遇など、文明国の一員となるために国際社会の中で国際法を活用し遵守する姿勢を貫いた。

　日清、日露戦争に続き、第一次世界大戦（1914-1918年）にも勝利した日本は国際連盟の理事国となり、念願の文明国の仲間入りを果たした。しかしながら満州事変（1931年）に対する国際連盟の対応に不満を持ち、満州国建国に際して米国から不承認宣言を受けると、日本は自ら連盟を脱退し（1933年）、不戦条約に違反する形で太平洋戦争（1941-4945年）へと突入することになった。

　第二次世界大戦において、連合国側と対戦した日本は大陸での抵抗運動、広島および長崎への原爆投下、日ソ不可侵条約を破棄する形でのソ連の参戦

を受け、1945年8月15日にポツダム宣言を受諾し、9月2日に正式に降伏文書に調印した。

　第二次世界大戦の反省を受けて、日本は厳格な戦争放棄を掲げる日本国憲法を制定した。戦争及び威嚇を含めた武力行使の放棄を規定する9条1項は、すでに制定されていた国連憲章2条4項を踏襲しており、諸外国の憲法規定と比較して特に目新しいものではない。日本国憲法の特殊性は、戦力の不保持と交戦権の否認を規定する9条2項であり、これにより日本は徹底した平和主義を表明した。しかしながら、その後太平洋戦争の講和条約である対日平和条約と同日に締結された旧日米安全保障条約（1950年）、警察予備隊から自衛隊への改組（1954年）、新安全保障条約への改定（1960年）を経て、今日軍事費において世界第9位（2014年ストックホルム国際平和研究所の統計による）の軍事大国となっている。

　2014年7月に日本政府は、自衛権に関する従来の方針を転換し、集団的自衛権の限定的な行使を容認する閣議決定を行った。翌年、自衛隊法をはじめとする安全保障関連法の改正（平和安全法制整備法）とPKOに対する積極的支援を可能とする国際平和支援法が国会で可決されたが、憲法違反であるという強い批判や多くの国民から理解が得られていないという声に加えて、集団的自衛権に対する考え方や自衛隊に対する国際人道法の適用可能性など国際法上の問題点も数多く指摘されている。

　領土問題については、日本も、他の多くの諸国と同様、近隣国と未解決の問題を抱えている。対ロシア（旧ソ連）の北方領土、対韓国の竹島（韓国名独島）、そして対中国の尖閣諸島といった領有権問題は、それぞれの領土（島）の発見時期や主権の行使状況、当事国の合意などを検討しなければならない。しかしながら、3つの問題に共通しているのは、これらの領有権の重要な根拠の一つが対日平和条約にあるという点である。日本は、同条約2条で朝鮮半島及びその周辺諸島（a項）、台湾及び澎湖諸島（b項）、そして千島列島並びに樺太及びその近接諸島（c項）などの権限及び請求権を放棄した。しかしながら、竹島、尖閣諸島、北方領土がそれぞれ上記の放棄の範囲内に含まれているかについて、日本と相手国で見解が異なる。日本は、尖閣諸島につ

いては実効支配を行っているが、竹島と北方領土については逆に相手国に実効支配されており、領有権を継続的に主張しつつ、平和的方法で解決を図らなければならない。加えて、これら諸島の帰属問題が解決していないことにより、排他的経済水域や大陸棚などの海洋境界の画定も未解決であり、漁業資源や海底資源の管理問題も残された課題である。

　基本的人権についても、日本はいくつかの課題を指摘されている。たしかに、日本は国際人権規約をはじめとする多くの人権条約の締約国となっているが、アパルトヘイト条約、ジェノサイド条約など、未批准の条約も残されている。また、それぞれの人権条約が設置する委員会への個人通報を認める選択議定書について、締約国になることを拒絶している。さらに代用監獄制度、死刑制度の存続、民法における女性差別など、多くの点で各人権条約の委員会から是正勧告を受けている。また難民の受け入れについても条約難民の認定が非常に厳しく、受入数は先進国の中でも著しく少ない。

　経済協力の分野については、日本は戦後、自由主義国の一員としてガットおよびWTO体制の中で、自由貿易秩序の維持発展に努めてきた。しかしながら、欧州統合に代表される地域の経済連携協定が積極的に推進される中、日本も東南アジア諸国やインド、オーストラリア、チリなどと二国間経済連携協定を締結している他、環太平洋パートナーシップ（TPP）協定についても積極的に関与している。日本をはじめとする主要国の重要条約の参加状況については**表**4-3を参照せよ。

　条約集を持たずに国際関係学を学ぶことは、海図を携えずに大海を渡るに等しい。また、国際法を使うことなく国際関係学を語る者は、鎧兜を着けずに戦場に赴く猪武者ようなものである。国際関係学を学ぶにあたり、関連する条約を調べ、現存する国際法の特徴や課題を検討することで、目の前にある国際問題を正しく理解し、解決のための道筋を探し出すことができる。そして、何よりも大切なことは、国際法は国家が作るものだが、民主主義国家は我々市民によって創られているという意識である。したがって、国際法の担い手も究極的にはわれわれ市民であることを忘れてはならない。

表4-3 主要国（G20）の重要条約締結状況（2016年3月1日現在）

国連の5つの地域グループ			As						EE	WEO							
条約名	採択年	発効年	日本*	中華人民共和国	韓国	インドネシア	インド	サウジアラビア	トルコ	ロシア連邦*	英国*	フランス*	ドイツ*	イタリア*	(欧州連合)	オーストラリア	アメリカ合衆国*	カナダ*
国際連合憲章	1945	1945	○	◎	○	○	○	○	○	◎	◎	◎	○	○		○	◎	○
※ICJ規程36条(選択条項受諾)宣言			○				○				○		○	○		○		○
条約法条約	1969	1980	○	○	○		○	○	○	○	○		○	○		○		○
国連海洋法条約	1982	1994	○	○	○	○	○	○		○	○	○	○	○		○		○
南極条約	1959	1961	○	○	○		○			○	●	●	○	○		●	○	○
宇宙条約	1966	1967	○	○	○	○	○	○	○	○	○	○	○	○		○	○	○
社会権規約	1966	1976	○	○	○	○	○		○	○	○	○	○	○		○		○
自由権規約	1966	1976	○		○	○	○		○	○	○	○	○	○		○	○	○
自由権規約第一選択議定書	1966	1976			○				○	○		○	○	○		○		○
死刑撤廃条約	1989	1991							○		○	○	○	○		○		○
WTO憲章	1994	1995	○	○	○	○	○	○	○	○	○	○	○	○	○	○	○	○
気候変動条約	1992	1994	○	○	○	○	○	○	○	○	○	○	○	○	○	○	○	○
京都議定書	1997	2005	①	○	○	○	○	○	○	①	②	②	②	②	②	②		
ジェノサイド条約	1948	1951		○	○		○	○	○	○	○	○	○	○		○	○	○
国際刑事裁判所規程	1998	2002	○		○						○	○	○	○		○		○
包括的核実験禁止条約	1996	未発効	○	×	○	○	×		○	○	○	○	○	○		○	×	○
核不拡散条約	1968	1970	○	◎	○	○		○	○	◎	◎	◎	○	○		○	◎	○
対人地雷禁止条約	1997	1999	○			○			○		○	○	○	○		○		○
ジュネーブ条約（捕虜条約・文民条約）	1949	1950	○	○	○	○	○	○	○	○	○	○	○	○		○	○	○
ジュネーブ条約・第一追加議定書・第二追加議定書	1977	1978	○	○	○		○			○	○	○	○	○		○		○

メキシコ	ブラジル	アルゼンチン	南アフリカ	締約国数(リスト国の数)	備考
	LAC		Af		
○	○	○	○	193(19)	◎は安保理常任理事国
○				70(7)	
○	○	○		114(13)	
○	○	○	○	167(18)	
		●	○	53(16)	●はクレイマント(その他にノルウェー、チリ、ニュージーランド)
○	○	○	○	104(19)	
○	○	○	○	165(17)	
○	○	○	○	169(17)	
○	○	○	○	116(12)	
○	○	○	○	82(11)	
○	○	○	○	162(20)	
○	○	○	○	196(20)	
○	○	○	○	192(18)	①は第1約束期間削減義務国、②は第1・2約束期間削減義務国
○	○	○	○	147(17)	
○	○	○	○	123(12)	
○	○	○	○	164(15)	×は条約発効に批准が必要な未批准国
○	○	○	○	191(18)	◎は9条3項に基づく核兵器国
○	○	○	○	162(13)	
○	○	○	○	196(19) 196(19)	
一	○	○	○	174(15) 168(14)	一は第一追加議定書のみ締約国

備考:
1 地域グループの略称
　As: アジア(53か国)
　EE: 東ヨーロッパ(23か国)
　WEO: 西ヨーロッパおよびその他(27か国)
　LAC: ラテンアメリカおよびカリブ海(33か国)
　Af: アフリカ(54か国)
　※アメリカ合衆国、イスラエルおよびキリバスはいずれにも属していない。
2 国名の後の*はG8加盟国(ただし2014年以降ロシアは参加資格停止)

〔参考文献〕

薬師寺公夫他編『ベーシック条約集』東信堂、毎年刊行
　　法律学を学ぶうえで、条文の正確な理解は不可欠である。国内法の場合は六法全書、国際法の場合は条約集が役立つ。本書以外にも数社から条約集が刊行されている。

松井芳郎他編『判例国際法〔第2版〕』東信堂、2006年
　　国際法も国内法と同様に、裁判判決が法の解釈に大きな役割を果たす。本書では事件の概要、判決内容、解説を丁寧にまとめている。本書以外にも数社から判例集が刊行されている。

松井芳郎『国際法から世界を見る〔第3版〕』東信堂、2011年
　　副題は「市民のための国際法入門」で、市民の目線で国際法について解説する。市民講座の講演をベースにした内容になっており、文章表現も平易で読みやすい。

山形英郎編『国際法入門 ── 逆から学ぶ』法律文化社、2014年
　　一般的な国際法の講義内容を各論から始めて総論で終えるという手法を取る。安全保障や紛争解決などの具体例から学べるので法学部以外の学生にも学びやすい。

櫻井雅夫・岩瀬真央美『新版　国際関係法入門』有信堂高文社、2013年
　　安全保障、人権・人道、貧困・難民、医療・教育、国際犯罪、国際経済など、国際関係学の重要なテーマ毎に各条約の内容についてわかりやすく解説する。

中谷和弘『ロースクール国際法読本』有斐閣、2013年
　　ロースクールと銘打っているが、内容は海外旅行や途上国ビジネスなど、国際関係学を学ぶ学生にとって関心の高いテーマを取り上げ、そこから国際法の重要性を説き明かす。

末川博編『法学入門〔第6版補訂版〕』有斐閣双書、2014年
　　法学の一般的な入門書。国内法を中心とした解説だが、法律学の基礎を理解する上では最適。最終章の「国際社会と日本」は、国際法についても記載する。

ハート、H.L.A.（Hart, Herbert Lionel Adolphus）（長谷部恭男訳）『法の概念〔第3版〕』ちくま学芸文庫、2014年
　　多面的なアプローチで、法とは何かを考えるうえで重要な示唆を与えてくれる古典。最終章では国際法についても取り扱う。原書名はThe Concept of Law。

加藤祐三『幕末外交と開国』講談社学術文庫、2012年
　　江戸幕府が米国から突きつけられた開国要求に対してどのように対処したのかを丁寧に解説する。日本史および世界史の知識から条約交渉の難しさを理解するのに役立つ。

第5章　グローバル・ガヴァナンス ── 国連の役割 ──

石原　直紀

> 〈 本章のねらい 〉
>
> 　今日、ガヴァナンス（governance）という言葉は、グローバル・ガヴァナンスやコーポレート・ガヴァナンスなど多様な使われ方がなされている。そこに共通するのは、人間の集団や組織をいかに運営していくかという発想である。一般にガヴァナンスは「統治」と訳されることが多いが、政府を意味する言葉であるガバメント（government）と密接な関連がある概念であることは言うまでもない。
>
> 　国家の場合、統治を担うのは政府であるが、世界には190余りの主権国家が併存しており、世界を一元的に統治するいわゆる「世界政府」は存在しない。グローバル・ガヴァナンスが「政府なき統治」と言われるゆえんでもある。今日の世界には「世界政府」は存在していないにもかかわらず、一定の秩序が保たれており、国際関係を運営するための共通の了解やルールが機能している。すなわち、国際社会はこうした秩序を作り、維持するための原理とメカニズムを有しており、それによって今日の国際社会の統治、つまりグローバル・ガヴァナンスが実現しているのである。グローバル・ガヴァナンスの担い手は、国家のみならず、国際機関、NGO、企業等さまざまであるが、本章では国際連合（国連）の役割に注目しながらグローバル・ガヴァナンスについて考えてみたい。

キーターム　グローバル・ガヴァナンス、国際連合、安全保障理事会、平和維持／構築活動、保護する責任

1 グローバル・ガヴァナンスと国連

1 グローバル・ガヴァナンスとは

　グローバル・ガヴァナンスという概念が注目を集めるようになった背景として、渡辺昭夫と土山實男はその著『グローバル・ガヴァナンス』の中で、グローバリゼーションの深化拡大、冷戦の終結、国際機関や国際NGOの台頭と多国間国際関係の活発化、国際政治学におけるリベラル制度論の到達点、冷戦後の米国の一極中心体制などを指摘する。さらに、二人は、「たとえ中央政府がなくても、規範やルールが遵守される過程や状態は存在する」とし、「国際社会におけるこうした政府なき遵守の過程と状況をグローバル・ガヴァナンスと呼ぶ」と定義している。

　すなわち、今日の国際社会は、条約などの国際法、共有される価値規範、共通の政策などの体系によって、グローバル・ガヴァナンスが実現されていると言える。実際、グローバル化が深化拡大する今日、各国は、自国だけでは解決できない環境問題やテロ、感染症など、いわゆるグローバル・イシューに国際協力を通じて対応していく以外に方法はない。各主権国家に対して一定の政策を強制し得る世界政府がない以上、最終的な行動の権限と責任は、各国家に委ねられている。結果的に、グローバル・ガヴァナンスがどの程度実効をあげうるかは、各国の自発的、自主的な協力いかんであるといっても過言ではない。

　一般に、国家は自国の利益、すなわち国益の極大化を行動原則としている。もちろん、各国が常に狭い意味での自国だけの利益追求しか視野に入れないというわけではない。国益追求のために他国の支持や同調を取りつけるための外交努力を行うことも一般的である。また、他国との協調を通じ、自国の利益を国際社会全体の利益と調和させながら実現しようという国益追求の方法もある。

　今日の国際社会には国家のほかにもさまざまな行動主体、すなわちアクターが存在する。欧州連合（EU）やアフリカ連合（AU）、東南アジア諸国連合（ASEAN）といった地域共同体や地域機構、国際連合（国連）のような国

際機関、さまざまなNGOや多国籍企業など多様なアクターが国境の枠を越え、相互に影響を与え合いながら活動を行っている。それぞれが自らの組織目的を追求しつつ国際社会の秩序形成と運営に参加しているのである。すなわち、これらの多様なアクターの連携と協力を通じてグローバル・ガヴァナンスが実現していると言える。したがって、グローバル・ガヴァナンスの実態について理解するためには、それを実現するための過程と結果としてのガヴァナンスの実効性という両面から考える必要がある。以下、グローバル・ガヴァナンスにおける国連の役割に焦点を当てながら、この課題を考えていくこととしたい。

2　国連の役割

　国連を中心とした国際機関は、加盟国政府を中核とする政府間国際機関である。しかし、国連の活動に参加する主体は政府に限定されるわけではない。国連は創設当初より経済社会理事会（ECOSOC）のもとにNGO委員会を置き、広く非政府組織の声に耳を傾けるメカニズムを用意していた。冷戦の終結とともに、NGOを含む非政府組織の国連活動への影響力は拡大し、今日、NGOや企業など市民社会の国連活動への参加が定着している。

　国連は、これらの多様なアクターとの連携と協力のもとにグローバル・ガヴァナンスに大きな役割を担っているのである。もちろん、国連がどのような課題にどの程度ガヴァナンス能力を発揮できるかは一様ではない。冷戦時代、アメリカと当時のソ連の対立により国連の平和と安全保障の機能が著しく阻害されたことは、多くの人の知るところである。途上国と先進国の対立が環境問題に関する諸条約の成立と実施に多大な時間と労力を強いていることも広く知られている。また、官僚機構としての国連事務局の非効率性もメディアが好んで取り上げる話題の一つである。しかし、こうした問題にもかかわらず、国連は国際社会のさまざまなアクターが一堂に会し、議論と交渉をすることにより共通の立場や利益を見出し、それぞれの協力を通じてグローバル・ガヴァナンスを実現していくための貴重な機会と場、さらに政策手段を提供することができるのである。

次に、グローバル・ガヴァナンスにおける国連の役割の特徴について、他の国際機関と比較しながら具体的に考えてみよう。国連は、今日世界に存在するほとんどの国家を加盟国としているという点で普遍性を有する。また、加盟国が大国か小国かを問わず、総会を中心とするほとんどの国連の会議体において、主権平等の考え方のもと、一国一票の原則に従って意思決定を行うという特色も有する。この点、国際復興開発銀行（IBRD）、通称世界銀行や国際通貨基金（IMF）が、加盟国の出資額に応じ投票権を配分する加重投票制を敷いているのとは異なる。結果的に、国連総会などにおいては、往々にして数の多い途上国の影響力が先進国のそれを凌ぐといった現象が見られることになる。

もう一つの特徴として、国連は紛争と平和から環境と開発、人権や人道問題といった多様な課題を包括的に扱う国際機関であるという点が指摘できよう。この点、労働問題や保健医療の問題、あるいは貿易の問題など個別の課題に特化した国際機関とは異なる特徴を有する。こうした特色が国連をグローバル・ガヴァナンスのユニークな担い手としているのである。

3　国連組織の仕組み

一口に国連と言っても、その実態について正確に理解している人は多くはないであろう。国連という言葉を聞いて人々は多様なイメージを思い浮かべるのではないだろうか。各国の首脳が総会で演説を行うために訪れるニューヨークの国連本部、紛争が起きるたびにテレビに映し出される安全保障理事会（安保理）の会議場、あるいは国際会議を主宰する事務総長の姿を想起するかもしれない。また、紛争地で難民支援に従事する国連職員や途上国の子どもたちにワクチンの接種を行う国連児童基金（UNICEF）の活動を思い浮かべる人もいるであろう。

実際、国連にはさまざまな会議体、さまざまな組織が存在し、多様な人々が働いているのである。1945年に国連が創設された時に6つの主要機関として、総会、安全保障理事会、経済社会理事会、信託統治理事会、事務局、国際司法裁判所が設けられた。その後、国連は難民支援や開発援助などさまざ

まな活動に従事するため国連難民高等弁務官事務所（UNHCR）や国連開発計画（UNDP）など、いくつものプログラムや基金を設立し、さまざまな活動を展開してきている。

また、国連とは異なる加盟国と独自の組織目的を持つ国際労働機関（ILO）や国連教育科学文化機関（UNESCO）など15の専門機関と呼ばれる組織も存在する。専門機関は、基本的に国連からは独立した存在であるが、それぞれの活動プログラムでの協力や共通の人事制度を持つなど、国連と一定の連携を保ちつつ国連システムの機関として協力関係にある。

また、国連機関においては、国連総会や安保理など加盟国で構成される会議の場で議論を戦わせ、加盟国や国連がとるべき政策を決定するのは加盟国代表、すなわち各国の国連大使を中心とした外交官である。彼らが体現しているのは、それぞれが代表する国の立場や利益である。これに対して国連事務総長をはじめとしたいわゆる国際公務員と呼ばれる人々は、自分の国籍にはとらわれず、事務総長の指示のもとにあくまでも不偏不党の立場で仕事に当たる。こうした国際公務員は、会議に提出される事務総長報告書を準備することを通じ、会議の議論の素材を提供したり、その方向性を決めたりする。また、加盟国が決議を作る際の助言も行う。さらに、加盟国が決議で事務総長に要請した外交努力を支援するとともに、国連が主体となって行う平和維持活動（PKO）、開発援助や人道支援活動の担い手ともなるのである。こうした異なる立場と専門性を有する多様な人々がさまざまな場で国連外交と国連活動を展開することによって、国連のグローバル・ガヴァナンス支援が成されているのである。

2　グローバル・ガヴァナンスの過程と国連の役割

1　多国間外交の中心として

グローバル・ガヴァナンスの過程の出発点として、各国はまず一堂に会し、それぞれの問題意識や課題について話し合わなくてはならない。国連は加盟国にそのための機会と場所とを提供する。国連が世界の"タウン・ミーティ

ング"と称されるゆえんでもある。国連のような場がなければ、加盟国は問題が起きるたびに多大な労力と時間を割いて国際会議を招集するための準備をしなくてはならないであろう。

　また、日本を含め先進国の多くは国交を持つ多数の国に大使館を置いているが、大半の途上国は、必ずしも多くの大使館を設置するだけの財政的、人的リソースを有してはいない。しかし、国連に国連代表部と呼ばれる大使館機能を置くことによって、常時、加盟国のすべてと接触することが可能となる。このように、国連は各国の外交ネットワークとコミュニケーションのチャンネルを常設的に確保する手段を提供しているのである。

　毎年、9月半ばの総会の始まる時期には、加盟国の首脳や外務大臣などが次々と国連を訪れて国連外交を展開する。総会において演説をすることが目的であるが、それだけではなく、この機会を利用して事務総長と会談し、他国の首脳と二国間や多国間の会談を持つ。特に、政治的、外交的に微妙な問題を抱えている国同士の会談などを自然な形で演出するには格好の機会であり、実際に国連総会の場を利用してさまざまな二国間の外交課題も話し合われてきている。国連はこのようにニュアンスに富んだ貴重な外交の機会も提供するのである。

2　国際世論の形成と集約

　既述のように、国連のすべての加盟国が参加し、一国一票の投票原則のもとで意思決定が行われるのが総会である。総会では、毎年、軍縮・軍備管理、政治、経済、人権、人道問題から法律問題、また、予算や人事など国連組織の運営にかかわる課題などあらゆる分野の問題が議題として取り上げられる。また、安保理の非常任理事国をはじめ国連のさまざまな会議体のメンバーの選出も総会で行われる。グローバル・ガヴァナンスを実現する過程として、それぞれの国が何を国際的な問題と考え、そうした課題についてどのようにとらえ、どこに国益を見出しているのかを相互に理解し合うことは、解決策を探るために欠かせない作業である。国連の総会をはじめとする会議体には多くの課題が議題として持ち込まれる。加盟国はそうした議題について、国

や国のグループによってどのような見解の相違があり、どこに共通点があるのかについて、討論や協議を通じて明らかにすることができる。こうして国際世論の形成と集約が可能となるのである。

　もちろん課題によって加盟国間の見解に大きな隔たりがあり、求める対策が異なることは少なくない。それを前提として協議や交渉を重ね、互いに合意可能な政策を探っていくことになる。結果的にどの程度の協力が可能となるかは課題によるし、加盟国の時々の政治的立場に大きく左右される。イスラエルと周辺アラブ諸国の紛争のように、当事者間に容易に埋めがたい大きな隔たりがある問題もある。また、京都議定書の後継の枠組みが2015年12月、パリにおけるCOP21でようやく合意を得るに至るまで、各国の立場の違いを克服するため多大な時間と労力を要したことも好例と言えよう。しかし、グローバル・イシューの解決を探るために、国際社会の世論を集約し形成していく過程は、グローバル・ガヴァナンスを実現するためには不可欠のステップと言えよう。

3　規範・ルールの創設

　グローバル・ガヴァナンスの実現には、国際社会が一定の価値を共有し、共通の行動ルールを持つことが必要である。ここでは、グローバル・ガヴァナンス実現に不可欠な共通の価値規範の確立とルールの作成について、特に人権分野の国連の活動を例にとりながら考えてみたい。国連憲章は、第1条3項に、「――人種、性、言語または宗教による差別なく、すべての者のために人権及び基本的自由を尊重するように助長奨励することについて、国際協力を達成すること」と人権の擁護、促進をうたっている。個人の人権を尊重し、社会がこれを保障、実現するという近代の人権思想が欧米において発達してきたことは言うまでもない。しかし、これを国際機関の活動内容として取り入れ、世界のすべての人々の人権を尊重することを国際協力の課題の一つとしたのは、人類史上国連が初めてと言っても過言ではない。

　そもそも個人の人権を守るのは、今日の国家主権体制の下では、基本的にそれぞれの国家の責務である。しかしながら、すべての国の政府がこれを十

分に果たしうるだけの政治的意思と能力を有しているわけではない。そもそも人権の具体的な内容についても国によって考え方が一様ではない。多くのイスラーム教の国において女性の政治的、社会的権利は制限されている。

また、個人の人権を脅かしているのがその人が属する国の政府自身であることも珍しくない。特に独裁的な政治体制を持つ国家において、個人の人権が蹂躙されている事例は枚挙にいとまがない。このような実態を背景に国連は、主権尊重、内政不干渉の原則のもとで、どのように人権の擁護、促進にあたってきたのであろうか。また、各国の社会的現状や歴史的背景を尊重しつつ、具体的にどのように人権の擁護、促進を図っていくべきであろうか。

国連は1948年、総会においてアメリカの故ルーズベルト大統領夫人のエレノア・ルーズベルトのリーダーシップのもと、「世界人権宣言」を採択した。さらに、そうした人権に対する考え方を条約の形で具体化すべく、1966年には総会において「国際人権規約」を採択し、1979年には「女子に対するあらゆる形態の差別の撤廃に関する条約」（通称、女子差別撤廃条約）も採択した。さらに、「拷問禁止条約」や「児童の権利条約」など数多くの人権に関する条約や協定が国連の場で作られてきた。因みに、上記の女子差別撤廃条約への参加を契機に日本も1985年に「雇用機会均等法」を制定し、就職、就業機会の男女平等を実現したのである。この事例からも、国連の場で作られた規範が加盟国の国内の人権状況を改善していく動きと連動していることを見て取ることができよう。

もちろん、これらの条約や協定に参加するか否かは各国の自由であり、仮に参加しても一部の条文には留保を付して、自国への適用を回避する行動をとる国も少なくない。しかし、国連の場で各国の賛同を得る形で人権規範を具体的に規定し、条約などを通じてルール化していく過程は、普遍的価値の共有という点で大きな意味を持つ。仮に一時にすべての国が参加しないとしても、漸進的に共通の価値やルールの普及、拡大を図っていくことは、グローバル・ガヴァナンス実現のための重要なステップであることは容易に理解できよう。

4　政策協調の創出

　国連はさらに、さまざまな課題について各国が協調して実施できる政策を探り、各国の見解や立場を調整することによって課題を解決しようとする。ここでは、グローバル・ガヴァナンスにおける一つの段階である政策協調について、平和と安全を扱う安保理における実例を参考に考えてみたい。

　国連において平和と安全保障を担う主要な機関は安保理である。安保理はアメリカ、イギリス、フランス、ロシア、中国の常任理事国と2年任期で選出される10カ国の非常任理事国によって構成される。また、総会など他の国連の会議体の決議が勧告であるのに対し、安保理の決議は加盟国を拘束する力を持つ。決議の採択に当たっては、常任理事国がいわゆる拒否権を有しており、これらの国の1カ国でも反対すると決議を採択することはできない。

　拒否権については、常任理事国の不公平な特権としてしばしば非難されるが、国連には創設を主導した第二次世界大戦の主要連合国が、自分たちが戦後の国際社会の秩序を守る警察官の役割を担うとして構築した戦勝者の国際秩序、という歴史的側面がある。また、国際連盟における総会や理事会の全会一致の意思決定方式が連盟の機能不全の一因ともなったという教訓も背景にあった。

　しかしながら、冷戦下において米ソの拒否権の応酬が安保理の機能を著しく損なったことは広く知られている。一方で、国連創設以来安保理で採択された決議は2,200近くあるが、拒否権で葬られた決議の数は全体の約10%強に過ぎない。常任理事国にしても、すべての決議を自国の利害だけを優先してその採択を阻止しているわけではない。拒否権については、バランスの取れた視点で評価することも大切であろう。

　とはいえ、拒否権自体が主権平等の原則から不公平であることは自明であり、今日の国際関係の現状に照らして、現常任理事国がこれを独占している現実は疑問視せざるを得ない。2015年の時点で国連には193の加盟国が参加しているが安保理の理事国は15に限られており、民主的な意思決定、安保理の審議の透明性の強化という点で改革の余地があることは異論のないところであろう。現に、現在の5つの常任理事国を含め、すべての加盟国が安保

理の改革の必要性では一致しているのである。ただ、改革論議がなかなか前進しない背景には、具体的にどのように改革すべきか、という点について加盟国に多様な意見が存在するという事情がある。日本、ドイツ、インド、ブラジルなど常任理事国入りを目指して改革を主導しようとする国がある一方で、これらの国々の常任理事国入りには反対の国々もあり、理事国の数や拒否権の在り方も含め、改革の具体案をめぐっては加盟国の意見を一致させることがきわめて困難な現実があるのである。

　では、国連はこのような安保理の場で平和と安全の問題についてどのように政策を議論し、決定しているのであろうか。国際社会の平和の危機に際し、国連は憲章第6章において、まず当事者の話し合い、外交による平和的解決を促す。そのために、事務総長の仲介機能や国際司法裁判所の活用といった方法が用意されている。しかし、平和的手段で解決ができず、加盟国のとった行動が憲章7章に規定されている平和への脅威、平和の破壊、侵略行為に該当すると安保理が認めた場合、安保理は紛争当事国に対し強制的な制裁措置をとることができる。

　制裁措置には経済制裁などの武力によらない措置と、最終手段としての武力行使による措置とが想定されている。これが「集団安全保障」構想の核心であり、このために用意される軍事力が加盟国からの軍隊の提供により構成され、国連の指揮、命令下で活動する、いわゆる「国連軍」と呼ばれる組織である。1950年に勃発した朝鮮戦争の際に、ソ連の欠席した安保理によって組織された軍隊は、国連旗の使用が許されたため一般には「国連軍」と誤解されることがある。しかし、この軍隊は、実際には軍事行動について国連の指揮、命令の及ばない、アメリカを中心とした多国籍軍と呼ぶべき性格の軍隊であった。このように、「国連軍」はこれまで一度も組織されたことはなく、近い将来実現する展望もない。こうした状況下で安保理は、これまで多国籍軍による軍事力行使に決議による正当性を与えるという措置をとってきた。湾岸戦争とイラク戦争というイラクをめぐる近年の二つの武力行使の例を通じて安保理の政策決定についてさらに詳しく見てみよう。

　1991年の8月2日、当時のイラクのサダム・フセイン政権は、隣国ク

ウェートへ侵攻し、同国が歴史的にイラクの領土であるとして、これを占領した。安保理は直ちにこの問題を取り上げ、イラクの行動は国連憲章第7章に規定される「他国への侵略である」と断じ、イラクに対し直ちにクウェートからの撤退を求める。しかし、安保理の要求に耳を貸そうとしないサダム・フセイン政権に対し、安保理はさらに経済制裁などの制裁措置を課すとともに、重ねて安保理の決議に従うよう圧力をかけていく。それでも頑なにクウェート占領を続けるイラクに対し、安保理は11月29日に決議678を採択し、加盟国にイラクのクウェート撤退を実現するため最終手段として「あらゆる必要な措置」をとることを要請する。これは、加盟国が軍事的手段によりイラクの撤退を実現することに承認を与えたことを意味した。同決議に基づき、アメリカやイギリス、さらにサウジアラビアやシリアまで含む30カ国余りから成る多国籍軍は、イラクに対し軍事行動を展開し、イラクをクウェートから撤退させることに成功する。この一連の安保理決議に基づく加盟国の措置は、安保理が軍事制裁まで含むすべての政策手段を動員し、平和のためのガヴァナンスを実現した稀有な事例と言えよう。しかし、この多国籍軍による軍事行動は、あくまでもアメリカを中心とした有志の加盟国が協力してとったものであり、安保理や国連事務総長が直接作戦行動に関与しない軍事力の行使であった。その点「国連軍」による軍事行動とは決定的に異なるものであったのである。

　一方、2003年に同様にアメリカ、イギリスを中心として行われたイラク戦争の場合は、大きく事情が異なる。先の湾岸戦争後、国連はイラクの大量破壊兵器の開発、所有の疑惑について査察活動を実施した。しかし、イラク政府は、これに全面的な協力を拒み、国際社会の疑念を煽る行動に出た。こうしたイラクの態度に業を煮やしたアメリカなどは、イラクに対する再度の武力行使の必要性を唱えるようになるが、安保理理事国の間で、武力行使の妥当性とタイミングをめぐり意見の一致が見られなかった。それにもかかわらず、アメリカ、イギリスなどの諸国は有志連合という形で多国籍軍を組織し、強引に武力行使に踏み切った。その根拠として、2002年の11月に採択された決議1441を引用して正当性を主張したが、安保理の広範な支持のな

い一方的な軍事行動は、国際法違反として国際社会の批判を招くこととなったのである。

　このイラクをめぐる二つの多国籍軍の軍事行動の事例から安保理による政策について以下のことが言えよう。第一に、安保理は憲章に基づき加盟国に対し経済制裁から軍事制裁まで一連の強制措置を実施することができる。その決定を行うにあたって安保理は、国際法だけを根拠にするわけではなく、加盟国の政治的利害も含めた幅広い判断に基づいて政策決定を行うのである。したがって、安保理の決める政策は、理事国の間で広範な合意の存在する範囲に限られ、特に常任理事国の間で意見の一致がない場合、たとえば現在進行中のシリアの紛争については、なかなか有効な政策手段を講じることができないということになる。言い方を変えれば、安保理を通じた平和と安全のためのガヴァナンスは、実際の紛争状況のみによって必要な政策が決められるわけではなく、紛争解決にどのような政策をとる用意があるかという理事国全体の政治的意志によっても大きく左右されることが理解されよう。

3　グローバル・ガヴァナンスの実効性と国連

1　平和と安全保障のガヴァナンス

　これまで国連を通じて実行されるグローバル・ガヴァナンスの過程について考えてきたが、本節では国連が実施するさまざまな政策により、結果としてどの程度グローバル・ガヴァナンスが効果をあげうるのかという視点から考えてみたい。

　国連憲章にうたわれている集団安全保障の核心となる「国連軍」構想の実現が難しいことはすでに述べた。しかし、一方で国連は冷戦期に国際紛争に対応しうる手段として平和維持活動（PKO）と呼ばれる独創的な政策手段を創出した。これは国連創設時には考えられなかった活動であるが、1948年の第一次中東戦争や同時期のカシミールの帰属をめぐるインド、パキスタンの紛争における国連の和平支援活動にその萌芽を見出すことができる。さらに、1956年のエジプトのスエズ運河国有化に端を発した第二次中東戦争を

契機として、当時のダグ・ハマーショルド国連事務総長によってPKOとしての明確な活動原則と態様が確立した。

　PKOは加盟国から軍人や軍の部隊の提供を受け、国連の指揮、監督のもとで、主として停戦監視など和平の支援を行う活動である。その意味で、「国連軍」と共通の側面はあるが、決定的に異なるのは、「国連軍」が軍事行動を行う活動であるのに対し、PKOは武力行使を行わない活動であるという点である。PKOの活動原則は、(1) 紛争当事者の停戦合意とPKOの受け入れへの同意が存在すること、(2) いずれの紛争当事者にも偏らず不偏不党の立場で活動を行うこと、(3) 武力行使は要員の生命を守る自衛に限定されることである。すなわち、PKOはその存在によって紛争の再発を抑止する紛争解決の補助的手段といえ、冷戦期には18のPKOが創設された。

　こうしたPKO活動は、冷戦終焉後大きな転換を遂げることになる。それは、冷戦期に米ソの政治的圧力のために封じ込められていた民族対立や宗教対立をきっかけとした地域紛争が次々と起き、これらの紛争に対応を迫られた結果であった。冷戦後50余りのPKOが新たに創られているが、カンボジア、ソマリア、旧ユーゴスラビア、東チモール等多くの地域紛争、国内紛争への対応は、PKOに質的な転換ももたらすこととなった。従来のように軍人中心で停戦監視を行うのみでなく、治安維持のための文民警察の活動、民主的選挙の実施、難民帰還支援、人権監視や行政監督など多様な活動を担うために文民の活動を多く含むようになった。こうした多様な活動形態を含むPKOを複合型PKO、あるいは多機能型PKOと呼ぶが、日本人国連職員だった明石康が国連事務総長特別代表として指揮を執った国連カンボジア暫定統治機構（UNTAC）は、その成功例としてPKOの新たな地平を拓く活動となった。一方で、ソマリアや旧ユーゴスラビアに展開したPKOは、紛争当事者の度重なる停戦破棄と武力行使に巻き込まれ、所期の目的を達することができず、撤収に追い込まれる結果となった。こうした中、自衛を原則とする抑制的な武力行使の原則と、安保理により与えられた停戦監視や人道支援の任務を遂行するためのより積極的な武力行使の可能性については、平和のためのガヴァナンスに貢献するPKOの能力強化の問題として、依然残され

た課題と言える。

　さらに、冷戦後の平和のための活動として、PKOの次の段階に位置づけられる平和構築と呼ばれる活動が注目されるようになっている。ブトロス・ガリ元事務総長が「平和への課題」で提唱した国連の平和への関与の最終段階と位置付けた平和構築活動は、冷戦後増えた国内紛争において、PKO終了から日常的開発援助活動への移行期をつなぐ活動と考えられている。具体的には、不安定な治安状況を安定させるための統治機構の整備、元戦闘員の動員解除や市民生活への復帰支援、地雷撤去や帰還難民の支援などさまざまな活動が国連の支援のもとになされるようになった。国連は、こうした一連の平和のための活動を総称して平和活動と呼ぶようになっており、国際社会の平和と安全のガヴァナンスの実効性を上げるため、その活動態様を絶えず変容、進化させてきているといえる。

2　経済・社会問題のガヴァナンス

　今日の市場経済を中心とした国際社会の多様な経済・社会問題は、各国の政府や国際機関だけで制御、解決できるわけではない。市場原理を中核として財政、金融、貿易などグローバル化の中で複雑さを増す経済活動やそれに伴う社会問題は多岐にわたり、国際機関のできることには限界があるというのが率直な認識であろう。経済・社会問題のガヴァナンスのためには、国連機関のみならずブレトンウッズ機関と呼ばれる世界銀行や国際通貨基金（IMF）、さらに公正で自由な貿易を促進するための世界貿易機関（WTO）や先進国の政策協調を図る目的で創設された経済協力開発機構（OECD）などさまざまな国際機関が存在する。また、G-7やG-20といった主要経済国グループによる政策調整メカニズム、さらには、EUやASEANといった地域共同体など多様なレベルでの協力と連携により、国際社会は課題解決の可能性を追求しているのである。

　では、その中で国連はこうした課題のガヴァナンスの実効性を上げるために具体的にどのような貢献をしてきたのだろうか。国際社会が経済、社会の課題に取り組むためには、まず、何よりも国際社会の経済や社会の実態につ

いて客観的に把握することが必要となる。人口や所得も含め、多くの途上国は自国の経済的社会的指標を把握する能力が不十分である。先進諸国にしても自国の経済社会データは集積できたとしても、他国のデータを知るには限界がある。こうした状況を踏まえ、国連は途上国のデータ集積能力の強化を支援し、世界全体の経済や社会のデータの集約する作業を行ってきている。いわば、経済社会問題に取り組むための政策的インフラを構築する作業を行っているのである。

　こうして集約したデータを基礎に世界全体の経済、社会の状況について全貌を把握し、集めたデータを解釈し、課題に取り組むためにはどのような戦略と政策が必要かについて、知的な分析を行うことになる。もちろん経済や社会の現況をどう解釈し、問題解決のためにどのような処方箋が妥当かについての議論は専門家のみならず、先進国、途上国といった立場の違いにより、多様な考え方が存在する。実際、国際社会の経済的格差を是正し、途上国の貧困削減を目的として、国連はこれまでさまざまな開発戦略や政策構想を提唱してきた。「開発の10年」、「ベーシック・ヒューマンニーズ・アプローチ」「構造調整」「人間開発」等国連機関を中心に構想された戦略や政策構想は少なくない。

　特に冷戦後、それまでの開発戦略の教訓を踏まえ、人間能力の潜在的可能性を発揮できるような条件を整えることこそ開発の目的であるとする「人間開発」の考え方が注目されるようになった。また、2000年の国連ミレニアム記念総会の際に、向こう15年間の開発目標としてミレニアム開発目標（MDGs）が開発戦略として合意された。

　こうした国連を通じた加盟国、その他の国際機関やNGOも含めた広範な政策目標の共有は、国際社会が共通の目標に協力して取り組んでいくうえで不可欠である。MDGsは、15年間の実施期間の間に、その達成度を検証するためのベンチマークも設定したうえで、進捗状況のチェックもできるようにした。資金を含め限られた国際社会のリソースを有効に使うためにも、こうしたアプローチは欠かせない。その意味で、MDGsの成果と反省を踏まえ、2015年の国連創設70周年記念総会において採択されたより包括的な

「持続可能な開発目標」(SDGs) の枠組みは、今後の経済社会分野のガヴァナンスを牽引する開発戦略目標としての役割が期待されている。

　もちろん多くの途上国は、自国の経済、社会の発展のために自らの能力強化を図らねばならず、そのためには資金や技術の援助も欠かせない。その意味では国連開発計画（UNDP）やUNICEFといった国連機関も途上国の開発政策への助言や具体的なプログラム、プロジェクトの実施を通じ、グローバル・ガヴァナンスの一翼を担っていると言える。このように、経済社会分野の国連の活動は、国際社会の現状についての客観的なデータの集積や分析、さまざまな開発戦略や政策目標の設定、具体的援助活動の実施などを通じて、グローバル・ガヴァナンスの過程と結果に大きな影響を与えているのである。

3　人権・人道問題のガヴァナンス

　国連が規範やルールを作ることを通じてグローバル・ガヴァナンスに貢献していることはすでに述べた。その際、人権に関する条約を作る作業を例として挙げたが、条約を作るだけで、各国の人権状況が改善される保障があるわけではない。人権分野のガヴァナンスを実現するためには、各国の人権状況を監視し、必要があれば是正を促すための働きかけが必要となる。国連は経済社会理事会（ECOSOC）のもとに人権委員会を置き、各国の人権状況を相互に監視、検証しあうためのメカニズムを設けてきた。2006年には、人権委員会を人権理事会へと組織的に格上することにより、国連の人権分野の活動の強化も図られた。また、国連創設以来懸案であった国連人権高等弁務官事務所（OHCHR）を1993年に設立し、国連における人権活動の取り組みの組織的強化も行っている。同事務所は、人権理事会における各国の人権状況の監視、検証を目的とした議論の支援にとどまらず、各国の人権教育の強化、人権NGOの育成支援など、人々が自らの人権を守り、強化していくための能力形成の支援も積極的に行っている。このような取り組みを通じて国連は人権問題のガヴァナンスに力を注いでいる。

　一方、人道分野のグローバル・ガヴァナンスについては、国際社会は冷戦後、大きな成果を上げると同時に困難な課題にも直面している。国連の人道

分野の活動としては、まず、国連難民高等弁務官事務所（UNHCR）や国連パレスチナ難民救済事業機関（UNRWA）などによる難民支援活動が上げられる。さらに、世界食糧計画（WFP）による食糧支援やUNICEFの活動を含め人道支援活動を積極的に展開してきている。また、湾岸戦争直後のイラクにおけるクルド系民族をめぐる危機への支援活動をきっかけに、国際機関やNGOの人道支援活動の効率化を図るための調整を行うべく、国連事務局に現在は人道問題調整官室（OCHA）と呼ばれる組織を設立した。

冷戦終焉に伴って頻発するようになった多くの人道危機は、国連を含む国際社会により積極的に人道問題に取り組むことの必要性を痛感させた。紛争に伴って生じる多くの難民や国内避難民への対応は、今日の大きな国際問題の一つでもある。上述の1991年の湾岸戦争直後に起きたイラク国内でのクルド系民族の国内移動をきっかけにUNHCRは、当時の緒方貞子難民高等弁務官のリーダーシップのもと、UNHCRの「国内避難民」への支援という新たな活動のフロンティアを切り拓くこととなった。今日ではUNHCRの支援対象者として国内避難民は、数のうえで難民を凌ぐまでになっているが、このことは、国際社会がUNHCRの活動を通じ、より幅広い人道危機における対応能力を強化したとも言えよう。

他方、現在、国際社会が当面している人道問題の中でより複雑で困難なのは、紛争下での著しい人権弾圧や人間の尊厳を蹂躙する行為に対し、国際社会がいかに対応すべきか、という課題である。すなわち、ジェノサイドや民族浄化と呼ばれる問題への対応である。国際社会は、1990年代に厳しい教訓を学んだ。1990年代初期から旧ユーゴスラビアが解体する過程で起きたセルビア系、クロアチア系、ムスリム系の3民族の対立は、それぞれが他民族を自分たちの領域から実力で排除しようとする、いわゆる民族浄化を引き起こした。また、1994年にルワンダで起きたジェノサイドに対し、国連を含め国際社会は有効な対応ができなかった。ルワンダの内戦を終わらせるべく、紛争当事者の停戦合意を受け、国連は同国に小規模なPKOを派遣していた。しかし、同国のフツ族とツチ族の歴史的敵対関係は、停戦合意をよそに武力行使の再発、そしてフツ族によるツチ族やツチ族に同情的なフツ族へ

の大量虐殺という悲劇を引き起こすこととなった。この間、現地に展開していたPKOから何度となく警報が発せられ、PKOの増強をはじめ適切な措置を講ずるよう再三の要請がなされた。それにもかかわらず、安保理、そして国際社会はこの現地の声に積極的に応じようとしなかったのである。その結果、80万とも100万とも言われる犠牲者を生む悲劇が起きたのである。現地の声に応じようとしない国連加盟国の態度について、当時、ガリ事務総長は「アフリカの紛争は孤児である」という趣旨の発言をし、国際社会のアフリカの紛争に対する冷淡な態度を嘆いた。

　1990年代初頭、ソマリアで起きた食糧不足から国内紛争、そして事実上の無政府状態に至る長期の混乱、さらに、上記二つの人道上の悲劇の経験は、国際社会に紛争に起因する大規模な人道危機にどのように対処すべきか、という大きな課題を突き付けることとなったのである。その結果、2005年の国連の創設60周年の記念総会において、加盟国は「成果文書」と呼ばれる決議を採択する。その中で、大量虐殺や民族浄化を含み著しく人権が蹂躙されるような状況においては、国際社会はいくつかの条件のもとで最終手段として武力による人道介入を容認する「保護する責任」という概念を認めることとなったのである。

　しかし一方で、総会決議という拘束力のない勧告によるものであるとはいえ、国連憲章にもうたわれ、今日の国際関係を律する原則の一つである内政不干渉原則を逸脱しかねないこの概念には、依然として強い懸念も存在する。とりわけ、国内に人権問題を抱える多くの途上国や専制的政治体制をもつ諸国は、この概念が欧米先進国による途上国への、場合によっては武力行使をも含む干渉へ道を開くことになるのではないかとして警戒感を捨てていない。

　このように、ジェノサイドや民族浄化などの著しい人権蹂躙の状況に直面し、傍観は許されないという道義的な関心と、これを止めるための武力行使の正当性と効果という、ともすると相矛盾する人道危機のガヴァナンスに国際社会は依然として有効な解決策を見出せないでいるのである。これまで見てきたように、国連を通じたグローバル・ガヴァナンスの過程と効果は、国連加盟国の政治的意志の結集や活動に必要な資金や人材の提供、さらに国連

自体の活動の効率化などさまざまな要素によって規定されることが理解されよう。その意味で、これらの個々の課題を克服していくことが国連の能力強化、ひいては国際社会のグローバル・ガヴァナンスの実効性の向上につながると言えるのではないだろうか。

〔参考文献〕

渡辺昭夫・土山實男編『グローバル・ガヴァナンス』東京大学出版会、2001年
　グローバル・ガヴァナンスの理論的側面と国際社会における実態とについて学問的にバランスよく分析している。

Thomas G.Weiss and Ramesh Thakur, *Global Governance and the UN*, (Bloomington: Indiana University Press, 2010)
　グローバル・ガヴァナンスを国連の視点から安全保障、開発、人権等の課題に焦点を当てつつ論じている。

ポール・ケネディー『人類の議会　上・下』日本経済新聞出版社、2007年
　国連を「人類の議会」ととらえ、その組織と活動を加盟国の攻防という側面を柱に歴史的視点から論じている。

明石康『国際連合』岩波書店、2006年
　国連に長年勤務し、カンボジアにおけるPKOの事務総長特別代表としても活躍した経験を持つ筆者による国連についての解説書。

緒方貞子『紛争と難民　緒方貞子の回想』集英社、2009年
　1990年代に国連難民高等弁務官として活躍した筆者の回想録。人道危機の現場とそれを取り巻く国際政治の複雑さを知ることができる。

第6章　現代の紛争

末近　浩太

> ❮ 本章のねらい ❯
>
> 　ソマリア、ウクライナ、アフガニスタン、パレスチナ／イスラエル、イエメン、イラク、そして、シリア。21世紀の今日においても、世界各地で起こっている紛争の様子を伝えるニュースが絶えることはない。
> 　これらの紛争は、日本で暮らすわたしたちにとっても「対岸の火事」などではない。紛争は、今や国際テロリズムの拡散や大量の難民の発生といったかたちで、当事国だけのローカルな問題ではなく、さまざまなアクターが関与し、世界中の誰もがその影響を受けるグローバルな問題となっている。現代の紛争は、複雑さを増しており、それゆえに解決がいっそう難しくなっているのである。
> 　紛争の解決は、紛争の理解なくしてはあり得ない。それがいかに複雑であっても、いや、それゆえに、誰が誰と、何のために戦っているのか、冷静かつ忍耐強く解きほぐしていかなくてはならない。
> 　本章では、現代世界における紛争のあり方に着目し、その特徴と発生要因について、社会科学の知見を参照しながら、考えてみたい。そのうえで、2011年に始まったシリア内戦と「イスラーム国（Islamic State; IS）」を事例として取り上げ、現代の紛争が徐々に新たなかたちへと変容している姿を浮き彫りにする。

キーターム　内戦、テロリズム、破綻国家／脆弱国家、新しい戦争、対テロ戦争

第6章　現代の紛争

1　紛争が続く世界

　わたしたちは、残酷な世界に生きている。人類が存亡の危機に瀕した二つの世界大戦、そして、世界を敵味方に二分し、核兵器の抑止力によってかろうじて「長い平和」が保たれた冷戦を経てもなお、世界では数多くの紛争が続いている。スウェーデンのウプサラ大学平和・紛争研究学部がつくっている「紛争データ・プログラム（Uppsala Conflict Data Program; UCDP）」によると、冷戦が終結した1989年から2014年までの間に紛争の数は減りつつあるものの、2014年の時点でまだ40もの紛争が継続している（図6-1）。

　紛争は、あらゆるものを破壊する。人々の生命や財産の破壊、政治・経済・社会の仕組みの破壊、貴重な文化財の破壊、環境の破壊、そして、人と人とのつながりや信頼関係の破壊。これらはすべて、一度破壊されたら二度と取り戻すことのできないもの、また、そうでなくとも、再建に多大なコストがかかるものである。紛争にメリットが何もないことは、改めて言うまでもない。

　だとすれば、次のような疑問が生じることになる。にもかかわらず、なぜ、紛争は起こるのか。なぜ、世界から紛争はなくならないのか。本章では、こ

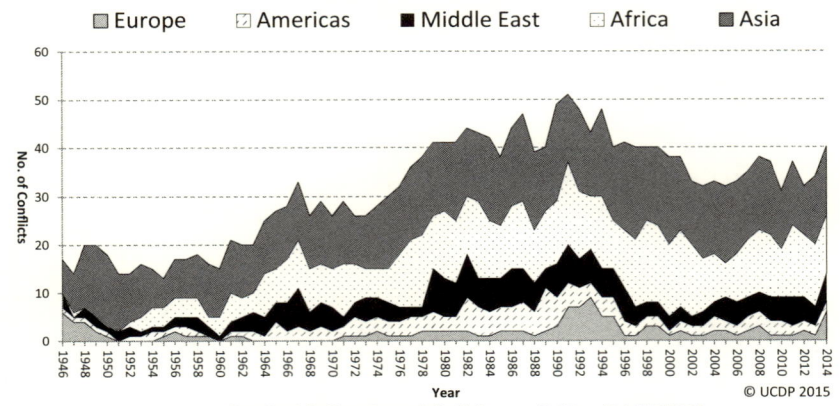

図6-1　「国家が主体となる武力紛争」の件数の地域別推移
出所）Uppsala Conflict Data Program（http://www.pcr.uu.se/research/UCDP/

れらの問いについて考えてみたい。

　まず、続く第2節では、そもそも紛争とは何か、その定義について確認したうえで、紛争のタイプや発生原因についての考え方を紹介する。第3節では、現代世界における紛争の事例として、中東のシリアにおける紛争を取り上げ、その背景、発生原因、長期化の原因について考えてみたい。そして、第4節では、そのシリアを中心に勢力を急拡大させた過激派組織「イスラーム国（Islamic State; IS）」の動向を手がかりに、21世紀の新しい紛争の特徴と課題を論じることとする。

2　紛争の定義・タイプ・発生原因

1　「紛争」とは何か

　まず、「紛争（conflict）」という言葉の意味を確認してみよう。『広辞苑』の定義を見てみると、「もつれて争うこと。もめごと。」とある。そこには、武力による紛争以外にも、たとえば、裁判を通した法的な争いや経済利権の摩擦・衝突など経済的な紛争など非暴力のものも含まれる。日本とロシアとの間には北方四島の帰属権をめぐる国際法上の紛争をかかえているが、両国は武力衝突をしているわけではない。

　本章で取り上げる紛争は、対立する勢力間の武力衝突という狭い意味に限定する。こうした紛争は、上記のような暴力を必ずしも伴わない広い意味での紛争と区別するために、「武力紛争（armed conflict）」と呼ばれることもある。

　対立する勢力間の武力衝突と聞くと、「戦争（war）」のことが頭に浮かぶかもしれない。確かに、戦争は武力を伴う紛争のことを指すが、一般的には次の二つに区別される。

　第一は、国家間の紛争のことであり、「国家間戦争（inter-state war）」と呼ばれる。これは国際法上の戦争の定義であり、一般的には、対立する諸国の政府が宣戦布告をし、それぞれの国の正規軍同士が戦火を交えるという形態をとる。たとえば、異なる諸国間の「総力戦（軍人と市民が一体となった国民総動員の戦争）」が展開された第一次、第二次世界大戦や、対立する二国間で繰

り広げられたインド・パキスタン戦争（1947-49年、1965-66年、1971年）やイラン・イラク戦争（1981-1988年）などが挙げられる。

　第二に、ある国の中で対立する勢力間の武力衝突も戦争の一種とみなされることがある。これを一般に「内戦（intra-state war）」という。内戦では、正式な宣戦布告がなされるとは限らず、異なる社会集団間の対立がエスカレートすることで、なし崩しに武力衝突へと発展することが多い。この場合の社会集団とは、その国の政治団体や政党であったり、民族や部族、宗教や宗派を単位としたエスニックグループであったり、政府と反政府のそれぞれの担い手であったり、多種多様である。大規模な内戦を経験した国としては、グアテマラ（1960-96年）、レバノン（1975-90年）、モザンビーク（1975-92年）、ルワンダ（1990-93年）、ユーゴスラビア（1991-2000年）などが挙げられる。

2　紛争のタイプと件数

　では、どのようなタイプの紛争が、どのくらいの件数起こってきたのだろうか。再びウプサラ大学のデータベース、UCDPを見てみよう（**図6-2**）。そこでは、世界の紛争が、①内戦（Intrastate）、②国際化された内戦

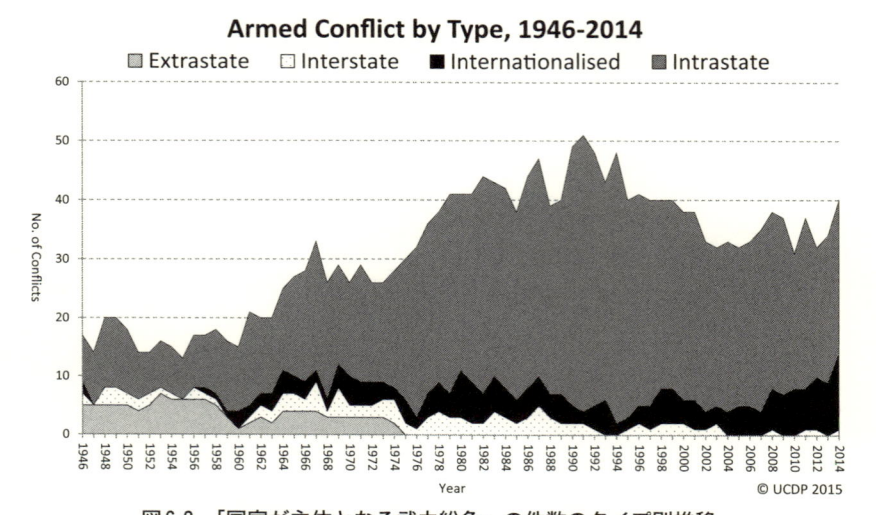

図6-2　「国家が主体となる武力紛争」の件数のタイプ別推移
出所）Uppsala Conflict Data Program（http://www.pcr.uu.se/research/UCDP/）

(Internationalized)、③国家間戦争（Interstate）、④独立戦争（Extrastate）、の4つのタイプに分類されている。うち、上述の①内戦と③国家間戦争の件数を見ると、第二次世界大戦後の世界において後者が減少傾向にあるのに対して、①は高止まりが続いていることがわかる。2013年時点だけ見ても、③の国家間戦争が1件に対して、①の内戦は26件も起こっている。

　加えて、増加傾向にあるのが、②国際化された内戦であり、UCDPでは「国外からの関与を伴う内戦」と定義されている。「国外からの関与」には、それが国家アクターか非国家アクターか、中立的関与か偏った関与か、軍事的関与か政治的関与か、といったさまざまな違いがある。中でもよく知られているのが、国際連合などの国際機関が主導する関与であり、特に冷戦終結以降、「人道的介入（humanitarian intervention）」や「保護する責任（Responsibility to Protect; R2P）の名のもとで、内戦の終結や被害の拡大防止のためにたびたび実施されてきた。

　しかし、こうした関与がたとえ「善意」によるものであったとしても、停戦の失敗や戦火のさらなる拡大といった予期せぬ事態を生むこともある。たとえば、1996・98年のコソヴォ紛争では、人道的介入の名目で北大西洋条約機構（North Atlantic Treaty Organization; NATO）が空爆を実施したが、国内のインフラの破壊と政治的な対立を助長する結果をもたらした。また、関与を受けた国の国内アクターやそれを快く思わない国外アクターによる「逆恨み」を買い、第4節で後述するようなテロリズムの発生や国際的な拡散をもたらす場合もある。つまり、国内アクターに加えて国外のアクターが内戦へと関与・参入することで、紛争の争点や構図が複雑になるだけではなく、その結果として紛争の解決が難しくなることがある（なお、④独立戦争については、アジア・アフリカ諸国が植民地支配から脱した1970年代以降発生していないので、現代の紛争をテーマとする本章では扱わないこととする）。

　総じて見れば、21世紀の今日における紛争について、国連のような国際機関や国際法の整備、戦争を悪とする国際規範の拡大浸透によって、国家間戦争の発生は抑制されるようになった反面、特定の国家の中で起こる戦争である内戦の発生件数は高止まりが続いていると言える。そして、内戦は近年

では「国際化」する傾向を見せており、いわば国家間戦争と国内戦争の中間形態として複雑な争点と構図を伴う紛争となっている。

3　紛争はなぜ起こるのか

　では、紛争はなぜ起こるのだろうか。前述のように、広い意味での紛争が必ずしも武力を伴わない「争い」だとすれば、その「争い」を抱えた勢力（人・組織・社会集団・国家など）がなぜ武器を取ってしまうのだろうか。紛争の発生原因の究明は、社会科学における一大テーマである。

　紛争には必ず争点（対立点）がある。だが、それを平和的かつ公正・公平に解消する制度や仕組みがあれば、武力紛争へとは発展しない。だとすれば、紛争が武力を伴う場合には、武力でしかそれを解決できない（と思わせるような）状態が生じていると考えることができる。

　古典的な国家間戦争においては、争点は国益の最大化であり、具体的には領土や資源の獲得であった。ある国の国益の追求が他の国の国益を損なうようなものになったとき、そこには紛争が発生する。国と国との関係の平和的な調整を担うのが外交であるが、19世紀までは、外交交渉が決裂したときの「最後の手段」として、武力の行使が認められていた。プロイセンの軍人・軍事学者クラウゼヴィッツ（Clausewitz, Carl von）のことばを借りれば、戦争は「異なる手段をもってなされる政治の延長」であった（カール・フォン・クラウゼヴィッツ（篠田英雄訳）『戦争論（上）』岩波文庫、1968年、58頁）。

　第一次世界大戦後には、武力による領土や資源の獲得は「侵略戦争」として国際法で禁止された。現代の国際法では、ある国に不満があったとしても、それを武力で解消することは禁止されている。しかし、その一方で、たとえば帰属が曖昧な領土をめぐっては、それぞれの当事国が「自衛のための戦争」として武力行使を正当化することも少なくない。

　他方、国内の対立する勢力間の武力衝突である内戦の場合はどうであろうか。内戦における典型的な争点は、その国の国家権力（中央政府）や天然資源、領域（土地）の独占である。内戦では、誰が権力や富を独占するのか、さまざまな勢力が武装して争奪戦を繰り広げる。

こうした権力や富の争奪戦の構図には、体制派と反体制派との戦いだけではなく、分離独立を求める集団とそれを阻止しようとする集団とのあいだの戦い、異なる民族集団間の戦い、さらには異なる宗教や宗派を単位とした集団間の戦いなどがある。そのため、それぞれの構図を反映するかたちで、特定の内戦については民族紛争や宗教紛争と呼ばれることもある。

　しかし、ここで注意しなくてはならないのは、人種、民族、宗教、宗派など人間が持つ固有の属性の違い自体を紛争の原因として捉えることの危険性である。その理由は二つある。

　第一に、私たちは、こうした属性にこだわりが強ければ強いほど、他の属性を持つ人間（集団）に対して妥協できず、「敵」として憎悪を抱くようになる、と考えがちである。確かに、内戦においてはこうした属性が対立を助長することはあるが、このことを強調し過ぎると、理論上は世界中で紛争が頻発してしまうことになる。だが、現実には、人種、民族、宗教、宗派を異にする人々が平和に共存・共生している場所が、地球上には数多く存在している。人種や民族、宗教や宗派が異なるからといって、宿命的に紛争が起こるわけではなく、近年の研究でも、民族的多様性と内戦発生の頻度は比例しないことが明らかにされている（James D. Fearon and David D. Laitin, "Ethnicity, Insurgency, and Civil War," *American Political Science Review*, Vol. 97, No. 1 (February), 2003, pp.75-90）。

　第二に、多くの内戦においては、兵士だけではなく一般市民が武器を取る（あるいは取らざるを得なくなる）ことから、組織された正規軍が対峙する国家間戦争と異なり、誰と誰が戦っているのかが必ずしも自明ではなく、また、戦局の推移とともに敵味方が変化する傾向にある。「昨日の味方は今日の敵」、「敵の敵は味方」、内戦の構図はめまぐるしく変わっていくことが多く、人種や民族、宗教や宗派の違いが常に対立の構図を形成し続けるとは限らないのである。

　人間には人種、民族、宗教、宗派など異なる属性があるが、それ自体が内戦の発生の原因と考えることには慎重にならなくてはならない。このような、「そもそも……」という説明は（還元主義的・本質主義的説明と呼ばれる）、原因

を一問一答のかたちで特定するので、わかりやすく、また魅力的に見えるかもしれない。しかし、その「わかりやすさ」や「魅力」の裏には一種の思考停止が含まれるだけではなく、物事の本質を見誤る危険性が含まれているのである。

4　内戦発生のメカニズム

　内戦の発生原因は、「そもそも……」と人間の属性の違いに求めるのではなく、体制／反体制にせよ、民族にせよ、宗教にせよ、それらの社会集団間の対立が激化し、武力衝突へと発展してしまうような政治的な諸条件に求めなくてはならない。言い換えれば、内戦は民族や宗教をめぐる根源的な対立ではなく、あくまでも政治問題の一つとして分析される必要がある。

　具体的には、前述のように、内戦とは、社会集団間の対立が平和的かつ公正・公平に解消する制度や仕組みがないために、不満（grievance）と強欲（greed）のいずれを満たすにせよ、武力による手段が横行してしまうような状態のことである。内戦の発生とは、UCDPの定義によると、「その年の年間死者数が1,000人以上」となった状態を指す（対して、「その年の年間死者数が25人以上999人以下」の紛争は「小規模武力紛争」として区別される）。

　以下、内戦発生のメカニズムを、それぞれ政治的側面と経済的側面から見てみよう。

　まず、政治的側面については、非民主的な制度は民主的な制度よりも内戦を引き起こしやすい、と想定できる。非民主的な制度は人々の不満を醸成しやすい。民主的な制度、たとえば自由で公正な選挙が整備されていれば、人々はたとえ今の政治に不満を持っていたとしても、次の首相や大統領を自らの意思（投票）によってすげ替えることができる。だとすれば、それができない場合には、武力に訴える動機が発生しやすくなるものと考えられる。しかし、現実には、次のような見方が必要になる。すなわち、非民主的な支配が非常に強い場合は、人々は蜂起しても敗北が予想されるため蜂起しにくくなり、また、仮に蜂起がなされたとしても、早期に弾圧されてしまうため、内戦は起こりにくい。つまり、非民主的な制度というだけでは、内戦の発生

を完全に説明することはできないのである。近年の研究では、むしろ民主化の移行期のような、制度が民主的と非民主的の中間にあるときに内戦が起こりやすくなることが明らかにされている（Fearon and Laitin、前掲論文）。

では、経済的側面はどうであろうか。いくつかの研究において、所得水準が低い場合に、人々は武力に訴えやすくなると考えられている。これは、いわゆる「機会費用」の概念によって説明される。すなわち、武装闘争に参加するということは、通常の経済活動から得られる所得をあきらめることになる。その際、高所得であれば武装闘争をするコストが高くなるが、低所得の場合は失うものが少ないためにコストが低くなるのである（Paul Collier and Anke Hoeffler, "Greed and Grievance in Civil Wars," *Oxford Economic Papers*, Vol. 56, 2004, pp.663-695）。ただし、このコストの計算を相対的なものと捉えた場合には、「持てる者」が自分よりもどれだけ多くのものを持っているか、言い換えれば、経済格差が不満と結びつくことになる。そのため、所得水準が高くとも、格差が大きければ「相対的価値剥奪感」から武装闘争に参加しやすくなる、と考えることもできる。

さらに、これらの政治的・経済的な側面から内戦が発生すると仮定して、その国の民族分布が発生の頻度に影響しているという研究もある（Håvard Hegre and Nicholas Sambanis, "A Sensitivity Analysis of the Empirical Literature on Civil War Onset," *Journal of Conflict Resolution*, Vol. 50, No. 4, 2006, pp.508-535）。すなわち、民族構成が複雑であればあるほど、社会は分裂しやすく、内戦になりやすい、という理論である。特に争点が領土の独占になったとき（あるいは分離独立要求となったとき）、内戦は民族集団間の紛争としての色合いが濃くなる。事実、内戦の多くは民族集団を単位とした武力衝突に特徴づけられ、たとえば、1945年から2008年にかけておきた139件の内戦のうち、57％にあたる79件が民族集団間のものであり、さらに17％（24件）が民族的な要素や争点を含むものであった（James D. Fearon and David D. Laitin, "Sons of the Soil, Migrants, and Civil War," *World Development*, Vol. 39, No. 2, pp.199-211）。ただし、これは、民族が違えば必ず内戦になる、と言っているわけではない。あくまでも政治的・経済的な不満の有無、それから、その解消のための仕組みが上手

く機能しているかどうかが、内戦発生の原因として重要である。

このような内戦発生のメカニズムに関するさまざま考え方は、社会科学における内戦研究の成果のごく一部に過ぎない。内戦研究は、現実の内戦がいっそう複雑さを増しているなかで注目されている分野であり、平和構築や国際支援などの実務方面からも今後の発展が期待されている。

以上を踏まえ、次節では、現代の紛争の事例として、2011年3月に始まった中東のシリア（正式な国名はシリア・アラブ共和国）における内戦を取り上げてみたい。

3　シリア内戦の発生・長期化・国際化

1　内戦はなぜ始まったのか

シリア内戦は、開始から5年足らずで総人口（2,140万人）の100分の1にあたる20万人以上の死者を出し、5分の1にあたる400万人もの難民を生んだ。さらには、760万人もの一般市民が家を失うか、戦火を逃れるために国内避難民となることを余儀なくされた（UNHCRプレスリリース（2015年7月9日））。この未曾有の被害こそが、シリア内戦が「21世紀最悪の人道危機」と呼ばれるゆえんである。

シリア内戦は、なぜ、どのようにして始まったのか。2011年3月、ハーフィズ（Hāfiẓ）とその息子バッシャール（Bashshār）の親子二代にわたるアサド（al-Asad）大統領による長年の独裁政治に対して、市民が民主化を求める声を上げた。アサド政権とそれを支えるエリートたちは、政治権力だけではなく、経済利権も牛耳っていた。しかし、非民主的な体制ゆえに、大多数の国民はその政治的・経済的な発展の停滞や格差に対する不満を表明することも、また、自らの手で政治のあり方を変える術も持っていなかった。

こうしたなか、2011年初頭に起こったのが、中東各国における民主化運動の高まり、通称「アラブの春」であった。チュニジア、エジプト、リビア、イエメンなどで独裁政治に対する市民による抗議デモが起こり、実際に独裁者たちを退陣ないしは殺害に追い込んだ。この革命の気運はただちにシリア

にも波及し、市民が民主化を求めて次々に立ち上がった。

しかし、シリアで始まった抗議デモは、開始当初こそ一般市民による非暴力のかたちをとっていたが、アサド政権の軍や治安部隊による武力弾圧に晒されることで、徐々に「自衛」のための武装を進めていく。そして、抗議デモの開始からわずか半年足らずで、市民による武装闘争が組織されるようになり――2011年9月には反体制派武装組織「自由シリア軍（FSA）」が結成された――、民主化よりもアサド政権を軍事的に打倒することが目指されるようになった。こうして、アサド政権と反体制派との間で、国家権力の争奪戦としてのシリア内戦が始まったのである。

このようなシリア内戦の発生過程を見てみると、前節で述べたような内戦発生のメカニズム、すなわち、社会集団のあいだの関係を調整する制度や仕組みがないこと、そして、対立のもととなる不満や強欲を解消するために武力が横行してしまうことが確認できるだろう。

2　内戦はなぜ長期化したのか

内戦をめぐるもう一つの重要な問いは、一度始まった内戦が、なぜ、どのようにして終わったのか（あるいは、なぜ終わらないのか）、である。シリア内戦は、長期化の様相を見せた。

2011年3月の内戦発生当初には、欧米のマスメディアや政策決定者を中心に、「独裁者の命運は尽きた」、「もはや時間の問題だ」といったアサド政権の早期の崩壊可能性が語られた。事実、アサド政権を軍事的に支えていたシリアの正規軍（正式名称シリア・アラブ共和国軍武装部隊）から、下級兵士を中心に多くの離叛者が出た。しかし、軍組織を全体として見れば、アサド大統領への忠誠も組織的な一体性も大きく揺らぐことはなく、むしろ重装備の精鋭部隊をシリア全土に展開し、市民に対する弾圧と反体制派武装組織との戦闘を「忠実」に実行した。

にもかかわらず、反体制派は敗北しなかった。それどころか、時間の経過とともにアサド政権に対する攻勢を強め、首都ダマスカスや第二の都市アレッポを舞台に互角の戦いを演じるようになっていった。こうした反体制派

の快進撃については、「彼らが民主主義と自由を愛し、勇猛果敢に独裁者に対峙する『正義』や『善玉』であるから決して負けない」といった希望的・規範的観測もなされたが、現実の紛争は精神力だけでは勝てない。反体制派の快進撃を支えていたのは、精神力や正義ではなく豊富な武器である。武器がなければ戦えない。

　実はこれらの武器のほとんどは、シリア国内で流通していたものではなく、内戦発生後に国外から急激に流入したものであった。具体的には、さまざまな国外アクターが反体制派を軍事的に支援したことで、市民の武装化が進んだのである。こうした国外アクターは、次の三つに大別できる。

　第一は、米国、欧州連合、そして、湾岸アラブ諸国やトルコなどの一部の中東諸国である。これらの諸国は政府として公式にアサド政権の退陣・打倒を求め、反体制派を政権崩壊後の新たなシリアの支配者にするべく支援した。第二は、アサド政権の弾圧によってシリア国外での長年の亡命生活を強いられてきた「反体制派在外シリア人」である。彼らにとって、2011年に始まった内戦は祖国への帰還と権力奪取のチャンスであり、国内の反体制派を支援することでアサド政権の打倒を目指した。第三は、過激なイスラーム主義者である。彼らは、アサド政権との戦いをイスラームの教えの一つである「ジハード（jihād; 信仰と共同体を護るための戦い）」と位置付け、世界中から武器や資金を持ってシリアへと流入した。これらの三つの国外アクターは、目的をそれぞれ異にするものの、「アサド政権の打倒」という点で奇妙な一致を見せた。

　国外アクターの関与によって軍事力を増強した反体制派は、豊富な武器、資金、戦闘員を駆使してアサド政権の正規軍や治安部隊と激しい戦闘を繰り広げ、一進一退の攻防を続けた。これは、つまるところ、アサド政権と反体制派が軍事的に拮抗した状態、言い方を変えれば、勝敗がなかなか決しない膠着状態に陥ったことを意味した。こうして、内戦は長期化していったのである。

3 「国際化した内戦」としてのシリア内戦

　内戦が長引けば長引くほど、被害の規模も大きくなる。その一方で、被害が大きくなればなるほど、国際社会はその内戦を無視することができなくなり、終結に向けた働きかけをせざるを得なくなる。

　内戦はどのように終わらせることができるのか。内戦の「終わらせ方」には、軍事的解決と政治的解決の二つがある。前者は、特定の勢力が対立する勢力を圧倒する状態、後者は、対立する勢力間の停戦ないしは和平合意が実現する状態が想定される。国際社会による内戦への関与は、通常、特定の勢力を支援（ないしは敵対する勢力を直接攻撃）して軍事的な決着をつけるか、国際会議や和平会議を開催することで勢力間の対立を政治的に解決するか、いずれかのかたちをとることになる。

　では、シリア内戦においては、国際社会はどちらのかたちの関与をしたのだろうか。結論から言えば、シリアの将来をめぐっては、国際社会それ自体の足並みが乱れ続け、結果として、さまざまな国際アクターがそれぞれの利益にしたがって、「独自」の「終わらせ方」を追求する事態となってしまった。具体的には、前述のように米国、欧州連合、湾岸アラブ諸国、トルコなどが反体制派を支援した。それは、すなわち反体制派の軍事的勝利による内戦の「終わらせ方」の追求を意味した。これに対して、アサド政権の軍事的勝利による「終わらせ方」にこだわったのが、ロシア、中国、イランなどの諸外国であった。つまり、シリア内戦の解決の鍵を国際社会が握っていたことは事実であるが、一方で、その泥沼化を招いたのもまた国際社会であったのである。

　なぜ、シリアの惨状に対して国際社会は一致団結できなかったのか。その背景には、国際社会における関係各国間の長年の競合（ライバル）関係がある。中東政治のレベルにおいては、湾岸アラブ諸国・トルコとイランが、そして、国際政治のレベルにおいては、米国・欧州連合とロシア・中国が、それぞれ互いを牽制し合うような関係にあった。その意味では、シリアの国内政治のレベルで起こった内戦は、中東政治、そして、国際政治の対立構造に絡め取られた「代理戦争」としての性格を持っていた（**図6-3**）。

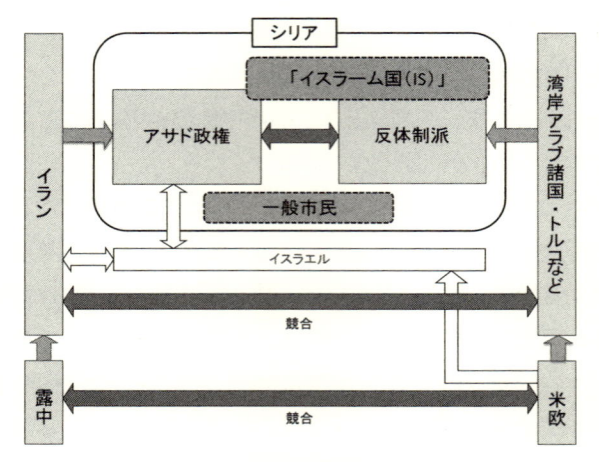

図6-3 シリアにおける「国際化した内戦」
出所）筆者作成。

　このように、シリアで起こった紛争は、一定領域内で自己完結する内戦ではなく、先に触れた「国際化した内戦」となっていった。それが、紛争の終結をいっそう困難なものにしていった。

　こうして解決の糸口すら見えなくなり泥沼化したシリア内戦において、長引く戦闘に疲弊したアサド政権と反体制派を尻目に「漁夫の利」を得るかたちで急速に力をつけ、その残虐かつ狡猾な方法で瞬く間にシリアと隣国イラクの領土の一部を実効支配するにいたった勢力があった。過激派組織の「イスラーム国」である。実は、「イスラーム国」は、さまざまな面において現代の紛争の特徴を有している。

　次節では、この「イスラーム国」を手がかりに、現代の紛争の特徴と課題を見てみたい。

4　「イスラーム国」に見る現代の紛争の特徴と課題

1　破綻国家を「宿主」とする「イスラーム国」

　「イスラーム国」は、国際法上の「国家」ではなく、一方的に「国」を名乗っている過激派組織である。その源流は、2003年のイラク戦争——米英

を中心とした「有志連合」諸国による侵攻——後のイラクに求められる。彼らは、戦後の政治的混乱のなかで、米国の占領軍およびその協力者・傀儡と見なされた者たちに対する武装闘争を展開したが、次第に劣勢へと追い込まれていった。

弱体化した彼らを救ったのが、2011年に始まった隣国シリアの内戦であった。内戦による混乱の中で、シリアに過激派組織が自由に活動できる「聖域」ができてしまったのである。彼らは、シリアの国外から豊富に流入する武器、資金、戦闘員を享受することで急速に台頭し、2014年1月、イラクとシリアにまたがる地域を固有の領土とする「イスラーム国」の建国を一方的に宣言した。

彼らが実効支配する地域では、独善的な解釈による「真性なイスラーム」に基づく恐怖政治が行われ、異教徒や「裏切り者」とみなされた人々が銃殺や斬首などの残忍な方法で次々に殺されていった。そして、シリアとイラクの両国の政権を敵視するだけではなく、それらと対立するさまざまな勢力との間でも激しい武力衝突を繰り返した。

この「イスラーム国」がシリアとイラクにまたがるかたちで誕生したのは、決して偶然ではない。すなわち、2014年の時点で、両国はともに「破綻国家（failed state）」（ないしは「脆弱国家（fragile state）」）と呼ばれる状態に陥ったからである。

破綻国家とは、米国の政治学者ウィリアム・ザートマン（Zartman, I. William）の定義によれば、近代国家の基本機能である、①主権に基づく権威、②意思決定のための有形の組織、③アイデンティティのための無形の象徴の三つが停止した国家を指す（「国家性（stateness）」の喪失と呼ばれる）。簡単に言えば、国家機能が麻痺することで主権的・領域的な統治が弛緩し、国民が国民としての自覚を失うことで分裂した状態に陥った国家である（I. William Zartman ed., *Collapsed States: The Disintegration and Restoration of Legitimate Authority*. Boulder: Lynne Rienner, 1995）。

イラクは2003年のイラク戦争の後に、シリアは2011年の「アラブの春」の後に、それぞれ政治的な混乱の度合いを強め、破綻国家へと転落していっ

写真6-1　過激派組織「イスラーム国（IS）」
出所）「イスラーム国」の広報部門の一つ、al-Furqan Media制作の動画より。

た。米国のNGO「ファンド・フォー・ピース（Fund for Peace）」が毎年出している世界の脆弱国家ランキング（順位が高いほど破綻の度合いが高い）の2015年版では、イラクが11位、シリアが8位となっており、両国が世界でも有数の破綻国家であることがわかる（The Fund For Peace (FFP), *Fragile States Index 2015*. Washington D.C.: The Fund For Peace, 2015）。それが、「イスラーム国」のような過激派組織の台頭を許し、翻って、彼らの台頭がさらなる破綻国家化を加速させる悪循環を生み出した。シリアもイラクも「イスラーム国」の「宿主」となってしまったのである（**写真6-1**）。

2　国際社会に挑戦する「イスラーム国」

　現代世界において、破綻国家はその国だけの問題ではなく、周辺諸国、さらには国際社会全体にとっての問題となっている。それはどういうことか。再び「イスラーム国」の事例から見てみよう。

　「イスラーム国」は、彼らの独善的な解釈による「真性のイスラーム」に立脚した国家の建設および領土の拡大を目指しているが、国際社会の側から見たときに、次の二つの側面において大きな挑戦となる。

　第一に、民族（ネイション）を単位に領域と主権を有した国家（ステイト）を築くという国民国家の原理の否定である。「イスラーム国」が重視するのは、民族間の差異ではなく、どの宗教を信奉しているかという宗教間の差異であ

る。また、中東諸国の国境線は、国民国家の原理に基づいていることに加え、第一次世界大戦後に西洋列強によって一方的に画定されたものであるとし、これらを抹消し西はモロッコ、東は中国の一部までを版図とする巨大国家を建設するという理想を掲げた。

　第二に、彼らの理想の実現にとって障害になる国々を力で排除しようとしていることである。「イスラーム国」は、組織の構成員だけではなく世界中の支持者に対して対立する国々への攻撃を呼びかけた。それは、言い換えれば、彼らが拠点としていたイラクやシリアだけではなく、国際社会全体を戦場に変える行為であった。「イスラーム国」の構成員や支持者の誰が、いつ、どこで、どのように暴力を行使するのか、国際社会にとっての脅威となっている。

　国際社会に対するこの二つの挑戦は、実はそれぞれ争点と手段の面から21世紀の紛争の特徴を如実に示している。以下、順番に見てみよう。

3　「新しい戦争」

　第一の紛争の争点から見てみよう。前述のように、紛争の多くは、領土や資源、国家権力の争奪戦として起こる。古典的な国家間戦争においては領土や資源であり、内戦においてはその国の国家権力や天然資源、領域（土地）であった。これに対して、「イスラーム国」が掲げる争点は、彼らが考える「真性のイスラーム」の実現であり、それを阻止しようとする者たち、他の宗教の信者を「敵」とする戦いである。つまり、彼らが引き起こす紛争は、人と人との差異や人間の属性、言い換えれば、「自分は何者か」＝「自分とは違うあいつはらは何者か」というアイデンティティを争点としているのである。

　こうしたアイデンティティを争点とした紛争は、カナダの国際政治学者メアリー・カルドー（Kaldor, Mary）が提唱した「新しい戦争（new war）」と符合する。国益をめぐる国家間の「旧い戦争（old war）」に対して、1980年代末頃からはこの「新しい戦争」が世界各地（たとえば、ボスニア・ヘルツェゴビナやルワンダの内戦）で頻発するようになった。「新しい戦争」は、民族、宗教、宗派などの人間の属性に基づいた権力獲得や領土独占といった「アイデンティティ・ポリティクス」によって発生する。そして、紛争のアクターは、

準軍事組織、ゲリラ、軍閥、犯罪集団、傭兵を主とし、紛争の資金はグローバル化の中で越境的に調達される（メアリー・カルドー（山本武彦・渡部正樹訳）『新戦争論：グローバル時代の組織的暴力』岩波書店、2003年）。

この「新しい戦争」は、一般に「旧い戦争」に比べて解決が難しいと考えられている。それは、争点がアイデンティティという主観的な動機にあるため、対立する勢力の間の妥協や交渉が成立しにくいためである。領土や資源といった客観的・物質的に扱えるものであれば、それぞれの「取り分」をめぐって交渉することが可能だが、人間の属性は変えることができないため、いったん顕在化したアイデンティティを変化させたり解消したりすることは容易ではない（そのため、しばしば「敵」を絶滅するまで戦うことになる）。

4　国際テロリズム

第2の手段についていえば、テロリズムの世界的な拡散が顕著となっている。テロリズムは、1789年のフランス革命後の旧体制派に対する恐怖政治をその語源とすることが象徴するように、かつては国内政治の権力争いにおける暴力の一手段であった。しかし、「イスラーム国」に代表される今日のテロリズムは、一般に「国際テロリズム」と呼ばれ、その資金、武器、人員がグローバルに調達されるだけではなく、実行場所も紛争地（拠点）だけではなく、敵対者とその関係者が存在するすべての国や地域となる。

世界中から「イスラーム国」に参集した「義勇兵」たちは、その後も自らの出身国や第三国で「敵」への攻撃を敢行することも少なくない。また、「イスラーム国」に直接組織的な接点がなくとも、その思想や「アイデンティティ・ポリティクス」に共鳴したとき、自発的な「ホームグロウン（地元育ち）」ないしは「ローンウルフ（一匹狼）」のテロリストになることもある。こうして、国際社会全体が戦場になっていく。

ただし、このテロリズムという用語の使い方には注意が必要である。テロリズムは、基本的に他称・蔑称である。すなわち、自らの行為をテロリズムと呼ぶ者は存在せず、他者の行為をテロリズムとラベリング（レッテル貼り）して批判や取締りの対象とするのが普通である。テロリズムとは、善悪や敵

味方を明確にするために用いられる政治的な概念なのである。そのため、私たちは、ひとたびそれが使われたときには、誰が、どのような立場で、何のために使っているのか、その主観的な意図に対して注意を払わなくてはならない。

アレックス・シュミット（Schmid, Alex P.）は、テロリズムをあくまでも客観的に存在する暴力の一つと捉え、次のように定義している。「テロリズムとは、暴力行使を繰り返し、不安をかき立てる方法である。」そのうえで、「攻撃者」（国家および非国家アクター）、「被害者」、「働きかけの対象」の三つの関係を考えることが重要であるとする。すなわち、通常の暴力においては、AがBを攻撃した場合、Aが「攻撃者」でBが「被害者」である。しかし、テロリズムの場合は、この暴力を通した威嚇、強制、宣伝の標的としてのCが存在する。これを「働きかけの対象」という。つまり、攻撃者Aにとって、被害者Bはそれ自体の破壊や殺害が目的ではなく、本来の標的である働きかけの対象Cを畏怖状態（テロ）に陥らせるための道具に過ぎない（Alex Schmid, "The Response as a Definition Problems," *Terrorism and Political Violence*, Vol. 4, No. 4, 1992, pp.7-25）。

たとえば、2015年1月の「イスラーム国」による日本人人質殺害事件において、「イスラーム国」（攻撃者）が標的にしたのは二人の一般の日本人（被害者）であったが、その無辜な生命を残忍な方法で誰の目にも見えるかたちで破壊することで、「敵」である日本とその同盟者である欧米諸国（働きかけの対象）に恐怖を与えようとした。

今日のテロリズムは、国境を自由に横断しながら世界の各地で展開され得る可能性を持つ。21世紀に入ってから加速したグローバル化、とりわけインターネットに代表される「情報・コミュニケーション技術（ICT）」の革新は、人類史上最も活発にヒト、モノ、カネ、情報が飛び交う世界をつくりだした。その副作用として、テロリズムも、いつでも、だれでも、どこでも、簡単に実践できるようになったのである。

以上見てきたように、現代の紛争はその激しさと複雑さを増し続けている。

それに伴い、紛争を終わらせるための方法も防ぐ方法もいっそう難しくなっており、これに対応するために、従来の国連主導の活動の他に、「対テロ戦争」、「戦争の民営化」、「戦争の無人化（ハイテク化・機械化）」など、さまざまな新しい方法や手段が編み出されている。とはいえ、現時点では、どれも紛争に対する「万能薬」にはなり得ず、むしろ、法制面での曖昧さを生み出すことで、「正統な暴力の独占」という近代国家の機能を相対化・低下させ、結果的に紛争を終わらせるためのシナリオを混乱させてしまっている一面もある。いずれにしても、紛争解決のための答えを導き出すことは容易ではなく、それは、第一次、第二次世界大戦、そして冷戦と存亡の危機を乗り越えた今日の人類にとっての大きな課題であり続けている。

しかし、確かなことは、本章で論じて来たように、紛争の発生原因や特徴を正確に理解することなしに、その解決のための糸口を探ることはできない、ということである。世界には「民族紛争」や「宗教紛争」といった単純化された「わかりやすい説明」が溢れている。しかし、これらを無批判に受け入れることは、「イスラーム国」のような人間の属性それ自体を争点とする「アイデンティティ・ポリティクス」に荷担することになりかねない。

凄惨な紛争の様子を伝えるニュースは、わたしたちに激しい悲しみや怒りを抱かせる。ある人は、自分の無力さを嘆き、また、ある人は自分に何ができるのか考えるかもしれない。しかし、どれだけ激しく感情が揺さぶられたとしても、複雑な紛争の実態を捉えるための冷静さを失ってはならない。本章で論じたように、紛争をあくまでも政治の問題としてとらえ、持てる知識と知恵――社会科学の考え方――を動員してその複雑さに向き合うことが、世界から紛争をなくしていくための不可欠なステップである。心は熱く、頭は冷静に。「知」こそが、残酷な世界と戦う武器である。

〔参考文献〕

青山弘之編『「アラブの心臓」に何が起きているのか：現代中東の実像』岩波書店、2014年
　シリア、レバノン、ヨルダン、パレスチナ／イスラエル、エジプト、イラクの政治の仕組みや現状を知ることができる1冊。

オリバー・ラムズボサム、トム・ウッドハウス、ヒュー・マイアル（宮本貴世訳）
『現代世界の紛争解決学：予防・介入・平和構築の理論と実践』明石書店、2009年
　欧米の大学で広く使われている紛争解決学のベーシックな教科書。紛争解決学の考え方に加えて、紛争の歴史や解決に向けての課題を網羅的に紹介。

伊藤孝之監修、広瀬佳一・湯浅剛編『平和構築へのアプローチ：ユーラシア紛争研究の最前線』吉田書店、2013年
　20人以上の研究者が紛争研究の方法、冷戦後の地域紛争、紛争解決のための課題を広く論じた本。紛争への社会科学的なアプローチを知るために便利な1冊。

久保慶一・末近浩太・高橋百合子『比較政治学の考え方』有斐閣、2016年
　民族はなぜ対立するのか、民族政党がなぜ生まれるのか、紛争はなぜ起こり、なぜ終わるのか。こうした問いに対する比較政治学からのアプローチを知ることができる1冊。

チャールズ・ダウンゼンド（宮坂直史訳・解説）『1冊でわかるテロリズム』岩波書店、2003年
　テロリズムの歴史や概念を網羅的に論じた概説書。革命、ナショナリズム、宗教といったさまざまなタイプのテロリズムを紹介。

月村太郎『民族紛争』岩波新書、2013年
　スリランカ、クロアチアとボスニア、ルワンダ、ナゴルノ・カラバフ、コソヴォの6つの事例から、今日の紛争の特徴を描き出す。外部介入やジェノサイド、難民の問題についてもカバーしている。

藤原帰一・大芝亮・山田哲也編『平和構築・入門』有斐閣、2011年
　平和構築学の入門書。「新しい戦争」、「破綻国家」、「人道的介入」といった今日の紛争を考えるうえでの重要概念を詳しく解説。紛争解決のための法整備、経済発展、ジェンダーや人権への配慮などもカバーしている。

ポール・コリアー（甘糟智子訳）『民主主義がアフリカ経済を殺す：最底辺の10億人の国で起きている真実』日経BP社、2010年
　原題は *Wars, Guns, and Votes*。一部の国では、民主主義の導入が経済成長を阻害し、その結果、経済システムの破壊や独裁、内戦などが生じることを論証している。開発経済学からの紛争論。

メアリー・カルドー（山本武彦・渡部正樹訳）『新戦争論：グローバル時代の組織的暴力』岩波書店、2003年
　冷戦後に顕在化した「新しい戦争」の特徴を体系的に論じた本。その対処法とし

て、普遍主義、人道主義、市民社会の追求などからなるコスモポリタン・アプローチが掲げられている。

吉岡明子・山尾大編『「イスラーム国」の脅威とイラク』岩波書店、2014年
　なぜ、イラクとシリアにおいて過激派組織「イスラーム国」が急速に台頭したのか、その原因を主に政治的な観点から複合的に分析した論文集。

第7章　現代政治におけるデモクラシーとナショナリズム

南野　泰義

> **〈 本章のねらい 〉**
>
> 　私たちが生きる世界は、国境を越えてヒト、モノ、カネ、情報が活発に動くグローバリゼーションが進み、「社会の均質化傾向」が深化する世界と言われる。しかし同時に、19世紀以降広がりを見せる国境線によって区切られた一定の領域からなり、ナショナルなアイデンティティを持つ国民を構成員とし、これを統治する権力装置としての国家（ネイション・ステイト）によって構成されている世界でもある。
>
> 　今日、欧州連合（EU）結成・拡大などのリージョナリズムの進展のように、既成の国家枠組みを越えようとする動きがある一方で、一国内部において、より強い地方分権の追求や新しい国家を創り出そうとするローカリズムの動きが存在している。またその一方で、特定のマイノリティをターゲットにした「ヘイトスピーチ」や「ヘイトクライム」といった行動はヨーロッパ諸国にとどまらず、日本においても見られるようになっている。
>
> 　本章では、こうした不安定な時代において、政治なるものとは何か、そこに求められるものは何か、人間はどのように政治に関わったらよいのかという問題について、国内政治の動態を通して、問い直してみたい。

キーワード　政治（Politics）、デモクラシー（Democracy）、ナショナリズム（Nationalism）、ポピュリズム（Populism）、シティズンシップ教育（Citizenship Education）

はじめに ── 「正義」のための闘争？

　諸君は、「政治」という言葉を聞くとどのようなイメージを持つだろうか。かつて、政治は「人類を欺瞞によって統治する術」と評されたことがある。「政治不信」という言葉が聞かれるようになって久しい現在からすると、党派的な権力闘争や欺瞞と策謀が渦巻くあまり近寄りたくないモノという回答が出てくるかもしれない。今日、人々が「政治」に幻滅する理由の一つとして、国内および国家間の思慮深い妥協が必要とされている一方で、「改革すること」に政治を行うことの唯一の存在理由を求め、その達成に正当性があるかのような政治的主張が拡大していることへの不安があると言われている。また、数の論理や政治的リーダーに付与された権限に依拠した強引な政策行使が強まる中で、「政治」なき時代と呼ばれることがある。

　まず、政治なるものは、ある行為者が他の行為者に働きかけて、自己の意思を強制し、そのように行動させる支配－服従関係を前提とするものである。そして、一定の領域において、この支配と服従の関係を固定化し維持するためには、服従を求められる被支配者が、権力装置からの強制に対して、なんら疑問を持たずそれに従うことを促す正当性が必要とされる。つまり、人間を動かすためには、権力を行使する者の行為が「正義」に適ったものであり、服従者がこれを「正しいもの」として認識し受け入れることが必要となる。

　では、政治なるものの目的は、この「正義」を実現することなのであろうか。ここで言う「正義」は、「○○であるべき」といった主観的に信じられた善悪を峻別する価値観やそれに基づく「理想とする社会」の実現を目的とした心情によって裏打ちされ、正当性の拠りどころとされるものである。だが、「正義」への要求は、「正義」のために行動しているという使命感や名誉心のみならず、権力や財力など、何がしかの利益を得たいという欲望を含むものである。そして、この要求は、自分たちの「正義」にそぐわない者やその行動を非難したり、またはこの「正義」に身を置き、それに従うことで、自己の存在を特別視した独善となって現れることになる。マックス・ウェーバー (Weber, Max) によれば、「正義」の背後には、「憎悪と復讐欲、とりわけ怨恨

（ルサンチマン）と似非倫理的な独善欲の満足、つまり敵を誹謗し異端者扱いしたいという欲求」（マックス・ウェーバー『職業としての政治』岩波文庫、1980年、98頁）に基づく感情が存在するのである。

　こうした理解に立つと、権力をめぐって「正義」と「正義」が対立し闘争する世界が政治ということになる。だが、これだけでは、権力闘争を説明したにすぎず、国家および国際社会は「正義」と「正義」が争い合うジャングルとなってしまう。そのため、ある集団をまとまりのある安定したものとして、どう統治するのかという側面が見失われてしまうことになる。バーナード・クリック（Crick, Bernard）は、政治なるものについて、「別々の利害と別々の伝統とが、同時に共存する事実を受け入れるところから生起する」としている。そして、これを「一定の支配単位内の相異なる諸利害を、それらが共同体の福祉と存続にとって有する重要性の程度に応じて、権力に参加させつつ調停するところの活動」であると定義している。つまり、政治の本質は、多様な利害や意思に対する「細密な心配り」であると言うのである（バーナード・クリック『政治の弁証』岩波書店、1969年、10-11頁）。

　かくて、政治とは、権力闘争としての側面と同時に、「共存」のために各々が権力に参加し調停する活動であり、その過程は妥協という実行可能な解決策を発見する営み＝「共存のための術」であるという側面を併せ持つものなのである。

1　デモクラシーとは何か

　若者のあいだで、政治について語り合うことはダサいという声を聴くことがある。また、マスコミなどを通じて、若者の政治離れや政治的無関心が取りざたされ、このステレオタイプ化されたイメージを前提にした議論が展開されることがある。その一方で、政治不信や若者の政治離れを引き起こした政治そのもののあり方が問われることは必ずしも多くない。

　2013年、フランスのパリにおいて、コソヴォからの移民であるロマの高校生が強制送還されたことに抗議する高校生のデモが1万人規模で行われた。

2015年には、日本において、原子力発電所再稼働反対などの運動や、安全保障のあり方を転換しようとする法案審議に対して、若者が主導する大規模な抗議行動が展開された。2011年以降を見ても、「オキュパイ・ウォール・ストリート運動」、「アラブの春」、「香港反政府デモ」など、若者が中心となって「民主化」を要求する運動が世界各地で現われている。そして、グローバル化の進展の中で、これまで一国レベルでの対処が求められてきた政治的な平等、言論の自由、人権の擁護、経済的な格差の是正、政治的意思決定への参加・参画などをめぐって、国境を越えた「民主主義」のあり方が問われるようになってきている。たとえば、IT技術革新を積極的に活用して新たな民主主義の創造を主張するハンガリーのインターネット民主党のような政党も存在している。

1 「民主主義」ということば

20世紀半ば以降、ファシズムに対抗するものとして、デモクラシー（Democracy）は最善の政体であるという見方が一般的なものとなった。だが、ファシズム（Fascism）やポピュリズム（Populism）もデモクラシーの時代の産物にほかならない。

では、諸君は、「民主主義」ということばについて、どのようなイメージを持つであろうか。昨今、日本政治をめぐって「戦後民主主義の総決算」ということばが存在する。そこでは、戦後民主主義の産物として、国家や集団の利益より個人的な利益を追求する利己的な人間像が問題視されている。また他方で、民意が政府の意思決定に反映されていないのではないかという疑念を背景に、デモや集会など、直接的な意思表示の手段に訴える行動も見られる。そして、そうした直接的な行動こそ民主主義そのものの姿としてとらえる見方も出てきている。では、そもそも「民主主義」なる概念は何を意味しているのであろうか。

「民主主義」ということばは、デモクラシーの日本語訳である。「民主主義」と言うと、「主義（ism）」なることばが入っていることから、何がしかの価値の実現を目的とした信条および行動を指す意味合いが強くなる。それゆえ、

最近では、民主主義ということばは、そもそもデモクラシーの訳語として適切なのかという疑問さえ提起されるようになっている。

デモクラシーということばには、デモクラティア（Dēmokratía）、つまり人民（People）による統治を意味することばにその起源がある。その限りにおいて、デモクラシーは、人民を政治的主体者とした統治の原理、統治の仕方、意思決定の方法として把握されるものである。デモクラシーによる政治支配は、人民による授権に依拠するものである。それゆえ、支配者は、自己の支配を人民による承認ないしは同意のうえに根拠づけようとするのである。つまり、それは、中世の王権神授説とは異なり、人民なるものがかつての「神」に代わる地位を占めることになったことを意味している。

かくて、デモクラシーには、二つの側面が存在することになる。その一つが特定の政治支配や制度を正当化するための「支配のシンボル」としての側面であり、もう一つが特定の政治行為や制度を批判し改変するための「抵抗のシンボル」としての側面である。

2　デモクラシーと人間の「自由」

デモクラシーは、古くは古代ギリシャ時代の政治形態にまでさかのぼることができるが、現代政治におけるデモクラシーは、フランス革命に象徴される近代市民革命を契機としている。ここには、理念的なレベルにせよ、個人の尊厳と自由をいかに守り発展させるのかという問題と、これを実現する方法としてのデモクラシーの実現という課題が存在する。つまり、近代デモクラシーは、すべての人間が自由を生まれながらに等しく持つという人間像を前提としている。それゆえそれは、この自由を、一定の領域において、すべての構成員が主体的に政治に参加しその自発的な努力によって、守っていこうとする立場を象徴するものであった。

ジョン・スチュアート・ミル（Mill, John Stuart）は、個人の自由を公共の場において実現するための仕組みとしてデモクラシーを位置づけている。そして、デモクラシーは、「少数者の専制」から個人の自由を守るためのものであるとしつつ、個人の自発的な努力により、社会の枠組みそのものを創りだ

し、利害の異質性に基づく対立や紛争を調整して、社会の秩序と安定をつくり出すという課題をもっていると言う。だが同時に、デモクラシーは、個人の自由に制約を与えるものであり、「多数者の専制」によって少数者の個性と自由が抑圧される危険性が常につきまとっているとも指摘している（ジョン・スチュアート・ミル『自由論』岩波文庫、1971年、9-33頁）。

　少なくとも、ファシズムなどの全体主義（Totalitarianism）を経験した人類は、デモクラシーを普遍的な政治原理として「善き統治」（Good governance）に値するものとみなしてきた。しかしながら、近代国家においては、デモクラシーを前提とする限りにおいて、そこに現れるさまざまな政治体制がたとえ権威主義的な専制政治や全体主義的な政治であっても、その権力は人民による授権と多数者の同意に基づき正当化されることになる。それゆえ、デモクラシーは、「善き統治」を構成する一つの要素であっても、それ自体が「善き統治」を意味するものではないのである。

　かくて、デモクラシーとは、個人ないしは少数者による権力の恣意的発動および命令的統治に基づく体制、または非権力の側にある人々を重要な公共的諸課題の決定から排除するような体制ではない。個々人が政治的主体者として、重要な公共的諸課題に関する決定に、直接または間接に、積極的または消極的にあずかることを可能にする体制である。そして、個人の自発的な行動により、社会の枠組みそのものを創りだすこと、利害の異質性に基づく対立や紛争を調停するとともに、多数者の横暴を抑制しうる社会の秩序と安定をつくり出すことを課題とするものなのである。

2　ナショナリズムとポピュリズム

　ネイション（Nation）とかナショナリズム（Nationalism）といった社会現象は、西欧では、18世紀後半から19世紀ごろに登場してきたとされている。そして、ネイションの形成は近代国家形成に伴う国民の創出と結びついた形で進んだために、ネイション・ステイトとして現象することになったと考えられてきた。

では、諸君は、ナショナリズムということばについて、どのような印象を持つであろうか。たとえば、伝統や集団を強調する言説、反ユダヤ主義や反イスラーム主義のような運動、レイシズム（Racism、人種差別主義）的な運動、移民や難民を排除・排斥しようとする行為など、ネガティブなイメージで語られることが多いかもしれない。また、19世紀的な思想であり、グローバル化が進む現代においては、「時代遅れのもの」といったイメージも存在するであろう。歴史的に見ても、ナチスによるホロコースト、旧ユーゴスラビアの紛争で発生した民族浄化（Ethnic cleansing）などの事例を見出すことができる。その一方で、ナショナリズムは、途上国などでは、植民地主義や大国的支配に対抗する思想として、民族解放や植民地解放の運動の原動力ともなっていた。またそれは、既存国家の中にあってマイノリティの地位に置かれてきた人々による独立や自治を求める運動の中にも見出すことができる。

　今日、地域統合が進展しているとされるヨーロッパにおいて、ローカルなレベルで、既存の国家からの分離独立ないしは強い自治を求める政治運動が活発な動きを見せるようになっている。その一例として、スコットランドやカタルーニャにおける分離独立の運動がある。また、1998年のイギリスにおける地方分権化（Devolution）政策をはじめ、近年、日本においても、国家の権限を地方に一部移譲する道州制をめぐる議論が存在する。権限移譲された「地方」は、単なる「地方」ではなく、権限が移譲されればされるほどに、「国」に近い存在になりうるのである。

　このように、グローバル化の中で、国家を超えて政治経済を統合しようとする動きが進むほどに、かえって、ローカルなレベルでの新たなナショナリズムの噴出と新しい国家の創出を促す動きが見られるようになってきているのである。

　では、こうした動きの背景にあるナショナリズムをどのように理解すればよいのであろうか。

1　ナショナリズムとは何か？

　ネイションということばは、「民族」、「国民」、「国家」と日本語に訳される場

合が多い。それでは、そもそもネイションやナショナリズムとは、どのような概念なのであろうか。これらの概念をめぐって、80年代以降、学問的な研究が進められるようになった。そこでは、ネイションやナショナリズムは近代以降に成立したのか、それとも近代以前にも存在したのかという二分法的な議論が展開されたことから、一大論争かのように紹介されてきた。

その一つの立場が、アーネスト・ゲルナー（Gellner, Ernest）、ベネディクト・アンダーソン（Anderson, Benedict）、エリック・J・ホブズボーム（Hobsbawm, Eric J.）に代表される近代主義学派である。これは、ネイションやナショナリズムは資本主義発展を背景とした産業化、近代国家の建設、民主化、公共空間の形成という歴史的条件のもとで、創り出されたものであると考え、グローバル化の進展とともに、いずれ消滅していくものとしてこれをとらえる立場である。

もう一方に、反近代主義の立場がある。それは、エドワード・シルズ（Shils, Edward）、ジョン・アームストロング（Armstrong, John）らに代表される原初主義学派や、エイドリアン・ヘイスティングス（Hastings, Adrian）やスーザン・レイノルズ（Reynolds, Susan）らに代表される前近代主義学派のように、前近代社会における共同体の中に現れる人間の同胞意識やネイションに対する感情的なアタッチメントに着目することにより、ネイションやナショナリズムは必ずしも近代に限った現象ではないとする立場である。

こうした議論を受ける形で、アンソニー・D・スミス（Smith, Anthony D.）やジョン・ハッチンソン（Hutchinson, John）に代表されるエスノ・シンボリズムの立場が存在する。アンソニー・D・スミスは、「ナショナリストというものは、単なる社会を動かす人であるとかイメージ作りの名人であるのではない。自分の活動を通じてエスニックな過去を再発見し、その意味を再解釈する社会的で政治的な建築家である」(Anthony D. Smith, "Gastronomy or Geology?: the Role of Nationalism in the Reconstruction of Nations", *Nation and Nationalism*, Volume 1, Part 1, 1995, p.3.) と主張する。このエスノ・シンボリズム学派は、近代国家とネイションを区別したうえで、ネイションは近代の産物であるとしつつ、ナショナリスト的知識人によって、過去の事象に恣意的な意味づけ

がなされ、ネイションの記憶や文化的シンボルが創り出されてきた点を強調しているところに特徴がある。

これらの立場について、ハッチンソンは、ネイションやナショナリズムの形成過程について、その背景となる歴史的諸条件は何か、その主体ないし担い手は誰なのか、そしてその方法はどのようなものなのかといった点で、論点の置き方に相違があるとしたうえで、上記したそれぞれの立場は相互に補完し合う関係にあると言うのである。

これらの研究の到達点として少なくとも言えることは、ネイションは共通の習慣や習俗、血統や起源が客観的に事実であるかどうかは問題ではなく、政治的な創造物であるということである。そして、それは、一定の領域の中でこれを構成する多数派を占める人々が持つ「自分たちは特定のネイションに所属している」という意識（「思い込み」）に依拠するものなのである。ナショナリズムは、過去の事象を利用しつつ、特定のネイションに帰属しているという意識（「思い込み」）を創り出していくための論理であり、近代国家形成および理想とされる政治体制とその将来のあり方やそれに対抗する政治的な運動に正当性を付与し、大衆を政治的に動員するイデオロギーであると言うことができる。それゆえ、ナショナリズムは、これに依拠する諸々の政治運動に「正義」のための闘いというロジックを与えることができるのである。すなわち、ナショナリズムは、特定の理想とされる政治体制を創り出そうとする心情を背景とするがゆえに、より進歩的な傾向を持つものから、狭隘で排外的な傾向を持つものまで多様な現れ方をするものなのである。

今日、これら80年代から90年代にかけてのネイションとナショナリズムをめぐる研究を乗り越えようとする新しい研究動向が見られる。それは、従来の研究が持っていた①ネイションの構成員が一様に同じ「われわれ意識」を持つといった集団主義的な発想、②「ネイションは資本主義とともに」式の近代主義的な発想、③近代国家とネイションの形成を同一過程のものとしてとらえる発想を脱構築しようとするところにその特徴がある。

かくて、今日、これまでの研究の到達点を踏まえたうえで、ネイションやナショナリズムが、歴史的プロセスの中で、どのように理解され、どの勢力

によって創り出され、その際、過去の事象がどのように利用され、現在に結びつけられているのか、そしてどのような政治体制ないしは政治運動を正当化しているのか、その現象形態はどのようなものなのかという点に着目した具体的かつ実証的な研究が求められている。

2 ポピュリズムという名の「妖怪」?

今日、グローバル化時代におけるナショナリズム運動の再興という現象とともに、ヨーロッパや日本において注目されている政治現象として、ポピュリズム型政治がある。このポピュリズム（Populism）については、デモクラシーの「復興運動」であるとする一方で、既存の政治体制に対する反動的「病理」と言われることがある。

バーナード・クリックは、ポピュリズムについて、「多数派を決起させること、あるいは、少なくともポピュリズムの指導者が多数派だと強く信じる集団を決起させることを目的とする、ある種の政治とレトリックのスタイルのことである。そのときのこの多数派とは、自分たちは今、政治的統合体（Polity）の外部に追いやられており、教養ある支配層から蔑視され見くびられている、これまでもずっとそのように扱われてきた、と考えているような人々である」（バーナード・クリック『デモクラシー』岩波書店、2004年、134頁）と定義づけている。つまり、それは、本来、政治的主体者であるはずの市民が持つ政治的な公共空間から疎外されているという意識を背景とするものであり、この疎外状況に対する政治的な抵抗運動がポピュリズムということになる。

近年、ヨーロッパにおいて、ポピュリズム型政治運動の台頭が顕著な形で現れたとされるのが、2014年5月の欧州議会議員選挙である。この選挙では、イギリスの独立党やフランスの国民戦線など、EUからの離脱や移民排斥などを主張する政党の躍進が際立つ結果となった。また、アメリカにおいては、「ティーパーティ運動」のような反グローバリズムの姿勢から「アメリカ的なるもの」の保守を標榜する政治運動が現れている。

現代のポピュリズムは、「参加」というデモクラシーの持つ性格を基礎に、グローバル化の進展と新自由主義的な経済政策がもたらす、伝統的な生活様

式や雇用形態と福祉レジームの再編、文化的同質性の溶解といった諸矛盾への不満や不安を背景にしていると考えられている。今日、さまざまな形態をとって現象してくるポピュリズム型の政党ないしは政治運動には、移民の排斥、反グローバリズム、反エリート主義などの言説を通じて、もっぱら自国民の利益に訴えかけるナショナリズム的な色彩を見ることができる。そしてそこには、①国民（Nation）」という概念に訴えかけ、アイデンティティの回復、政治指導者と国民の一体性を強調する傾向、②カリスマ的指導者の創出とトップダウン型統治の追求、③選挙を通して「白紙委任」を取り付ける人民投票型の政局運営、という特徴を見出すことができる。

　少なくとも言えることは、ポピュリズムは、現存の社会的諸矛盾を背景にして、さまざまな階級を超えた大衆の「憤懣（ふんまん）」を引き出し、これを栄養にして権力獲得を指向するという一つの政治運動の手法である。それゆえ、ポピュリズムは、理念や政治的方向性を異にする左翼的運動にも右翼的運動にも適用されうる概念と言うことができる。

　こうした政治運動が醸成される政治的条件として、「代表する者」と「代表される者」との乖離という問題が挙げられる。今日のグローバル化の進展は、政治に参加する（しょうとする）人々の範囲を飛躍的に拡大・多様化させることになった。だが同時に、こうした状況のもとで、デモクラシーは形式化または形骸化され、市民の政治参加に立脚しつつも、現実には、政治的主体者たる市民を政治的な意思決定過程から排除し支配する仕組みに転化する傾向が見られようになっている。つまり、「代表する者」は「代表される者」からの拘束を受けることなく、万人を代表するかのように振る舞うことが可能となり、「代表される者」はこの「代表者」として現われる人物を代表として受け入れざるを得なくなるという政治環境が生じているということである（柄谷行人『トランスクリティーク ── カントとマルクス』岩波現代文庫、2010年、213-214頁）。

　かくて、今日、選挙での勝利を通じて「白紙委任」が与えられたかのように立ち振る舞う政治家の行動や言動と「民意」とのズレとなって現れるこの「代表する者」と「代表される者」との乖離を埋め、市民の政治的疎外状況

をどう克服するのかという問いは、市民の政治参加のあり方を考えるうえで、重要な課題の一つとなっている。

3　闘争から和解へ——「共存のための術」

　第1節で、政治は、「共存」のために各々が権力に参加し調停する活動であり、その過程は妥協という実行可能な解決策を発見する営みであると指摘した。ここでは、この「共存のための術」としての政治を具体化しようとする試みについて見てみよう。

　アレント・レイプハルト（Lijphart, Arend）は、どうすれば紛争社会または分断社会（Cleavage）を修復することができるのかという問題意識からデモクラシーの問題にアプローチしている。レイプハルトは、現代の統治システムについて、イギリスに象徴される「人民の中の多数派」を対象にした政治である多数代表型デモクラシー（Majoritarian democracyウエストミンスター型）と、オランダ、ベルギー、スイスなどに見られる「できる限り多くの人民」を対象にした政治である合意形成型デモクラシー（Consensus Democracyコンセンサス型）に分類している。そして後者を言語、エスニシティ、宗教、イデオロギーなどさまざまな社会的な分裂が存在する社会において、安定的に機能する統治形態——紛争の制御のための手法——として位置づけている。そこで合意形成型デモクラシーの特徴を、①権力分有の原則、②政府および公共部門における比例の原則、③コミュニティ・レベルの自治と文化領域における平等の原則、④コミュニティ間の協働の原則に基づく統治という点に求めている（Arend Lijphart, *Democracies, Patterns of Majoritarian and Consensus Government in Twenty-One Countries,* Yale University Press, 1984, pp.21-23）。

1　北アイルランド紛争

　この合意形成型デモクラシーの適用例の一つとして、1998年の和平合意以降の北アイルランドがある。北アイルランド紛争は、一般的には、プロテスタント系住民とカトリック系住民による宗派対立に起因する紛争と言われ

ることが多い。しかし、その大本には、イギリスへの帰属を維持しブリティッシュとして生きようとするユニオニストと、イギリスからの分離独立とアイルランド共和国との統一アイルランドの建設を求め、アイリッシュとして生きようとするナショナリストとの間に基本的な対抗軸が存在する。

1920年のアイルランド統治法の成立により、イギリス統治下のもと、アイルランド島北部アルスター地方の6郡をもって、北アイルランド政府が編成される。ここに、北アイルランドはユニオニスト優位の政治体制のもとに置かれることになった。以後、プロテスタント系ユニオニスト（強硬派のロイヤリストを含む）とカトリック系ナショナリスト（強硬派のリパブリカンを含む）という対立関係は、労働者階級を中心に、プロテスタント系住民とカトリック系住民のコミュニティ間の対立、抗争という様相を呈することになる。

1968年以降、北アイルランドにおける政治的暴力は、アイルランド共和軍（IRA暫定派）、アイルランド民族解放軍（INLA）などのリパブリカン系準軍事組織（Paramilitary）と、アルスター防衛協会（UDA）、アルスター自由戦士（UFF）、アルスター義勇軍（UVF）などのロイヤリスト系準軍事組織、そしてロイヤル・アルスター警察（RUC）を中心としたイギリス治安部隊の三つ巴の対抗軸の中で展開した。その被害は、約3,200人以上の死者と42,000人を超える負傷者を出したのである。

2 北アイルランド和平の挑戦

北アイルランド紛争をめぐる和平に向けた取り組みとして、1985年のアングロ・アイリッシュ協定、1993年12月のダウニング街声明、1995年2月の「合意のための新たな枠組」の提起、これに伴う「武装解除のための国際委員会」の設置と「北アイルランドの全政党による和平協議」（北アイルランド・フォーラム）の開催などがある。その到達点として、1998年4月10日、アルスター・ユニオニスト党（UUP）、社会民主労働党（SDLP）、シンフェイン党（SF）、連合党（APNI）、進歩ユニオニスト党（PUP）、北アイルランド女性連合（NIWC）、アルスター民主党（UDP）、労働連合（LC）の8つの政党とイギリス、アイルランド両政府は、ベルファスト（聖金曜日）和平合意に調

印することになる。

　その主な内容は、①ユニオニストとナショナリストによる権力分有型政府の設置、②単記移譲式比例代表制に基づく自治議会の設置、③プロテスタント系とカトリック系住民間のコミュニティ横断の合意形成の採用などを柱とするものであった。

　ここで、具体的に、両コミュニティ横断の合意をどのように実現するのかが問題となる。

　第一に、どのようにして各コミュニティの意思を議会に反映させるのか。ここで採用されている方法が、単記移譲式比例代表制（Single Transferable Vote, PR-STV）である。PR-STVは、政党を選択する名簿式ではなく、有権者は各自一票を各政党の候補者に対して投票する。その場合、有権者がそれぞれ最も好ましいと考える候補者を一位、その次に好ましいと考える候補者を二位と、一位から二位までの順位をつけて投票するのである。PR-STVにおいても、死票が生じることは避けられないが、一位ないしは二位の候補者のいずれかが当選する可能性が高いがゆえに、有権者の意思が議会に反映されやすい方法と考えられている。

　第二に、議会の意思決定にあたって、相対多数決による議決方式のほかに、二つの特別議決方式が採用されている。まず、その前提として、1998年に設置された北アイルランド自治議会の議員は、各々、ユニオニストまたはナショナリスト、あるいは無所属のいずれかのカテゴリーを選択し申告しなければならない。では、特別議決方式についてであるが、第一の方法は、「並行合意方式」（Parallel consent procedure）である。この方式は、①議会全体の相対的多数と、②ユニオニストおよびナショナリストの両陣営の中において、それぞれ相対的多数の賛成を必要とするものである。第二の方法は、「加重多数決方式」（Weighted majority）である。この方式は、議決にあたって、①出席した議会メンバーの60％の賛成を必要とし、②その内訳として、ナショナリストおよびユニオニスト双方の40％以上の賛成を要件としている。

　第三に、権力分有による自治政府はどのように編成されるのであろうか。まず、首相および副首相の選出については、ユニオニストとナショナリスト

によって構成されるものとされており、自治議会において、首相と副首相は一対のものとして指名され、信任投票にかけられることになる。この場合の議決方法は、上記の「並行合意方式」が採用されている。

閣僚の選出については、ドント式の比例配分方式に基づいて、議会内の議席占有率に比例した形で各政党に閣僚ポストが配分される。

最後に、議会内の多数派による意思決定の独占を回避する方法として、少数派の拒否権こそ認められていないが、少数派条項として、30名の動議により上記のいずれかの特別議決方式が採用されることになる。

このように、二つの特別議決方式と少数派条項によって、少なくとも「多数派の横暴」を抑止する仕組みが担保されていると言うことができる。

こうした制度上の取り決めにより、自治議会としての意思決定にあたって、諸政党間での交渉ないしは協力、ナショナリストとユニオニストとの協調の可能性が生じることになった。

しかし、統治のあり方を考える上で、組織、制度、手続きといった仕組みの面から捉えるだけでは十分とは言えない。そうした組織や制度が効果的に機能するためには、その背景となる理念や趣旨――この仕組みは何のために作られたのかということ――に従った適切な運営が求められるのである。それゆえ、統治のあり方を考える際には、同時に、それをどのように運営するのかという側面からアプローチすることが必要となる。

〔なお、北アイルランド和平についての詳細は、南野泰義「1998年『ベルファスト和平合意』の構造」(1)(2・完)(『立命館国際研究』第24巻第2号、第3号、2011年)を参照されたい。〕

4　「政治参加」とシティズンシップ教育――いかに政治と関わるのか

現代デモクラシーの課題として、今日の形式化したデモクラシーをいかに実質化するのかという問いがある。こうした問いに対して、人間の社会的な「疎外」を克服し、自由な生活を実現するために、主体的かつ能動的に「結びついた」個々人が政治に関与することに価値を見出そうとする参加デモク

ラシー（Participatory democracy）の議論がある。

　こうした市民の主体的な政治参加を強調する議論は、さらに熟議デモクラシー論（Deliberative democracy）や闘技デモクラシー論（Agonistic democracy）に展開していく。熟議デモクラシーは、「ごり押し」や「固執」や「論破」ではなく、自分の意見を明確に述べ、他者の異なる意見に真摯に耳を傾け、納得したり、自分の意見を修正したりして、合意点をつくっていくという点に特徴がある。デンマークの「コンセンサス会議」やイギリスなどに見られる「熟議世論調査」などがその具体例と考えられている。そして、闘技デモクラシーは、意見の違い、立場の違い、この差異こそが肯定されるべきものであり、対抗者という差異を正当なものとして承認しあうことこそがデモクラシーにとって必要であるとする点に特徴がある。ここで重視されていることは、数の論理の基づいた集計的な意思決定よりも、そのプロセスを重視するという方向性である。

1　政治参加と「民意」

　市民の政治参加を考える場合、多くの国々で採用されているものとして、代表制デモクラシー（Representative democracy）を前提にした選挙がある。だが、私たちを取り巻く社会環境として、派遣労働や非正規労働、長時間労働などの問題もあり、生活することに精一杯で政治に関心を持つ余裕のない、選挙に行けないという状況が存在している。また、ホームレスとなっていて住所がないために投票ができないという場合さえある。

　しかしながら、選挙の結果は、政府や地方自治体の行動に方向性を与え、これを正当化する機能を持っている。たとえそれが「民意」を反映しているとは思われないようなものであってもである。ジャン・ジャック・ルソー（Rousseau, Jean-Jacques）は、「イギリス人民は、自分たちは自由だと思っているが、それは大間違いである。彼らが自由なのは、議員を選挙する間だけのことで、議員が選ばれてしまうと、彼らは奴隷となり、何ものでもなくなる」（ジャン・ジャック・ルソー『社会契約論』岩波文庫、1954年、133頁）と言う。まさに「代表する者」と「代表される者」との関係を言い当てた一言である。

90年代以降、マニフェスト（政策プログラム）選択型の選挙が日本においても採用されるようになった。そして、このマニフェスト選択型選挙は、二大政党制の実現とともに政策選挙と政権交代を可能にする方策として理解されてきたところがある。しかしながら、マニフェストの選択といっても、食堂でいくつかの「定食」の中から一つを選ぶがごとく、パッケージ化されたものを選択するにとどまり、一つひとつの政策を吟味して選択することができない。

　しかも、小選挙区制の下では、各政党は無党派層や中間層などより広範な支持の獲得が必要となることから、有権者は政策間に大きな違いのないものを選択せざるを得ないことになる。結果として、政策ではなく、イメージに基づく人の選択や党首の選択に帰着することを余儀なくされる。つまり、マニフェスト選択型選挙のもとでは、多数派を勝ち取ったからといって、その政党の政策がすべて支持され、ストレートに「民意」を体現するものであるとは言えないのである。また、そもそも、選挙を通じた「民意」は、各人が抽象的な市民として持つ一票ずつの投票権を量的に寄せ集めた結果であることから、選挙方法によって「民意」の現れ方は異なってくるのである。

　イギリスでは、2010年の総選挙で保守党も労働党も過半数を獲得できず、単独で政権を担えないという、いわゆるハング・パーラメント（Hung parliament）の状況が発生した。この事態に、イギリスの二大政党制は多元化した社会の意思を反映しうるものなのかという問題が問われることになり、現行選挙制度の改革を求める動きが加速した。また、日本の衆議院選挙で採用されている小選挙区比例代表並立制についても、政権交代の可能性や政府のリーダーシップの確立という観点から評価し、比例代表区の縮小または廃止を求める意見がある一方で、小選挙区において、大量の死票が出ることと、相対多数を得た第一位候補のみが当選者となることから、社会に存在する多様な意思を反映することができないといった問題が指摘されている。

　今日の日本では、先にも触れたように、安全保障法制、原子力政策、米軍基地問題などをめぐって、直接的に「民意」を指し示そうとする市民運動が見られるようになっている。

2 レファレンダムとイニシアティブ

　スイスやイタリアのように、代表制デモクラシーを補完するものとして、直接的に有権者の意思を政策決定に反映させようとする仕組みを持つ国々がある。その方法として、レファレンダム（Referendum、国民投票制度）とイニシアティブ（Initiative、国民提案制度）という制度がある。レファレンダムは、議会で議決された法や政策の執行に対して、有権者に最終的可否権限を付与するものである。イニシアティブは、一定の有権者数以上の署名を要件として、憲法や法律の改正を有権者の側から提案することができる制度である。

　だが、ヨーロッパにおいては、レファレンダムを積極的に取り入れようとする国々は必ずしも多くない。その背景には、ナチス・ドイツ時代に、政府主導のレファレンダムが相次ぎ、政府の方針を正当化するために使われた経験や、個別利益・エゴに基づいた衆愚政治の回避といった考え方が存在しているからである。それゆえ、レファレンダムは、政府の政策を追認したり正当化したりするためのものではなく、代表制を前提としたうえで、あくまでも有権者の政治参加を補完する手段にほかならない。

　スイスでは、議会で議決された法や政策の執行に対する有権者の最終的可否権限としてレファレンダムが制度化されており、定期的に実施されている。同時に、有権者10万人以上の署名を要件に、有権者が連邦憲法の全面改正または部分改正の提案を行うことを可能にするイニシアティブ制度がある。

　こうした方法によって政治を動かした例として、イタリアにおける原子力発電所建設法廃止の事例がある。イタリアの制度では、50万人の有権者または5つの州議会が要求したとき、既存の法律の全部または一部の廃止を決定するためのレファレンダムを行うことができる。そして、有権者の過半数が投票に参加し、有効投票の過半数が賛成した場合に、対象となった法律の全部または一部の廃止が可能となる。原子力発電所建設法廃止の可否を問うレファレンダムは、その実施に向けた市民運動の取り組みを背景に、2011年6月12、13日に実施され、投票率54.79％で、94.05％の賛成票を得てこの法律の廃止が決定されたのである。

3　シティズンシップ教育と政治主体の形成

　最後に、政治参加の主体の形成という側面を見てみることにしよう。

　日本において、2016年の参院選から選挙権年齢が18歳以上に引き下げられるのに伴い、文部科学省は高校生の政治活動を条件付きで容認するとともに、総務省と共同で副教材を作成し、教育内容の基準を提示している。また、こうした政府の動きを受けて、京都市は、若者の政治離れを防ぐことを目的に、市立の小学校から高校までの各段階で、身近な地域課題をテーマにした授業や模擬投票などを含む選挙教育を行う方針を提示している。

　こうした課題は、欧米諸国においては、シティズンシップ教育（Citizenship education）として、学校教育に組み込まれつつある。たとえば、イギリスでは、2000年にシティズンシップ教育施行令が発令され、正課科目となっている。

　1998年にイギリス政府の諮問機関が提出した『シティズンシップ教育に関する諮問委員会報告』(Advisory Group on Citizenship, *Education for Citizenship and the Teaching of Democracy in Schools*, London, 1998.『クリック・レポート』）によると、今日のように、多民族、多文化状況の急速な進展の中にあっては、ボランティア活動など非政治的な地域活動も含めて、市民の多様な活動やつながり、それによって形成される市民相互の信頼関係こそが政治なるものの基盤となっていると述べられている。そして、シティズンシップ教育は、ボランティア活動や社会的支援活動などの非政治的な活動の中で獲得できる信頼や技能を政治のレベルに応用する力を養い、市民の政治参加のための知識・技能、および政府を監視するための知識・技能を学ぶことを目的としたものである、と定義づけている。

　だが、学校教育において、日本政府が求めるような不偏不党、公正中立の主権者教育ないしは選挙教育は本当に可能なのであろうか。そもそも中立とは、さまざまな意見や心情が存在することを前提に、政治的な妥協によって達せられるものである。それゆえ、はじめから中立という立場は存在するものとは言えない。学校教育の中で政治を扱うことについて、マックス・ウェーバーは次のように警告する。教室の中で教師に求められることは、生

徒・学生に対して、ある政治的事象に関して、客観的事実を装って科学と称して、自分の主義・主張（「実践的評価」＝自己の評価に基づく態度決定）を語ることではない。何よりも大切なことは、現実に存在する諸課題に対して率直に向き合う姿勢、すなわち個人的には不都合な事実をも含めて、目の前にある事実を何よりもまず認めることであると（マックス・ウェーバー『社会学・経済学の「価値自由」の意味』日本評論社、1972年、26-28、38頁）。かくて、教師には、事実を事実として認識することと、それに対する「実践的評価」を区別することが求められるのである。政治を学ぶということは、学生・生徒が一人の市民として、主体的に政治に関わることのできる力を体得することである。それゆえ、政治を学ぶ学生や生徒には、科学的な方法によって明らかにされた事実に対して、これをどのように評価するのかを自分自身で考える機会が保障されてなければならないのである。

　かくて、主権者教育あるいはシティズンシップ教育について考える場合、まずは、その主体は誰なのか、またそれは何のために行われるものなのかを問う必要があろう。

まとめに代えて

　以上、人間が政治に関わるということは、どういうことなのかについて考えてきた。人間が政治に関わるとき、何のために関わるのかという点で、そこには、自己を取り巻く社会的諸問題の解決や理想とする社会の創造といった何らかの心情や目的が存在する。それはすべての人間が持ちうるものである。それゆえ、政治に関わることは、何が何でもその理想を実現することでも、成果を挙げることでもない。政治を「共存のための術」としてとらえたとき、むしろ理想への情熱が本物であればあるほど、それだけ政治に対するリアルな認識が必要とされる。つまり、ある個人にとって都合の悪い事実や意見があっても、これを受け止め、自己の心情を相対化し、合意を創り出していくリアリティが求められるのである。

　最後に、デモクラシーとナショナリズムは、いずれもポジティブな側面と

同時にネガティブは側面を合わせ持つものであった。デモクラシーはそれ自体、「善き統治」と同一視することはできないし、ナショナリズムにしてもデモクラシーにまったく対立するものではなく、むしろデモクラシーと結びついて展開してきたとさえ言える。そして、デモクラシーにせよ、ナショナリズムにせよ、政治共同体の中で多様な意思の存在や文化の多様性に対して不寛容となり独善に至ったとき、他者に対する排除や抑圧といった人間の自由と生命を脅かすものとして立ち現れてくるのである。ここで問われていることは、人間にとっての「善き統治」とは何か、これを展望するうえで、私たちがどのように「政治」に関わり、そのためにどのような能力（=政治的リテラシー）が求められるのかを考えることなのである。

〔参考文献〕

マックス・ウェーバー（脇圭平訳）『職業としての政治』岩波書店、1980年
　「政治」、「権力」、「支配」、「正統性」、「国家」に関する基本的なとらえ方と政治に携わる者に求められる資質について論じた古典的名著である。

バーナード・クリック（添谷育志・金田耕一訳）『デモクラシー』岩波書店、2004年
　統治の原理、制度上の仕組み、人々の行動のあり方という側面から、共和主義や自由主義との関係、デモクラシーとポピュリズムとの関係など、デモクラシーが持つ現在的意味について論じた入門書である。

バーナード・クリック（関口正司監訳）『シティズンシップ教育論 ── 政治哲学と市民』法政大学出版局、2011年
　イギリスにおけるシティズンシップ教育の必須化を通して、政治に参加し政府を監視する市民の育成に必要な「シティズンシップ教育」のあり方について論じた専門書である。

佐藤成基編『ナショナリズムとトランスナショナリズム ── 変容する公共圏』法政大学出版局、2009年
　ネイションやナショナリズム概念をめぐって、これまでのナショナリズム研究の到達点を批判的に整理し、新しい研究動向について論じた研究書である。

アレンド・レイプハルト（粕谷祐子訳）『民主主義 対 民主主義 ── 多数決型とコンセンサス型の36ヶ国比較研究』勁草書房、2005年
　ウエストミンスター型とコンセンサス型という二つのデモクラシーのタイプを対

比して、現代政治におけるコンセンサス型の持つ意義について論じた比較政治学の専門書である。

丸山眞男『政治の世界　他十篇』岩波文庫、2014年
「政治なるもの」をどのように理解するべきなのかという観点から、政治学の特性と方法、その基礎概念について論じたやや専門的な入門書である。

牧野雅彦『共存のための技術 ── 政治学入門 』大学教育出版、2008年
マックス・ウェーバーとバーナード・クリックの議論をもとに、「政治なるもの」の本質を「共存のための術」としてとらえ、政治と政治学の関係について論じた入門書である。

第8章　地球環境問題と国際関係

大島　堅一

> **〈 本章のねらい 〉**
>
> 「環境問題をいくつか挙げてみなさい」と問われて、一体何を思い浮かべるであろうか。気候変動問題、オゾン層破壊、ゴミ問題、自然破壊など、イメージする環境問題は、個人の関心や経験によってさまざまである。すべての人に共通しているのは、社会が高度に発達したにもかかわらず、環境問題は未解決のままであるという認識である。いや未解決どころか、グローバル化が進むにつれ、一層深刻さの度合いを増している。
>
> 実際、地球環境の現実は、崩壊寸前にまできている。にもかかわらず、具体的な対策は遅々として進まず根本的な解決がされていない。国際的環境問題を解決するための世界政府が成立することは、現実にはすぐには実現不可能である。わたしたちは、深刻な現実を目の前にして一歩一歩着実に環境保全のための国際関係を構築していくしかない。
>
> わたしたちはこれからの時代を「環境崩壊の時代」とするのであろうか。それとも、これまでの社会の発展パターンを変え「環境保全の時代」にできるであろうか。環境問題のすべてにあてはめられるような万能薬は存在しない。扱う問題が違えば、方策も異なる。
>
> 以下では、まずは現代の環境問題の特徴を把握し、そのうえで、地球環境問題を解決するためのこれまでの取り組みを見ることで、今後の国際関係のあり方について考えていくことにしたい。

キーワード　環境問題の国際化、国連人間環境会議、持続可能な発展、国連環境開発会議、地球環境ガヴァナンス

1　環境問題の国際化

1　環境問題の種類

　環境問題は多様である。古典的問題としては、第二次世界大戦以前は足尾鉱毒事件、戦後の高度経済成長期の日本の四大公害（水俣病、新潟水俣病、四日市ぜんそく、イタイイタイ病）といった〈汚染問題〉がある。〈汚染問題〉は、汚染物質が環境中に放出され、それが生態系を破壊したり、人間の健康・生命を破壊したりする社会現象のことを言う。これらの汚染問題は、ときに人の死という最も激しい被害をもたらした。こうした汚染問題は、途上国ではまさに現在進行形で起こっており、発展著しい中国では、かつてない規模と深刻さで汚染が広がっている。もちろん、先進国でもハイテク汚染などに形を変えて汚染問題は続いている。

　このような〈汚染問題〉のほかに、環境問題には、経済開発によって直接に自然を破壊する〈自然破壊〉、歴史的景観や町並みを破壊する〈アメニティー破壊〉がある。前者は、自然的ストックの破壊、後者は歴史的ストックの破壊である。自然破壊は、ゴルフ場などのリゾート開発のような経済開発によって引き起こされるだけなく、道路や軍事基地の建設といった国家による活動によっても引き起こされる。また、〈アメニティー破壊〉は、都市の再開発によって引き起こされることが多い。

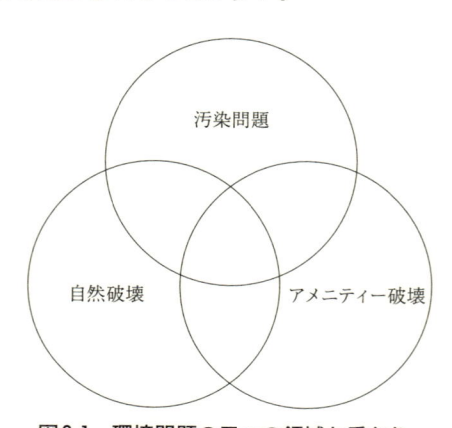

図8-1　環境問題の三つの領域と重なり

今日の問題は、汚染問題、自然破壊、アメニティー破壊のそれぞれが重なり合い、複雑化し、被害がかつてない規模にまで大きくなっていることに特徴がある（図8-1）。多様化する環境問題を解決するには、その原因を把握することが必要である。

2　環境問題の原因

では、環境問題が発生する根本的原因はどこにあるのだろうか。原因をとらえる考え方には大きく二つあるだろう。一つは、人間活動そのものが原因となっているという考え方である。このような考え方をとれば、人間活動の物的規模そのものに問題があり、環境問題の解決のためには縮小する必要があるということになる。そうなると、環境問題を解決するには、現代的生活をやめ石器時代に戻らなければならないとか、マルサス主義のように人口を大幅に減少させなければならないという極端な考え方に行き着いてしまう。

もう一つの考え方は、環境問題を引き起こす経済的構造にこそ原因があるとみるものである。この考え方に基づけば、今の経済的構造こそが環境問題の原因なのであるから、経済的構造を根本的に変えない限り、環境問題の解決ができないということになる。

だが、現実に環境問題を解決しようと考えれば、どちらか一方の考え方に立てばよいというものではないことがわかるし、そもそも効果があるまでどちらか一方の対策だけをとるのには無理がある。このことは具体的な環境問題を思い起こせばと容易にわかるだろう。

たとえば、気候変動問題を例にとれば、温室効果ガスの排出量を減らすためには、エネルギー消費という観点から見た人間活動の物的水準そのものを低下させることが必要である。

だが、単純に物的水準だけに問題の原因があるのだろうか。実際には、温室効果ガスを大量に排出してしまうようなエネルギー利用のあり方にも原因がある。気候変動問題は、化石燃料（石油、石炭、天然ガス）を大量に消費するエネルギー利用のあり方に原因がある。そうであれば、二酸化炭素の排出削減を達成するには、人間社会の経済的構造の中身の変更もまた必要になる。

つまり、いずれかのアプローチに偏らず、環境問題の原因を探り、両者を総合した対策を講じる必要がある。

3 環境問題の国際化

今日の環境問題の難しさは、多くが国際化していることにある。国際化は、次の三つの点で進んでいる（**表8-1**参照）。

第一に、国内での汚染が拡大し、国外に被害が及ぶようになるという意味での国際化が進む。環境問題を解決するためには、規制を含む対策が総合的にとられる必要があるのはどの問題でも同じである。だが、被害国にとっては、対策を実行しようにも環境問題の原因が国外にあるのだから、自国の政策では対処できない。このとき国家間の政策の調整が必要となるものの、対策が適切にとられるとは限らない。

第二に、原因が国際化しているという点である。これは、経済のグローバル化とともに主に起こる現象である。経済のグローバル化は、人やカネの移動が国境を越えて自由に起こることである。経済のグローバル化は、貿易と資本輸出の双方で起こる。これによって、原因構造が国際化する。また、軍事活動のグローバル化も国際的環境問題を引き起こす。たとえば、ある特定の国家が外国で軍事活動を行ったとき、戦場での環境が著しく破壊される。

第三に、原因と結果いずれもが国籍に関係なく地球規模の環境問題の原因

表8-1　国際的環境問題の種類と構造

環境問題の種類	原因		結果	具体例
越境型の広域環境汚染	国内汚染の地理的拡大		国外	大気汚染の拡大、酸性雨、国際河川・湖沼の水質汚染、原発事故
公害輸出	経済活動の国際化	モノ（財）の輸出入	国外	一次産品輸出国における自然破壊
国際分業を通じた環境問題		資本輸出（直接投資）	国外	直接投資先の国内での環境問題
軍事環境問題	軍事活動の国際化	軍事活動	国外	軍事基地周辺・紛争地域での環境破壊
グローバル汚染	地球規模		地球規模	気候変動問題、オゾン層破壊など

出所）筆者作成。

となるという意味での国際化である。この典型は、地球温暖化問題である。この問題では、温室効果ガスを排出する活動は特定の国のみが行っているわけではない。また被害も同様に、地球規模に広がっている。

　以上のように、原因と結果に着目しながら国際的環境問題を見ると、問題の構造を理解しやすくなる。次節では、より詳しく、国際的環境問題の内容について述べていこう。

2　国際的環境問題の類型

　国際的環境問題をより具体的に見ると、①越境型の広域環境汚染、②国際分業を通じた環境問題、③公害輸出、④軍事活動による環境問題、⑤グローバル環境破壊がある。以下、簡単にそれぞれの特徴と解決策をみていくことにする。

1　越境型の広域環境汚染

　地球環境問題の第一の問題群は、越境型の広域環境汚染である。この問題群は、原因は一国内にありつつも、汚染が国境を越えて広がり、被害が国際化するところに基本的特徴がある。つまり、結果の国際化である。かつての公害問題が地域レベルや国家レベルにとどまり、国境を越えることがまれであったのに対し、汚染規模が拡大したため国境を越えるに至ったものである。

　越境型の広域環境汚染は、先進工業国の発展段階、つまり1960年代には国際河川・湖沼の水質汚染、酸性雨問題といったかたちで欧米において発生し、今日では途上国にも広がっている。典型的な事例として挙げられるのが、ヨーロッパや北アメリカにおいて広がった酸性雨、ライン川やメコン川などの国際河川における汚染や自然破壊である。また、1986年に旧ソ連で起こったチェルノブイリ原発事故もまた地球規模の放射能汚染を引き起こした。2011年に起きた東京電力福島第一原子力発電所事故では、大気だけでなく、海洋に高濃度の汚染水が流れ出し、中国や韓国などの近隣諸国からも懸念の声が上がった。

地球規模での放射能汚染をもたらしたチェルノブイリ原発事故は、その後の世界の環境政策に与えた影響はきわめて大きかった。原発は一旦炉心が破壊されるような大事故が起こると、放射能汚染は一国にとどまらず国境を大きく越える。欧州諸国では非常に大きな原発反対運動が起き、ドイツでは緑の党が勢力を伸ばすきっかけになった。チェルノブイリ原発事故のインパクトは大きく、地球環境問題に対して世界的な関心が高まる大きな契機ともなった。

日本周辺でも越境型の広域環境汚染が実際に起き、国際油濁補償基金条約という国際条約の枠組みのもとで損害賠償が行われたケースがある。1997年におきたナホトカ号重油流出事故は、海を挟んで各国と接している日本にとって重要な教訓をもたらした。この事故は、島根県壱岐島沖の日本の領海外でロシア船籍のナホトカ号によって引き起こされたものであった。領海外であったため、日本の領海を管理している海上保安庁がナホトカ号に対して必要な措置をとることができず、被害を拡大させた。

事故の背景には、ソ連崩壊後、日本近海はタンカーによる油輸送が頻繁になされている海域となっていたということがある。また、中国、韓国等の経済成長の結果、潜在的に事故発生の危険性が高まっていた。にもかかわらず、ナホトカ号事故が起こる以前は、ロシア等の日本海周辺諸国と日本との間には、重油流出事故をはじめとする大規模汚染が起こった際の協力体制がまったく構築されていなかった。これは、汚染被害拡大の制度的要因である。

自然環境のどこを見ても国境というものは見えないし、自然的現象として国境があるわけではない。越境汚染を困難にしているのは、大気や国際河川という環境上のつながりが国境を越えているにところにある。この問題では、加害者（原因者）と被害者とが別の国に属している。被害をなくすためには加害者に対して何らかの措置を講じる必要がある。しかし、加害者は、自国に存在しないため、被害国の政府が対策を講じることができない。

環境は、国家の枠組みを超えて一つのものとして管理するのが合理的である。だが、国家の利害調整という枠組みの中では、環境を連続性のある一体のものとして管理することが難しい。つまり、環境も環境問題も国境を越え

て発生しているにもかかわらず、対策は、各国の国家レベルにとどまってしまう場合が多い。

　この種の問題群に対処するためには、汚染に関する情報の共有と、汚染防除についての国際的な協力体制、さらには被害が起きた場合の国際的な被害補償システムを整備する必要がある。ヨーロッパの酸性雨問題に対処するためにつくられた長距離越境大気汚染条約（LRTAP: Convention on Long-Range Transboundary Air Pollution）と、そのもとに1983年につくられたヘルシンキ議定書、1998年につくられたソフィア議定書は、多国間で原因物質の削減目標が策定された好例である。

2　国際分業を通じた環境破壊

　第二の地球規模の環境問題群は国際貿易を通じた環境破壊である。第三の問題群が主に投資活動をめぐる問題であるのに対し、この種の問題は、先進国と途上国の間の国際分業と、それに伴う国際的なモノ（財）の移動によって発生する。

　典型的な問題として挙げられるのが、木材の国際貿易による熱帯林破壊、エビ等の一次産品の貿易に伴う自然資源の収奪問題である。鶴見良行の『バナナと日本人』や村井吉敬の『エビと日本人』に見られる研究は、日本が高度成長を経て一次産品を外国に依存するようになった結果、産地である途上国で環境問題を含むさまざまな問題が発生していることを明らかにした。先進国が途上国の自然資源を収奪していく構造は、現在も基本的に変わっていない。

　モノの貿易に関連する問題で注目されるようになっている問題は、先進国から途上国への有害物質の移動である。よく知られているのが、1988年にイタリアからナイジェリアのココにPCB等が含まれる有害廃棄物が輸出された事件である。こうした有害物質の越境移動問題に対処するため、1992年に制定されたバーゼル条約（有害廃棄物の国境を越える移動及びその処分の規制に関するバーゼル条約）によって、有害廃棄物の発生国内での原則的処分と移動する場合の適正処分が規定された。ただし、リサイクル目的の廃棄物輸

出は禁止されていない等の問題があるため、さまざまな環境問題を引き起こしている。たとえば、廃カー・バッテリーを輸入し、そこから鉛を回収する台湾の工場周辺にある幼稚園では園児の知能指数が低下するなどの被害が出ている。また、インドネシアやタイでも鉛リサイクル工場による大気汚染問題が発生している。

　先進国と途上国の間の国際貿易によって発生する環境問題を解決するためには、国際貿易そのものを環境保全型につくりかえ、むしろ国際貿易を進めることと環境保全が少なくとも矛盾しないように方向付けることが必要である。今のところ、環境関連の国際条約が国際貿易について規制しているのは、上記のバーゼル条約をはじめ、「絶滅のおそれのある種の国際取引に関する条約」（ワシントン条約）やモントリオール議定書など特定の環境問題やそれに関連するモノの取引を禁止するものである。ワシントン条約は野生生物の取引の規制、モントリオール議定書はオゾン層破壊物質であるフロン等の取引を規制している。ところが、ここで見たように、貿易で扱う財は多種多様であるにもかかわらず、貿易を環境保全の立場から貿易システムそのものをコントロールするための制度や枠組みはいまのところ存在していない。

　通常の貿易とは異なり、途上国の人々の生活を助け、環境破壊も行わない貿易を目指した運動も草の根レベルで取り組まれるようになり、次第に大きな役割を持つようになってきた。これらは、フェア・トレードとよばれる運動で、欧米では実績がある。ただし、これらの運動も、巨大な国際貿易からすればまだまだ十分な力を持っているとは言えない。いずれはケースバイケースではなく、国際貿易のシステムそのものを環境保全の観点からコントロールする国際的な枠組みが必要となってくるだろう。

3　「公害輸出」による環境破壊

　第三の問題群は、「公害輸出」による環境破壊である。これは、文字通り国境を越えて自由に移動できる主体（多国籍企業）が登場する現代資本主義において初めて本格的に発生するようになった。

　多国籍企業の活動に伴い環境問題が発生する直接的原因は、先進国と途上

国の間の環境規制や環境基準の違い、いわゆる「ダブルスタンダード」である。一般に、先進国の環境基準は厳しく、途上国のそれは緩い。そのため、投資が行われる際、投資主体は、途上国の緩い環境基準に適合したかたちでしか対応しない。その結果、途上国において公害・環境問題が発生する。また、最近では、先進国企業は直接生産を行わず、途上国の地場資本と契約を結び、これに基づいて製品のみ受け取っている。こうした形態が一般的になれば、直接の生産は途上国企業が行うことになり、ダブルスタンダード問題は表に現れにくくなる。

　公害輸出の古典的事例は、1984年におこったインドのボパールで起きた化学工場爆発事故である。この事件は、この種の問題の最初の事件の一つである。この事件では、アメリカの企業のユニオン・カーバイド社が、先進国では規制が厳しく貯蔵することのないメチルイソシアネートを液状で大量に保管していたため、それが水と反応して有害ガスが発生し、近隣住民の2,500人を被曝後1週間のうちに死亡させた。操業企業のユニオン・カーバイド社は、事故後、インド政府との間で補償についての合意をとりかわし、ボパールから撤退した。しかし、現実には事故を発生させた工場は除染されず、4,000トンもの化学物質が未処理のまま残されている。また被害者への直接的な被害補償や医療保障もほとんどなされていない。

　この種の問題に対処するためには、国境をまたぐ投資（直接投資）を環境保全の観点から規制することが必要である。具体的には、多国籍企業やODA（政府開発援助）などの国際直接投資活動の管理である。各種の国際援助機関が実施する開発については、先進国の援助活動がかえって地域の人々の生活や環境を破壊しているという批判の声におされ、環境社会配慮確認の手続きが取られるようになっている。また、環境保全に役立つ事業への投資が積極的に行われるようになっている。

　国際資金の流れは公的資金だけではない。投資の流れは、公的資金よりも民間資金の方が圧倒的に多い。こうした民間資金による投資活動については、環境保全のための適切なコントロールは十分に行われているとは言えない。

　たとえば、多国籍企業に対する環境規制は、もっぱら投資受け入れ国（多

くが途上国）が行っていて投資国側には規制がない。またそもそもグローバル化が進展すると、多国籍企業は国の論理とはまったく独立に意思決定を行うようになるので、先進国であっても一国の取り組みでは規制がうまく働かない。現状では、国際直接投資を環境保全の立場から規制する国際的枠組みは整備されていない。

　むしろ、途上国は多国籍化した資本の受け入れに積極的である。こうした流れは多国籍企業に対する規制強化の観点とは逆行している。資本受け入れにあたって、環境規制を緩和すのではなく、逆に、「公害輸出」を防止するための国際的措置が適切に組み込まれる必要がある。

4　軍事環境問題

　第四の問題群は、主にアメリカが唯一の覇権国として世界規模で行っている軍事行動によって発生する環境問題である。この問題は、冷戦体制消滅以降、特に顕著になってきたもので、今日のアメリカ中心のグローバル化を強く反映している。

　軍事活動に伴う環境問題は、軍事基地建設、平時の軍事基地のオペレーション、軍事訓練・演習等の戦争準備、実戦と4つの局面で進行する。軍事活動は、環境に配慮しながら行われることは基本的にない。むしろ、実戦にあたっては、軍事施設や工場、発電所等が対象となる。これらの施設は、化学物質、重金属、弾薬、油等、各種の染物質が大量に保管されている。攻撃に用いられる弾薬そのものも汚染物質である。そのため、実戦では、ピンポイント攻撃などによって人的被害が仮にない場合があったとしても、大量の汚染物質が周囲に拡散する。

　究極の環境破壊は核兵器の使用に伴う生態系の完全な破壊だが、そうした極端な例をだすまでもなく、通常兵器であっても汚染被害は深刻である。特に、イラク戦争や湾岸戦争等で使用されたとされている劣化ウランは、重金属毒性と放射能毒性の二重の汚染物質で、長期の汚染被害が懸念されている。何人かのジャーナリストや平和運動に携わる市民によって、その被害の一部が明らかにされているが、その本格的調査はまだ進んでいないのが現状であ

る。

　だが他方で、近年軍事活動がもたらす環境破壊が通常の経済活動に伴うもの以上に深刻であるということを反映して、国連環境計画（UNEP: United Nations Environmental Program）が、戦争によって引き起こされた環境破壊の調査をするようになってきたことは注目に値する（http://www.unep.org/disastersandconflicts/）。まだ事例は少ないものの、ボスニア紛争、アメリカによるアフガニスタン攻撃、イラク戦争等に関していくつかのレポートがまとめられている。

　軍事環境問題は、調査がほとんどなされていないことに加え、被害者救済がなされないことにも特徴がある。アメリカが1991年の湾岸戦争時に使用した劣化ウランにより、すでに白血病をはじめとする健康被害が多数出ているとされているが、アメリカはこれに対して被害補償をしていない。ベトちゃんドクちゃんで知られる二重胎児等の被害や自然破壊を引き起こしたベトナムに対してもアメリカは補償をしていない。

　環境問題の費用負担の原則に「汚染者負担原則」（PPP: Polluter Pays Principle）がある。これは、OECDが1972年に提示したもので、もともとは環境汚染関連コストを誰に負担させるのかによって国際競争上の歪みが生じないよう、汚染者に一義的に費用負担させることを目的としたものだった。今では、この原則は環境費用負担の原則となっている。ところが、軍事活動にともなう環境破壊については、この汚染者負担原則が全く適用されていない。この傾向は、国際的問題になればなるほど、深刻な問題になればなるほど、そうした傾向が強い。軍事であれ何であれ、環境破壊を行った者が環境費用を支払わなくてよいとする合理的根拠はまったく存在しない。今後は、環境被害の全容解明とともに、それに基づく汚染者責任の明確化と費用負担が国際的になされていくべきである。

5　グローバル環境破壊

　第五の類型はグローバル汚染で、人類が前提としてきた地球環境そのものの汚染と破壊である。典型的な問題として、気候変動問題、オゾン層破壊問

題、地球上の生物多様性の喪失等が挙げられる。これまで述べてきた四つの環境問題群がすべて解決したとしても、この環境問題が解決できなければ地球環境の維持は達成できない。その意味で、究極の環境問題とである。

　グローバル環境破壊は人間の生涯を大きく超える期間にわたって影響を及ぼすことに特徴がある。この問題のさらに深刻な点は、被害が出るのは将来なのに対して、被害が起こる前に世界規模で対策が行わなければならないということである。

　2015年12月に気候変動枠組条約第21回締約国会議で採択されたパリ協定が、そのことを表している。注目すべきは、パリ協定第2条で産業革命以前からの気温上昇幅を2度未満に抑えるとする目標と、それに加えて1.5度未満にするという努力目標とが含まれたことである。これは気温上昇を2度ないし1.5度以内に抑えなければ、地球環境に破局的変化をもたらす可能性が高いという科学的評価を根拠としている。

　さらにパリ協定第4条では、今世紀の後半には、世界の温室効果ガスの純排出量をゼロまたはマイナスにしなければならないとされている。気温上昇をもたらす主な原因となっているのは、言うまでもなく、化石燃料燃焼に伴う二酸化炭素の排出である。パリ協定を達成するには、化石燃料消費を含む温室効果ガスの総排出量を増加から減少に転じさせ、さらにゼロに近づけ、総排出量から吸収量を差し引いた純排出量をゼロないしマイナスにしなければならない。

　人類に残されている排出量には限りがある。IPCC第5次評価報告書によると、累積排出量と気温上昇幅は比例関係がある。気温上昇幅を2度未満に抑えるためには二酸化炭素の累積排出量をおよそ2兆9,000億トン程度にしなければならない。同報告書によれば2011年までの累積排出量は1兆8,900億トンである。したがって、人類には残り1兆100トン程度しか猶予がない。

　気候変動問題の原因である化石燃料資源の利用に大きな歯止めをかけたのがパリ協定である。このことは、人類の資源利用に重大なインパクトをもたらす。今後、パリ協定が実効性をもつ枠組みになるかどうかで、長期的な気候変動防止の成否が決まってくるだろう。

3　国際的環境問題をどのように解決すればよいか

1　国際的環境政策の始まり

　国際的環境問題は、その性質上、一国のみで解決することができない。そのため、環境問題の国際化に合わせて〈環境政策の国際化〉が進められる必要がある。特に、地球規模の問題に対処するためには、地球規模の政策や制度が構築されていなければならない。これは、国内的問題については、国が法律を定め、実行にしていくのと同じである。

　ところが、現時点では地球レベルで政府が存在していない。これは、国レベルでの環境政策が各国政府のもとで実施されるのに比べて、著しい相違である。

　また、環境政策を総合的に扱う強力な国際機関も存在していない。国連のUNEPは、強制力を伴う機関とは言えない。環境問題が国際化、グローバル化しているのとは対照的に、環境政策の国際化、グローバル化は十分ではない。

　地球環境問題に本格的に取り組むには、地球規模で整合性のとれた環境政策が実施される必要がある。各国の取り組み、あるいはEUで進められている多国籍の取り組みも、地球規模の統合的な政策に位置づけられて初めて本来の役割を発揮する。その意味で、本格的な地球環境政策の歴史は、ようやく始まったばかりである。

　地球環境は人類の生存基盤であり、将来にわたって維持される必要がある。地球環境保全の必要性についての認識は、国際社会の中ではじめから共通に存在していたわけではない。環境問題が国際化しつつ深刻化し、文字通り地球規模の問題として顕在化してくるにつれ、国際会議などの場を通じて徐々に共有されていった。特に、国連人間環境会議からはじまる一連の国際会議とそこで形成された国際的合意は重要な意味を持っている。

　1970年代には、自然環境保護や大気、海洋環境の保全と利用に関する条約のいくつかが結ばれている。代表的なものは、「特に水鳥の生息地として国際的に重要な湿地に関する条約」（ラムサール条約、1971年）、「廃棄物その他の物の投棄による海洋汚染の防止に関する条約」（ロンドン条約1972年）、「船舶に

よる汚染の防止のための国際条約」(マーポール条約、1973年) などである。また、タンカー事故による国際的汚染の広がりを反映して、国際的に損害賠償を進めるための国際油濁補償基金条約 (1971年) も策定された。

2　国連人間環境会議 (1972年)

　1950年代以降の先進国の経済発展の結果、各国で深刻な公害問題が発生するとともに、大量生産・大量消費による資源枯渇の懸念が急速に広まった。これは、先進国型経済発展によって地球環境が危機に陥ったことを示すものだった。この時期、世界的にも強い影響力を持った著作に、レイチェル・カーソンの『沈黙の春』(1963年)、ローマ・クラブの『成長の限界』(1972年) などがある。これらの著作の警告を背景に、地球環境破壊に関する強い懸念がうまれ、これに関する議論を国際的に行うべきであるという認識が広まった。こうして、環境に関する最初の国際会議である国連人間環境会議 (United Nations Conference on the Human Environment) がスウェーデンのストックホルムで1972年に開催された。

　しかし、このときの地球環境に対する国際的認識は不十分なものだった。特に先進国と途上国の間での溝は深かった。途上国にとって、この時期の最大の課題は貧困の克服だった。そのため途上国は、自国に縁のない環境問題に関する国際会議には消極的であるばかりか、環境問題に関する国際的規制が設けられ、途上国の経済発展に制約がかかることを危惧した。その結果、同会議では、経済発展と環境保全のどちらを優先すべきかということが議論の争点となってしまった。

　他方で、先進国も、環境問題に関して具体的な行動を地球規模でとることに対しては積極的とは言えなかった。その結果、国連人間環境会議は、地球環境問題の解決に向かう新たな枠組みの形成には至らなかった。

　ただし国連人間環境会議が、環境問題を国際的な議題として取り上げ、共通認識を形成する最初の機会となったことは重要である。同会議では、「人間環境宣言」(ストックホルム宣言) がまとめられた。同宣言には、環境保護と経済発展の必要性が両論併記的に述べられているという限界はあるものの、環

境保全に関連する8つの原則と26の宣言が含まれていた。

　具体的には、環境保全が人々の福祉と経済発展に影響を及ぼす課題であり、対策が必要であること、途上国では環境問題の大部分が低開発から生じるものであること、人口増加に対する適切な対策がとられる必要があること、途上国の環境政策実施のための資金調達が必要であることなどである。

　また、国連人間環境会議がきっかけとなって、先進国間で越境汚染に対応する国際的対応が進んでいったことも重要である。こうした越境汚染をめぐる国際的対応の経験が、後の地球環境政策の形成に大きな影響を与えた。

　加えて、環境問題を扱う専門的な国際機関であるUNEPの設立も合意された。この合意に基づき、1972年12月の国連総会においてUNEPが設立された。ただしUNEPは、追加的資金供給をためらう先進国と、経済開発を優先したい途上国の双方の思惑もあり、国連規模で環境政策を進めるための強力な機関とはならなかった。以上のように、1970年代は、本格的な地球環境政策の形成にはつながらなかった。

3　「持続可能な発展」概念の登場（1987年）

　国連人間環境会議の教訓は、経済発展と環境保全の関係を明確にする必要があるということだった。経済発展と環境保全が相互に対立するものとしてとらえるのではなく、これらを統一的にとらえる必要性があった。

　この点に関して重要な役割を果たしたのが、1983年に設置された「環境と開発に関する世界委員会」(World Commission on Environment and Development: WCED。議長のノルウェー首相・ブルントラント氏の名をとって「ブルントラント委員会」と呼ばれる）だった。ブルントラント委員会が1987年に公表した報告書『我ら共有の未来』（*Our Common Future*）では、後に地球環境問題の最重要な考え方となる「持続可能な発展」の概念が提唱された。

　同報告書では「持続可能な発展」を次のように定義している。すなわち、「将来世代が自らの必要（needs）を満たす能力を損なうことなく、現在世代の必要を満たすこと」であるとしている（WCED, 1987, p.43）。この定義における「必要」(ニーズ) については、「『ニーズ』という概念、とりわけ世界の貧

困な人々にとって不可欠なニーズに対しては、最優先されなければならない」としている。つまり、現世代と将来世代との間の衡平性を確保することと、貧困を解消（先進国と途上国の南北格差の解決）することを同時に達成する発展が「持続可能な発展」であり、それこそが世界に求められているとしたのである。

この「持続可能な発展」概念によって、地球環境問題の解決にとって問われているのは、経済発展のあり方そのものであることが明示された。環境問題の解決と経済発展は根本的に矛盾するようなものではなく、経済発展のあり方を変えれば、環境問題は解決できるという考え方に変わったのである。

4　国連環境開発会議（1992年）とその成果

「持続可能な発展」の概念は、1992年にブラジルのリオデジャネイロで開催された国連環境開発会議（United Nations Conference on Environment and Development: UNCED。開催地のブラジル、リオデジャネイロにちなんでリオ会議と呼ばれる）に引き継がれ、地球環境保全の最重要原則となっていく。

国連環境開発会議では、「持続可能な発展」を実現するための27の原則をまとめた「開発と環境に関するリオ宣言」（以下、リオ宣言）、具体的な政策を示した行動計画としての意味を持つ「アジェンダ21」、「森林原則声明」が採択された。

このうち、リオ宣言では、持続可能な発展（原則3）、「共通だが差異ある責任」（原則7）、予防原則（原則15）といった重要な原則が明記され、同会議以降、国際環境条約では基本原理として組み込まれるようになっている。

まず「共通だが差異ある責任」について、リオ宣言では「地球環境の悪化に対する異なった寄与という観点から、各国は共通だが差異ある責任を負う。先進諸国は、彼らの社会が地球環境にもたらす圧力、および彼らが支配する技術と財源の観点から、持続可能な発展の国際的な追求において負う責任を認識する」とされている。この原則は、先進国と途上国との間で、厳然たる格差、南北問題が存在していることを背景に、環境問題に対する責任の程度が異なることを示している。これは、地球規模で環境政策を実施していくう

えでも現実に影響を与えている。

　「共通だが差異ある責任」という概念が組み込まれている国際環境条約の例に、気候変動枠組条約 (United Nations Framework Convention on Climate Change: UNFCCC) がある。「共通だが差異ある責任」が組み込まれているために、国際的に温室効果ガス削減を初めて国際的に義務づけた京都議定書においては、途上国は温室効果ガス削減義務が課せられなかった。

　次に、「予防原則」について、リオ宣言では「環境を保護するために、予防的アプローチは、各国によってその能力に応じて広く適用されなければならない。重大または回復不能な損害の脅威が存在する場合には、完全な科学的確実性の欠如が、環境悪化を防止するための費用対効果の大きい対策を延期する理由として使用されてはならない」とされている。この原則に基づき、現時点で発生していないが将来発生する可能性があるという特徴を持つ地球環境問題への対処がなされるようになっている。

　一方、「アジェンダ21」は、環境保全と発展を統合的に実現するための40章からなる膨大な行動指針である。この「アジェンダ21」を基礎に、1992年の第47回国連総会決議により「持続可能な開発委員会」(Commission on Sustainable Development: CSD) が設置され、「アジェンダ21」の実施状況の精査、各国政府の活動についての情報の検討、資金源およびメカニズムの妥当性についての見直し、環境関連条約の実施状況の検討等を行うこととされた。

　また、国連環境開発会議では、1992年5月に採択された気候変動枠組条約、生物多様性条約の署名が開始された。以上のように、国連環境開発会議は地球環境政策の幕開けとなる重要な役割を果たした。今日ある地球環境問題関連の条約や国際的枠組みは国連環境開発会議をきっかけにつくられたものが多い。まさにこの会議をもって本格的な地球環境政策が始まったと言えよう。

4　国際的環境政策の構築に向けて

1　国際環境条約の統合的実施

　国際社会には、それぞれが自立的に意思決定を行う国家が存在し、それぞ

れの政府が国内を統治している。地球環境政策は、国際交渉の末、基本的枠組みや原則を確認する国際条約が策定され、次に、条約の締約国の義務や具体的な目標、実施スケジュールを定める議定書や協定がつくられ、対策が強化され、実施されるといったプロセスで形成されることが多い。

国際環境条約には、目的や諸原則、目標、政策と措置、遵守規定（締約国が義務を守られなかった場合の規定）が含まれている。しかしながら、国際環境条約の多くは法的拘束力のある目標がなく、大部分が努力義務に過ぎない。

数多い国際環境条約の中で、地球規模でまとまった対策が現実にとられるようになり、大きな影響を与えてきたものとしてウィーン条約（オゾン層保護のためのウィーン条約）とそれに基づくモントリオール議定書（オゾン層保護のためのモントリオール議定書）、気候変動枠組条約とそれに基づく京都議定書、生物多様性条約、ワシントン条約を挙げることができる

こうした国際環境条約が多数つくられるようになり、地球環境問題の多くがカバーされるようになってきているが、反面、国際環境条約間で矛盾が生じる場合もある。たとえば、モントリオール議定書で代替フロンとして利用が推奨されたHFCは、京都議定書では規制対象物質だった。つまり、同じ物質に関して、一方では地球環境保護のために利用が推奨され、他方では規制された。こうした矛盾を解決するために、国際環境条約間での調整が必要になっている。現実にこうした調整事項は数多く、多面的な国際交渉と判断を要する。この点からも、地球環境問題を総合的に扱う国際的議論の場が必要になっている。

2　地球環境ガヴァナンス

本来、地球環境問題に適切に対応するには、地球環境問題を総合的に扱い、独立した財源を持った国際的機関が必要である。しかし、現状では、このようなことを扱う恒常的機関は存在していない。そこで現実には、国際環境条約が結ばれ、そのもとで環境政策に関する一定の秩序が形成されている。こうした各国が協調して形成された国際的な合意や国際環境条約のことを「レジーム」と呼ぶ。レジームとは、国際的には「国際関係の所与の範囲にお

て、主体の期待するものが集約される、明瞭な、あるいは暗黙の原則、規範、規則、および意思決定手続きのあつまり」と定義される。

　レジームの下では、各国政府はこれまでとは異なる役割を演じる。すなわち、各国政府はレジームを形成する過程においては主体たりうるものの、いったん国際合意が形成されるとレジーム自体が秩序として一種の主体性をもつようになり、各国政府に影響を与えるようになる。

　国際関係の場面で言えば、国際的制度や組織が秩序を形成している状態を、ガバメントとは違う用語としてガヴァナンスといい、環境に関わるものを環境ガヴァナンスという。世界政府なき段階では、この環境ガヴァナンスが地球環境保全のためのシステムとして重要な役割を果たしている。その意味で、これを地球環境ガヴァナンスと呼ぶことができる。

　地球環境ガヴァナンスにおいては、主権国家をはじめ EU、経済協力開発機構（OECD）のような国家連合、あるいは UNEP、世界銀行、国連開発計画（UNDP）、地球環境ファシリティー（GEF。途上国の環境保全対策に資金供与を行うために世界銀行、UNEP、UNDPの共同出資で1994年に発足）等の国際機関が独立して存在し、それぞれの政策を実施する。また、環境NGO、産業界（多国籍企業を含む）、環境に関する民間諸団体、自治体、市民等がそれぞれの役割を持って存在している。こうした多様な主体が、何らかの形で環境政策の形成や実施に貢献している。このように、地球環境ガヴァナンスは、多様で重層的な構造を持っている。

　ただし、地球環境問題の幅広さと課題の深刻さに比べて、地球環境ガヴァナンスが果たしている役割がまだまだ小さい。また、地球環境ガヴァナンスといっても、全体として組織的に動いているわけではなく、統一性がない。とくに、UNEP、世界銀行、UNDP、GEFは、地球環境問題全般に関わる国際機関であり、同じ目的のために個々バラバラに融資や政策を行っていたりしている。そのため、こうした国際機関の間で何らかの調整・統合が必要になっており、国連でも改革のための議論が続けられている。地球環境政策の領域が拡大し、政策が本格化するにつれ、より効果的なガヴァナンスの構築が図られるようになるだろう。

第8章 地球環境問題と国際関係

〔参考文献〕

石弘之『地球環境の事件簿』岩波書店、2010年
　地球環境問題の現場からのレポート。人間によって地球規模の自然破壊がどこまで進んだかを理解することができる。

亀山康子『新・地球環境政策』昭和堂、2010年
　地球環境問題と地球環境政策について体系的に述べたもの。国際的環境問題に対する対応の内容と意義が理解できる。

亀山康子・高村ゆかり『気候変動と国際協調——京都議定書と多国間協調の行方』慈学社、2011年
　グローバル環境問題の典型としての気候変動問題に関する国際協議上の課題を詳しく解説している。

鶴見良行『バナナと日本人』岩波書店、1982年
　日本の食卓にバナナが届くまで、どのような連関があり、どのような問題が起こっているのか。上流から下流まで、バナナという食材を追いかけた書籍。モノの流れを詳細に見ることで問題構造をえぐりだす。

知足章宏『中国環境汚染の政治経済学』昭和堂、2015年
　中国の激烈な環境問題の実態と政策について理解できる。また、日本と中国の国際的連関構造にも注目している

林公則『軍事環境問題の政治経済学』日本経済評論社、2011年
　なぜ日本では軍事活動による環境問題が起こっているのか。軍事活動による環境問題とその原因構造について体系的に論じた日本では唯一の書籍。

宮本憲一『戦後日本公害史論』岩波書店、2014年
　戦後の公害・環境問題の原因、被害、政策を歴史的、理論的に総括したもの。日本の公害問題を体系的に理解するのに役立つ。

除本理史・大島堅一・上園昌武『環境の政治経済学』ミネルヴァ書房、2010年
　古典的環境問題から国際的環境問題、グローバル環境問題に至るまで、政治経済学の観点から多角的に解説している。

WCED (1987), *Our Common Future,* Oxford: Oxford University Press.（大来佐武郎監修、環境庁国際環境問題研究会訳『地球の未来を守るために』福武書店、1987年）
　持続可能な発展について初めて体系的に述べた報告書。後の地球環境政策に大きな影響を与えた。

第9章　ヨーロッパの統合

益田　実・星野　郁

〈 本章のねらい 〉

　ヨーロッパ統合は、半世紀以上にわたる長い歴史を持ち、深化と拡大の過程を経て今日に至っている。ヨーロッパ統合は、第二次世界大戦後から始まり、冷戦体制下の西欧で幾多の紆余曲折を経ながら、発展を遂げた。当初ヨーロッパは政治統合を志向したが、国家主権の厚い壁に阻まれ、経済統合に重心を移すことで、統合が軌道に乗ることになった。さらに、80年代に直面した深刻な経済不況、そして80年代末に到来した冷戦体制の終焉は、ヨーロッパ統合に大きな影響を与え、域内市場統合や通貨統合といった経済面での統合の深化と、東ヨーロッパへの拡大を可能にした。今日EU（ヨーロッパ連合）の加盟国は、28カ国へと拡大し、EUは巨大な経済圏とユーロを有し、外交・安全保障や環境問題においても世界の有力なアクターとなっている。しかし、その一方で、グローバルな金融危機によって、EUも大きな痛手を負い、ギリシャ危機およびユーロ危機の行方も混沌としている。さらに、中東・北アフリカにおける紛争の激化に伴う大量の難民の流入やロシアとの対立の再燃など、ヨーロッパを取り巻く政治・社会環境も厳しさを増している。本章では、ヨーロッパ統合の歴史的歩みと到達点、政治、経済、社会危機を踏まえた今後の課題について概説し、EUへの関心の喚起に努めたい。

キーワード　超国家的統合、二重の封じ込め、ユーロ危機、難民問題、ヨーロピアン・アイデンティティ

1 ヨーロッパ統合の政治的起源とその歩み

1 超国家的統合

　大多数のヨーロッパ諸国が加盟し、関税やその他の貿易規制が存在しない一つの市場を形成し、加盟国の多くが共通の通貨さえ採用しているのが、現在の欧州連合（European Union: EU）である。このEUを形成してきたプロセスを、一般にヨーロッパの統合（integration）と呼ぶ。ヨーロッパ統合を現代の国際社会において特別なものとする最大の特徴は、それが超国家的（supranational）な統合であるという点だろう。超国家的とは、国家ないし国民の壁を超越したという意味であり、超国家的統合は、加盟国による超国家的機関への国家主権（national sovereignty）の部分的な委譲ないしは、加盟国による主権の共有を伴う。これに対して国連に代表される国際機構を通じた国家間の協力は、政府間協力（inter-governmental cooperation）と呼ばれる。事実上、今の世界には、EUの他には超国家的統合が実現した存在は見当たらない。

　この超国家的なヨーロッパ統合の直接の起源とされるのは、1950年5月9日、当時のフランス外相ロベール・シューマン（Schuman, Robert）が公表したシューマン・プランと呼ばれる構想である。その内容は、フランスとドイツ（当時の西ドイツ）の石炭鉄鋼生産を超国家的な「最高機関」により管理することを求めるものであった。この呼び掛けに応え、フランス、ドイツ、イタリア、オランダ、ベルギー、ルクセンブルクの西ヨーロッパ6カ国は1951年4月18日パリ条約を調印し、欧州石炭鉄鋼共同体（European Coal and Steel Community: ECSC）設立を合意した。ECSCは、最高機関に加盟国の石炭鉄鋼政策全般を委ね、石炭鉄鋼の共同市場を形成するものであった。当時の石炭鉄鋼産業は、エネルギーと原材料の供給という観点から、最も重要な戦略産業である。その管理を加盟国が単独で行えなくなるという意味では、限定的ではあるが重要な領域で、国家主権の委譲ないし共有が見られたのである。

2 ヨーロッパ統合をめぐる「神話」とその「脱神話化」

　ヨーロッパにおいて、1950年以降、超国家的統合が求められるに至った理由は何だったのだろうか？　広く見られる主張は、ヨーロッパに平和と安定と繁栄をもたらすための理想主義的な汎ヨーロッパ主義（Pan-Europeanism）が結実したものとして、ヨーロッパ統合を説明するものである。この見方に立つなら、シューマン・プランは、二度の世界大戦で相争った独仏が、石炭・鉄鋼という戦略産業を両国の国家主権を離れた最高機関の管理下に置くことにより二国間の戦争再発を困難にし、和解を図るという理想主義的意思の発露であった。これこそがEU自身が認める、ヨーロッパ統合の「公式」の経緯であり、いわば「神話」と言ってもよい。先に述べたシューマン、彼の側近として統合構想を作成したフランスの政策立案家ジャン・モネ（Monnet, Jean）、フランスの提案を受入れ統合に踏み出した西ドイツ初代首相コンラート・アデナウアー（Adenauer, Konrad）といった人物は、いわば「神々」である。しかし、1990年代以降、関係諸国の当時の政府文書類が公開されるに伴い、統合の起源に対するこのような解釈は大きく修正された。ヨーロッパ統合の「脱神話化」であり、新史料に基づくヨーロッパ統合史は、統合を各国利害の妥協の産物として描く。

3 ヨーロッパ統合の二つの起源：東西冷戦とドイツ問題

　1990年代以降の研究で強調されるのは、ヨーロッパ統合の初期段階でアメリカが果たした役割である。統合はある程度まで、ヨーロッパによる自発的努力の成果であったが、同時に、アメリカによるヨーロッパに対する指導と圧力の結果もたらされたことが強調される。この解釈によれば、1950年以降のヨーロッパ統合は、米ソ冷戦を背景にした、アメリカの対ソ「封じ込め戦略」の一部であると同時に、西ドイツを西側陣営に「封じ込める」ためにも必要であったとされる。1871年の統一以来大陸における紛争の起点となってきたドイツを、超国家的統合の内部に「封じ込める」ことにより「ドイツ問題」（大陸の中心に位置する強力な国家ドイツは、その存在自体がヨーロッパの平和と安定を乱す要因であり、その力を抑制する必要があるとの認識）を解決す

170　第9章　ヨーロッパの統合

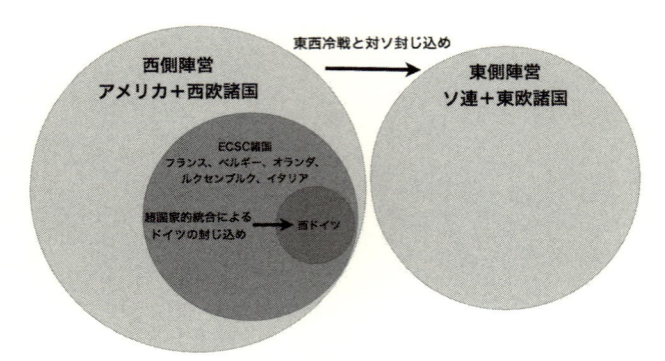

図9-1　二重の封じ込めとヨーロッパの統合

ると同時に、西欧諸国の統合により強化された西側陣営全体が東側陣営を「封じ込める」、つまり「二重の封じ込め」である（図9-1）。現在の統合史研究はおおむねこの見方を支持する。

4　ECSCの形成：米仏独による冷戦を背景にしたイニシアチブ

　では、石炭と鉄鋼を対象にしてフランスが提示した構想によりヨーロッパ統合が開始された直接の理由は何だったのだろう？　その答えは、フランスの戦後復興計画にある。1940年6月の対独敗戦に強いショックを受けたフランスは、戦後、国力発展と近代化という目標を掲げた。その際に核となったのが、ドイツの経済資源をフランス復興のため最大限利用することであり、それはドイツ弱体化を図ることも兼ねていた。ドイツ鉄鋼産業の生産水準を低く抑制し、余剰となるドイツ石炭資源をフランス鉄鋼業が利用することが意図されていたのである。このフランスの思惑が、ドイツ戦後処理をめぐる米ソ間の対立の激化とともにアメリカの戦略と結合し、石炭鉄鋼分野の超国家的統合という発想が浮上したのである。

　ドイツをめぐる米ソの亀裂は1947年春には明確になり、同年6月アメリカは対西欧大規模経済援助（マーシャル・プラン）という形でヨーロッパの東西分断を固定化することを決意した。そして、ドイツの西側（米英仏）占領地域を西側陣営に組み込み、その経済力をヨーロッパ復興に活用することを追求し始めた。48年以降、西ドイツ国家の建設も進められ、49年5月ドイツ連

邦共和国も成立した。この時点でフランスはドイツ鉄鋼産業の国際管理を求めていたが、占領が終結するとともに、ドイツが自国鉄鋼産業の管理権限を回復することは避けられないはずであった。49年後半になりアメリカ政府内では、西ドイツが単独で経済復興を遂げることはドイツ近隣諸国への政治的・軍事的脅威であり、それを回避する最善の手段は、大陸諸国による「統合」であるとの認識が固まっていった。ただし、アメリカがヨーロッパに統合構想を押し付けることは反発を受ける危険があると考えられ、構想はヨーロッパ人が自ら提唱するものでなくてはならないというのがアメリカ政府の立場であった。この時点でモネが考案したのが、超国家的な石炭鉄鋼産業の統合であり、これがシューマンにより採用され、シューマン・プランとなったのである。

　シューマン・プランはアメリカの要請を満たすものであると同時に、他のヨーロッパ諸国と対等な立場での国際社会復帰を望むドイツ首相アデナウアーにとっても、歓迎すべき構想であった。50年5月初め、米仏独間で事前合意が形成された後、ECSC構想は公表された。イギリスも公表直前にこの構想を知らされ、参加の機会を与えられた。しかし当時なおコモンウェルス（英連邦）との関係を重視していたイギリスは、大陸諸国との超国家的統合に消極的であり、交渉不参加を早期に決定した。こうして仏独伊ベネルクスの6カ国のみを加盟国とするECSCが設立されることになったのである。

5　EECの形成：メッシーナ提案からローマ条約へ

　1950年以降のヨーロッパ統合の歩みは、着実な成功として語られることが多いが、それもまた一つの神話であり、挫折と停滞はたびたび繰り返されてきた。最初の大きな挫折が、ECSCに続く超国家的統合として登場した、欧州防衛共同体（European Defence Community: EDC）構想である。EDCはECSC6カ国による超国家的な欧州軍の創設を目的とするフランスによる提案であった。これは、朝鮮戦争勃発を受けドイツ再軍備を要求するアメリカに対して、ドイツ国軍の復活を嫌悪するフランスが編み出した構想であった。EDCにより、ドイツの戦力は全て超国家的な欧州軍内部に封じ込められる

予定であった。EDC条約は52年調印されたが、54年夏、フランス議会はその批准を拒否し、ドイツはNATO（北大西洋条約機構）に加盟する形で再軍備することとなった。仏議会内左派はソ連を刺激することを恐れEDCに反対し、右派は軍事面での国家主権の部分的譲渡に反対したのである。

　EDC失敗に強い危機感を抱き、より野心的な統合構想を打ち出したのはベネルクス諸国であった。貿易依存度が高く欧州域内貿易の自由化を強く求めるこれら諸国の提案に基づき、55年6月シチリア島メッシーナで開催されたECSC外相会議において、「あらゆる関税と数量規制から開放されたヨーロッパ市場」設立のための交渉開始が合意された。56年春、6カ国外相は共同市場並びに民生用核エネルギー分野の超国家的管理機構の設立を原則的に合意し、57年5月25日欧州経済共同体（European Economic Community: EEC）と欧州原子力共同体（EURATOM）を設立するローマ条約が調印された。EECは6カ国による工業製品に関する「関税同盟」（Customs Union）（図9-2）として形成された（関税同盟において加盟国は域内貿易に関して関税と数量規制を撤廃し、非加盟国との貿易について共通の対外関税を採用する。域内貿易に関して関税と数量規制を撤廃するが、非加盟国との貿易について各加盟国が独自の関税を維持する自由貿易地域（Free Trade Area）とは異なる）。執行機関にあたるEEC委員会（現在の欧州委員会の前身）は、加盟国政府閣僚からなる閣僚理事会の統制下に置かれていた。その結果、各加盟国は、最終的な決定権限を留保するとと

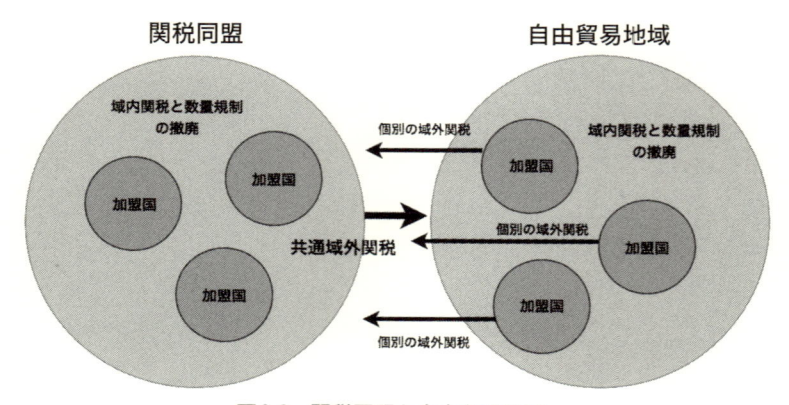

図9-2　関税同盟と自由貿易地域

もに、広範な事項について事実上の拒否権を持っていた。

2　ヨーロッパ統合の歩み：60年代から冷戦終焉後まで

1　EEC発足初期：「空席危機」と「ルクセンブルクの妥協」

　発足初期EEC内で最大の課題となったのはローマ条約39条に基づくCAP（Common Agricultural Policy:共通農業政策）を機能させるための合意形成であった。同条項は、農家の所得を一定水準に保つ支持価格を定め、市場価格が下落しても支持価格で農産物を買い上げ、域外からの安価な農産物輸入に対して可変課徴金を賦課し、余剰農産物には輸出補助金を交付するなどの保護措置を定めるものであった。

　EEC内部では、64年以降、共通農産物価格水準をめぐる加盟国間の対立が増大し、CAPの運営に関する閣僚理事会とEEC委員会の権限争いも生じていった。この対立が頂点に達したのが65年に発生した「空席危機」である。65年3月EEC委員会は輸入課徴金と関税収入をEEC財源とし、その管理のために欧州議会を強化するという提案を行い、これに反発した仏大統領シャルル・ドゴール（de Gaulle, Charles）は、EEC諸機構へのフランスの参加を停止した。加盟国主権の独自性を重視するドゴールは、EECが超国家的性質を強化し、経済的自立を遂げることに反発したのである。しかしすでにフランスの通商システムはEECの諸制度に不可逆的に組み込まれておりEECからの脱退が不可能であることはフランスも認めざるを得なかった。66年1月ルクセンブルクで開催された特別閣僚理事会で、CAP決定方式の変更を凍結し、閣僚理事会の全会一致性を維持する「ルクセンブルクの妥協」が成立し、フランスはEECに復帰した。その後20年以上、閣僚理事会の全会一致原則すなわち加盟国の「拒否権」は維持されることになった。

　ドゴールによる統合進展への反発はイギリスの加盟申請拒否という形でも発揮された。当初、超国家的統合に距離を置いていたイギリスは、アメリカがEECを重視する姿勢を強めていくことに危機感を抱き、61年7月EEC加盟申請を行った。しかし、63年1月対米自主外交を掲げるドゴールは、軍事

的にアメリカと密接な協力関係にあるイギリスの参加は、EECの結束を損なうとして、加盟交渉の継続を拒否した。67年4月イギリスは再度加盟申請を行ったが、その際にも実質的交渉の開始前にドゴールはこれを拒否していた。

2 70年代の統合:「完成・深化・拡大」

ドゴールにより、大きく進展を食い止められたヨーロッパ統合であったが、67年7月ECSC, EEC, EURATOM三共同体の理事会（Council）と委員会（Commission）を単一組織に融合させ単一の欧州共同体（European Community: EC）としての機能を開始し、68年7月1日には予定より1年早く関税同盟を完成（域内関税撤廃、共通域外関税導入）させることはできた。そしてドゴール引退後69年12月ハーグで開催されたEC首脳会議により、「完成・深化・拡大」すなわちCAPの完成、新たな共同体政策への着手（通貨統合、政治協力）、加盟国拡大という三つの目標が合意された。拡大は73年1月イギリス、アイルランド、デンマークの加盟という形で実現した。しかしその直後73年10月第四次中東戦争勃発に伴い、先進工業国の大半は原油価格の大幅な上昇と深刻な不況に見舞われ、国際経済の動揺とともに通貨統合への歩みも停滞することとなった。

3 80年代の統合:第二次拡大、第三次拡大、欧州悲観主義と統合の再活性化

81年ギリシャ、86年スペインとポルトガルが加盟し、ECは第二次、第三次の拡大を果たした。これらはいずれも軍事独裁・権威主義的独裁から民主化した後に実現したものであった。これはつまり、民主主義体制や基本的人権の尊重・言論思想の自由という共通の政治的基盤に立つことを大前提として、ヨーロッパ統合が成り立っていることを示すものである。それと同時に、統合に参加することにより、加盟国の国内政治体制は一定の価値規範に拘束されることをも意味する。ECの拡大は、ヨーロッパにおける民主主義の拡大という側面も持っていたのである。

しかし、このように数のうえでは拡大を果たしながらも70年代後半から

80年代前半のヨーロッパでは、長引く不況と東西対立の激化(「新冷戦」)という状況の中で、統合に関して欧州悲観主義(Europessimism)と呼ばれる疑念が生じていた。ケインズ主義の有効性が疑問視され、戦後福祉国家システムの将来が危ぶまれる状況の中で、イギリスのマーガレット・サッチャー(Thatcher, Margaret)保守党政権のように新自由主義的改革に舵を切る国もあった。これに対して大陸諸国の中では統合の再活性化に処方箋を見出す国もあった。その代表がフランソワ・ミッテラン(Mitterrand, François)社会党政権下のフランスであった。84年上半期EC議長国としてミッテランは加盟国首脳と30回以上の首脳会談を重ね、サッチャーが要求していたEC財政負担軽減問題を解決(イギリスに還付金を交付する制度を合意)するなどの成果をもたらした。また85年には仏社会党政権前蔵相ジャック・ドロール(Delors, Jacques)がEC委員長に就任し、市場統合に向けた動きも進められた。同年調印された単一欧州議定書(Single European Act: SEA)は、域内市場統合完成のため多数決原理導入を定めるものであり、「ルクセンブルクの妥協」の部分的修正と言える。

4　冷戦体制の終焉とヨーロッパ統合の深化

　ヨーロッパ統合は、第二次世界大戦後西欧の一角から始まって深化と拡大を遂げたが、東西冷戦体制の終焉は、ヨーロッパ統合のあり方にも大きな影響を及ぼすことになった。

　1980年代後半、ヨーロッパ経済の再活性化を目的として打ち出された域内市場統合戦略は順調な展開を見せ、80年代末には、ヨーロッパにとって60年代末からの悲願であった通貨統合計画も再度浮上した。通貨統合は、域内市場統合戦略を補完し、ヨーロッパ経済の成長や雇用の拡大につながるだけでなく、ヨーロッパにとって究極の目標である政治統合の促進にもつながると期待されていた。しかし、通貨統合の進め方やヨーロッパ統合のあるべき姿については、加盟国の間で意見が分かれていたこともあり、通貨統合の実現は21世紀以降の課題と見られていた。

　ところが、1989年11月に突如ベルリンの壁が崩壊し、東西冷戦が終焉に

向かうとともに、東西両ドイツで再統一の機運が盛り上がることになった。フランスをはじめ周辺諸国は1国たりともドイツの再統一を望んでいなかったが、ドイツ国内の世論の盛り上がりにより阻止が不可能と理解するやいなや、通貨統合を通じて、換言すれば、ヨーロッパ統合を加速することを通じて、統一ドイツをヨーロッパ統合の文脈の中に深く埋め込む戦略（いわゆる「ドイツのヨーロッパ化」）に転換した。他方、ヘルムート・コール（Kohl, Helmut Josef Michael）首相率いるドイツ政府も、国内世論は懐疑的であったにもかかわらず、他のヨーロッパ諸国による再統一への政治的承認と引き換えに、通貨統合への参加に同意した。1992月にはマーストリヒト条約が調印され、単一市場と経済・通貨統合を核とするEC（European Communities）と、共通外交・安全保障政策や司法・内務協力を三つの柱とするEU（European Union）が誕生した（図9-3参照）。こうして冷戦体制の終焉は、ヨーロッパ統合の深化に貢献し、1999年1月には、ユーロの導入もスタートするなど、21世紀におけるヨーロッパ統合の更なる発展への期待が高まっていた。

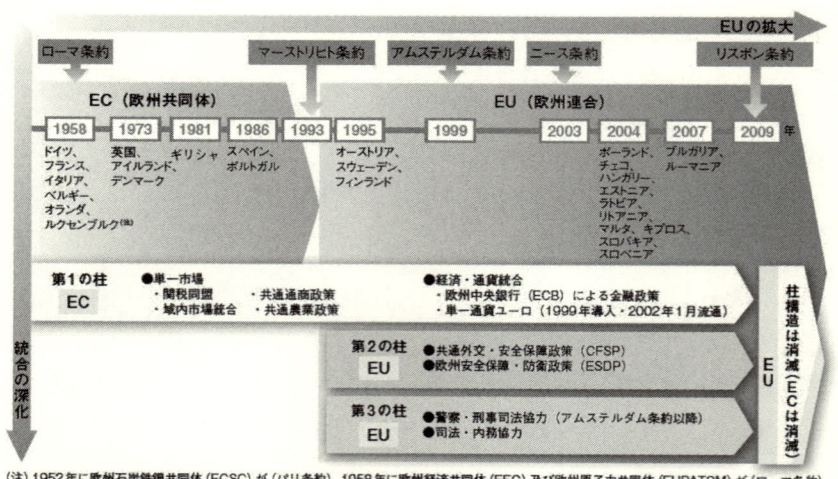

図9-3　EUの深化と拡大

出所）外務省『外交青書2011年』85頁。

5　EUの拡大

　冷戦体制の終焉は、統合の深化と並んで、EUの拡大を促すきっかけともなった。冷戦体制の終焉により、それまで中立政策をとっていたオーストリア、スウェーデン、フィンランド、そしてソ連の支配下にあった中東欧諸国のEU参加が可能となった。特にヨーロッパの一角に位置しながら、長くソ連の圧政に苦しんでいた中東欧諸国にとって、EUの一員になることは、自国の国際的なステイタスの向上や経済発展の促進にとって絶好の機会と見られていた。もっとも、これらの国々の場合、必ずしもヨーロッパ統合の理念に共鳴していたわけではない。外交や安全保障では、ソ連の支配から解放してくれたアメリカにむしろ親近感を抱いていた。また、1人当たりのGDPがEU平均の3分の1以下の水準にあるなど、同じEU加盟国でも中東欧諸国と西欧諸国との間には大きな経済格差が存在していた。

　他方、EUの東方への拡大は、西欧諸国の国民にとって、必ずしも好意的には受け止められていなかった。経済支援のための負担の増大に加え、企業の移転による産業の空洞化、大量の安い労働力の流入による雇用不安や労働条件の悪化に対する懸念が存在していた。マーストリヒト条約の後、アムステルダム条約（1997年）、ニース条約（2001年）を経て、より超国家的な方向での統合の深化を目指したヨーロッパ憲法条約は、2005年のフランス、オランダの国民投票で否決された。

　加えて、拡大の後、中東欧諸国の命運も分かれることになった。たとえば、中東欧で最大の人口を擁するポーランドは、EU加盟後大きな国内市場を背景に順調な経済発展を遂げ、2014年からドナルド・トゥスク（Tusk, Franciszek, Donald）元首相がEU大統領（EUの最高意思決定機関であるヨーロッパ理事会の常任議長ポスト）に就任するなど、EU内における存在感を高める一方、後述のようなユーロ危機の影響もあって、中東欧の多くの国々は、経済の低迷や政治・社会不安に苦しんでおり、ハンガリーのように反EU勢力や排外主義の台頭が見られる国もある。なるほど、拡大によってEUの加盟国は大きく増えることになったが、多様性や複雑さが増し、加盟国間での利害対立も高まるようになり、EUは拡大によってより大きな異質性を抱え込

178　第 9 章　ヨーロッパの統合

2004 年までの EU 加盟国（15 か国）
フランス、ドイツ、イタリア、オランダ、ベルギー、ルクセンブルク（以上 1958 年からの原加盟国）、英国、アイルランド、デンマーク（以上 1973 年加盟）、ギリシャ（1981 年加盟）、スペイン、ポルトガル（以上 1986 年加盟）、オーストリア、スウェーデン、フィンランド（以上 1995 年）

2004 年 5 月 1 日加盟国（10 か国）
エストニア、ポーランド、チェコ、スロヴェニア、ハンガリー、キプロス、ラトビア、リトアニア、スロヴァキア、マルタ

2007 年 1 月 1 日加盟国（2 か国）
ブルガリア、ルーマニア

2013 年 7 月 1 日加盟国（1 か国）
クロアチア

図 9-4　EU 拡大の現状
出所）外務省『外交青書 2010 年』76 頁を基に作成。

むことになった（**図9-4**参照）。

6　リスボン条約と制度面での統合の発展

　EU の権限や超国家性をより強めることで統合の深化を目指したヨーロッパ憲法条約の批准はならなかったものの、2009 年には超国家的な要素を薄める形でリスボン条約が調印された。リスボン条約によって、EU の意思決定手続きの効率化や簡素化が図られた。また、EU の意思決定における民主主義の欠如に対する批判を意識して、各国の直接選挙で議員が選ばれるヨーロッパ議会の権限が強化され、EU の行政機構の要であるヨーロッパ委員会の委員長を選出する権限も与えられた。同時に、EU を対外的に代表する大統領職や外務総局も設けられた。

　さらに、ユーロ危機を受けて、危機に陥った国々に対する金融支援を行う ESM（European Stability Mechanism）や、危機を引き起こした銀行に対する監督・規制の強化と破綻処理手続き等からなる銀行同盟が新たに創設された。また、危機の一因となった、過剰な財政赤字や経常収支赤字など、マクロ経

済不均衡の拡大を予防する目的で、財政規律やヨーロッパ委員会による各国の経済政策運営に対する監視も強化された。加えて、ユーロ危機の最中にあっても、バルト諸国をはじめユーロに参加する加盟国は着実に増加し、ユーロ参加国は2015年時点で19か国になっている。

このように、ヨーロッパ統合の基盤は徐々にではあれ強化されつつあるように見える。しかし、新たな条約の締結や、ユーロ危機の発生を受けた制度面での危機管理体制の整備、強化の進展にもかかわらず、ヨーロッパの国民のEUや統合に対する支持は必ずしも広がってはいない。EUの行政機構の肥大化や官僚主義の弊害への批判も強い。冷戦体制の終焉は、ヨーロッパ統合の発展にとって大きな契機となったものの、経済統合の進展を通じたヨーロッパ経済の一体化と成長の促進、政治統合の進展とそれを通じたヨーロピアン・アイデンティティの醸成という、ユーロ導入時に通貨統合に託された期待は、満たされたとは言い難い状況にある。

3　危機に直面するEU

1　ユーロ危機とギリシャ

ユーロ危機は、2008年にアメリカで発生したグローバルな金融危機がヨーロッパを襲い、それが経済危機や財政危機を引き起こし、ユーロからの離脱やユーロそのものの崩壊を招きかねない危機へと発展することから生じた。ヨーロッパも巻き込まれることになったグローバルな金融危機は、世界的な低金利と銀行の投機的ビジネスへの傾斜、信用・不動産バブルの発生、およびその最終的な破綻によって生じた。金融危機の発生によって、EU各国政府は銀行の救済のために巨額の公的資金の注入を余儀なくされ、他方で、経済危機で税収が大きく落ち込んだことから、政府の財政収支赤字や政府債務も急速に増加した。

にもかかわらず、ユーロ危機が直接的にはギリシャの財政破綻から生じたことから、ギリシャが危機の焦点となり、同国の放漫な財政運営がやり玉に上げられることになった。EUとヨーロッパ中央銀行（European Central Bank）、

IMFからなるトロイカは、救済と引き換えに、福祉・社会保障水準の引き下げをはじめとする厳しい緊縮政策や、労働市場の規制緩和や民営化など痛みの伴う構造改革政策の実行を要求した。ギリシャに続いて、アイルランドやポルトガル、スペインなど、財政危機に陥った他の国々も、救済の条件として同様の政策の実行を迫られることになっただけでなく、フランスやイタリアなども、財政危機には陥らなかったものの、財政規律の遵守を求められた。しかし、不況下での厳しい緊縮政策は、不況をより深刻なものとし、未曾有の高失業や貧困・格差の増大を招くことによって国民の反発を引き起こし、多くの国々で政権交代が相次ぎ、政治・社会不安を誘発することにもなった。しかも、EUのほとんどの国が危機で苦しむ中で、ドイツ経済はいち早く危機から回復し、一人勝ちの様相を呈するようになった。厳しい緊縮政策を要求したトロイカのバックにはドイツが存在し、EU最強の経済力を背景に事実上救済策をはじめEUのガヴァナンスを仕切ることになった。通貨統合ないしユーロの導入は、本来「ドイツのヨーロッパ化」の手段となるはずであったが、むしろ「ヨーロッパのドイツ化」を生み、ドイツの影響力を際立たせることになった。

　積りに積もった国民の不満を背景に、2015年1月に行われたギリシャの総選挙では、緊縮政策の拒否を掲げた急進左派連合が勝利し、党首のアレクシス・チプラス（Tsipras, Alexis）が首相の座についた。しかし、国民の期待を背負って交渉に臨んだものの、ドイツをはじめとする他のユーロ圏諸国やEUからの支援を拒否され、あわやユーロ圏から追放されかねない瀬戸際に追い込まれることによって、屈辱的な妥協を余儀なくされることになった。ギリシャは辛うじてユーロ圏からの離脱を免れてはいるものの、同国の経済・政治状況は依然不安定で、先行きは予断を許さない。ギリシャをはじめユーロ圏の経済力の弱い国々は、EUからの財政支援の拡充を求めているが、ドイツやオランダ、フィンランドといったユーロ圏の豊かな国々は、財政負担の拡大に慎重な姿勢を崩していない。通貨統合は、本来参加国の連帯と結束を促すはずであったが、深刻な危機の発生により、参加国の間で厳しい対立や緊張を生み、ヨーロッパ統合そのものにも著しい打撃を与えている。

2　難民問題で揺れるEU

　ユーロ危機がくすぶり続けている状況で、EUは周辺地域から大量に流入する難民問題にも苦しんでいる。これら難民の出身地域である中東・北アフリカは長くヨーロッパの植民地支配の下に置かれていたが、第二次世界大戦後政治的な独立を遂げ、国家建設と経済発展への希望に燃えていた。けれども、部族や宗教をめぐる争い、腐敗した独裁体制下でついに安定した統治体制が確立されることはなかった。しかも、旧ソ連のアフガニスタン侵攻や湾岸戦争、イラク戦争を経て、アルカイダやイスラーム国（IS）に象徴されるように、過激なイスラーム原理主義が台頭し、紛争や緊張に拍車を掛けることになった。もっとも、中東・北アフリカとヨーロッパの間には、地中海やトルコ・バルカン諸国のような緩衝地帯もあり、ヨーロッパは隔離されていたといえる。ところが、2011年にリビアのカダフィ政権が崩壊し、同時期に広がったアラブの春による民主化運動が挫折する中、イスラーム原理主義が攻勢を強め、中東・北アフリカ地域における紛争は激化する。特にシリアの内戦は多くの難民を生み出すことになり、地中海を渡りスペインやイタリアに渡るルートに加えて、トルコやバルカン半島を経由してヨーロッパに流入する難民が急増することになった（**図**9-5参照）。さらに、ドイツ政府が難民の受け入れに積極的な姿勢を表明することで、2015年の夏以降ヨーロッパへの難民流入に拍車がかかった。

　EUに流入する難民は、ダブリン協定に基づき、最初に入国した国で難民申請を行い、当該国の保護下に置かれることになる。しかし、ほとんどの難民は、ハンガリーやギリシャなどEUの域外国境周辺国にとどまることを望んでおらず、経済危機に苦しむこれらの国々も難民に十分な保護を提供する余裕もなく、移民排斥運動も高まっている。しかも、一旦EU域内に入ることができれば、1985年に締結されたシェンゲン協定により国境検査が撤廃されていることから、同協定を締結していないイギリスなど一部の国を除いて自由に移動することができる。そのため、EU域外国境周辺国には洪水のように難民が押し寄せ、国境検査を掻い潜って、EU内で最も豊かで安定したドイツや北欧諸国での定住を目指して移動する。これに業を煮やした国々

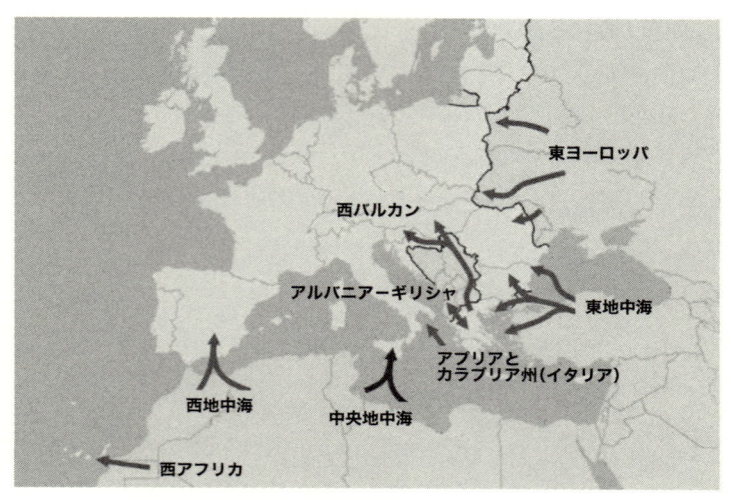

図9-5 移民のヨーロッパへの流入ルート
出所）欧州対外国境管理協力機関。

は、難民の流入と通過を阻止するために国境にフェンスを設けるなど国境管理を強化している。

　他方、ドイツやスウェーデンは難民の積極的な受け入れを表明したものの、数百万人に及ぶと予想される難民をすべて受け入れることは困難で、他のEU加盟国にも協力を求めたているが、中東欧諸国は真っ向から反対し、北欧でもデンマークは難民の受け入れに難色を示している。デンマークをはじめ北欧諸国は国民に豊かな福祉・社会保障を提供し、極めて格差の少ない社会を築いているが、福祉国家を擁護する立場から移民などの民族的マイノリティに対する抑圧・排斥、いわゆる福祉ショービニズムの傾向を強めている。また、難民や移民の流入に寛容な姿勢を見せていたドイツも、そのあまりの多さや強まる国内の反発に国境管理を強化せざるを得なくなっている。基本的人権の尊重、人や労働力の自由な移動は、EUの掲げる重要な理念であり、少子・高齢化による人口の減少に悩むヨーロッパにとって、若い年齢層が多数を占める難民や移民の受け入れは、望ましいと言えるかもしれない。しかし、経済の低迷や未曾有の高失業に喘ぐヨーロッパへの難民や移民の大量流入は、EU加盟国の間で深刻な対立を引き起こし、それぞれの国内でも政治

的、社会的緊張を増大させている。

3　ロシアやイスラーム世界との対立

　冷戦体制崩壊後、かつては支配下にあったバルト諸国をはじめ多くの中東欧諸国がEUに加盟することで、ロシア（旧ソ連）の勢力圏は著しく縮小し、冷戦期にはアメリカと並ぶ超大国であったロシアは屈辱的な状況を強いられることになった。しかし、ウラジミール・プーチン（Putin, Vladimirovich, Vladimir）大統領のもとで国力の回復に成功したロシアは、かつて自国の領土であったクリミアを併合し、ウクライナをめぐって、EUやアメリカと激しく対立している。ロシアとの対立は、エネルギー政策や安全保障政策でEUの結束を促すきっかけとになると期待されたが、加盟国間の利害の対立によりそのようにはなっていない。ロシアはシリアの内戦でもアサド政権にテコ入れするなど、米欧と対立しており、ウクライナをめぐる軍事的な衝突激化の可能性もなくなってはいない。

　EUの周辺世界との緊張は、難民問題やロシアとの対立にとどまらない。イスラーム世界との緊張も増しており、2015年1月にパリで起きたシャルリ・エブド襲撃テロ事件は、ヨーロッパ社会における宗教対立の深刻さを浮き彫りにした。オランダやドイツでも、反イスラーム運動が高まっている。冷戦体制の終焉により、ヨーロッパは安定の島から安定の大陸へと向かうはずであったが、ヨーロッパとその周辺地域との対立や緊張、ヨーロッパ社会の内部における対立や緊張は、むしろより増大する形となっている。

4　ヨーロッパ統合の行方

1　試練にさらされるヨーロッパ統合

　ヨーロッパ統合は60年にも及ぶ長い歴史を持っている。主権を有する国民国家を軸とするウェストファリア体制が、グローバル化など国際環境の劇的な変化や急速な技術革新によって揺らぎ、その限界が明らかとなる中で、ヨーロッパの国々は主権の共有を通じてヨーロッパ的次元で問題解決を図る

ために統合を進めてきた。国境なきヨーロッパ、ヨーロッパにおけるコスモポリタン的社会の構築は、ポスト・ウェストファリア時代の状況に対するヨーロッパの回答にほかならなかったと言える。もちろん、長い統合の歴史の中で、統合は何度も深刻な対立や危機に遭遇してきたが、ヨーロッパ統合の父といわれるジャン・モネ（Monnet, Omer Marie Gabriel, Jean）の「危機を通じてのみヨーロッパ統合は深化する」との言葉通り、それらの対立や危機を克服することでヨーロッパ統合は発展してきた。とはいえ、今日の時点で振り返るなら、第二次世界大戦後のヨーロッパ統合の歩みは、安定した経済成長や福祉・社会保障制度の充実、また冷戦体制下での緊張があったものの、相対的に安定した国際環境や秩序に支えられていた。しかし、安定した成長基盤が失われ、福祉・社会保障水準の低下により貧困や格差が増大するのに加えて、ヨーロッパを取り巻く国際環境が激変する中で、ヨーロッパ統合は過去のいずれの時期よりも深刻で困難な状況に置かれていると言えよう。

2　ドイツ問題の再浮上

　ヨーロッパ統合の進展とりわけユーロの導入は、長くヨーロッパを悩ませ続けてきたドイツ問題の最終的な解決につながると期待されていた（ドイツのヨーロッパ化）。ところが、皮肉なことに、ユーロ危機の発生と展開の中で、EU最強の経済力を背景に、ドイツの影響力が際立つようになった。独仏枢軸の片割れとしてヨーロッパ統合を牽引してきたフランスは影響力を低下させ、イタリアも国内の政治の混迷や経済の低迷に悩まされている。イギリスに至っては、EUそのものから遠ざかろうとしている。その結果、EU内の権力バランスは、ドイツを頂点とする階層的なそれへと転化しつつある。難民問題では寛容な受け入れ姿勢を示すことでドイツのメルケル首相は称賛を浴びた。確かにそれ自体は善意の行為であったものの、難民の流入に拍車を掛け、EU内の混乱を増幅させた。EU最大の難民の受け入れ国となったドイツ自身も、国内で排外主義が急速に高まる中で彼らを上手く社会に統合できるかどうかは不明である。

　第二次世界大戦でドイツの侵略を受けたポーランドの外相は、ユーロ危機

の最中に、ドイツの不作為ではなく、積極的なリーダーシップの発揮を求めた。ユーロ危機に限らず、ヨーロッパの多くの問題の解決には、ドイツの協力が不可欠であることは言うまでもない。とはいえ、EUの多くの国々は、ドイツの影響力の増大を決して歓迎しているわけではない。古くて新しいドイツ問題が再び浮上しつつある。

3 危機を通じて統合は深化するか ── 試される統合の理念とEUの結束

　危機こそがヨーロッパ統合を深化させるとはいうものの、ユーロ危機は未だ解決されず、ギリシャの行方も不透明なままとなっている。しかも、そもそもユーロ危機の発端となった金融危機は、銀行の暴走によって引き起こされたにもかかわらず、国民がそのつけを払わされることになった。EUによる厳しい緊縮政策や痛みを伴う構造改革のEUからの押し付けが、反EU勢力台頭の一因ともなっている。さらに西欧では、難民や中東欧からの労働力移動の増大が国民の不安を掻き立てている。イギリスでは、EUからの離脱を掲げるUKIP（イギリス独立党）が勢力を伸ばし、国民投票で決着がつけられることになっている。フランスでも、反EUや移民排斥を掲げる極右政党が台頭し、2017年の大統領選挙で勝利する可能性もある。中東・北アフリカの紛争・内戦とそれに伴う難民の大量発生は、かつてのヨーロッパの植民地支配の負の遺産や当該地域の安定にこれまでEUが積極的に貢献してこなかったつけがまわってきたとも言える。ウクライナ問題やロシアに対しても、EU各国の足並みは揃っていない。恒久平和の追求や基本的人権の尊重、自由な人の移動といった統合の理想や理念は確かに素晴らしい。にもかかわらず、厳しい現実の前に、今日ヨーロッパ統合は重大な岐路に立っていると言えよう。

〔推薦文献〕
遠藤乾編『ヨーロッパ統合史』名古屋大学出版会、2008年
　　ヨーロッパ統合の通史。姉妹編でありヨーロッパ統合史料集である、遠藤乾編『原典ヨーロッパ統合史』（名古屋大学出版会, 2008）と併読することにより、2008年までの統合の流れを把握できる。

ゲア・ルンデスタッド（河田潤一訳）『ヨーロッパの統合とアメリカの戦略 ── 統合による「帝国」への道』NTT出版、2005年
　冷戦を背景にしたヨーロッパ統合に対するアメリカの関与を論じた著名な書籍。専門的ではあるが内容は比較的平易である。

トニー・ジャット（森本醇・浅沼澄訳）『ヨーロッパ戦後史』（上・下）みすず書房、2008年
　ヨーロッパ統合の舞台となった1945年以降21世紀初頭までのヨーロッパ戦後史についてのすぐれた通史。概説書を超えて、生き生きとしたヨーロッパ史を描き出す。

ウルリッヒ・ベック（島村訳）『ユーロ消滅？ ── ドイツ化するヨーロッパへの警告』岩波書店、2013年
　ドイツ人の著者が、ユーロ危機を通じて自己主張を強め尊大になりつつある自国に対して警告を発し、ヨーロッパ統合の発展に向け他のEU諸国に積極的に協力するよう求めている。

ロベルト・ボワイエ、(山田他訳)『ユーロ危機 ── 欧州統合の歴史と政策』藤原書店、2013年
　フランスの世界的に著名な経済学者が、ユーロ危機の原因とそれがヨーロッパ統合に与えている深刻な打撃について、包括的な分析・検証を行っている。

シリーズ　EUスタディーズ　全4巻（1　対外関係－植田隆子編、2　経済統合－小川英治編、3　国家・地域・民族－大島美穂編、4　企業の社会的責任－松本恒雄・杉浦保友編）勁草書房
　EU研究の専門家がそれぞれの専門ジャンルでEU研究の最先端を紹介・解説している入門書。

第10章　世界の中の日本経済

高橋　伸彰

> **〈 本章のねらい 〉**
>
> 　理論経済学者の杉本栄一（『近代経済学の解明』岩波文庫、1981年）は、アダム・スミスの言葉を引用し「経済学とは経世家（statesman）の学問である」と言う。経世家とは、杉本によれば文字通りの政治家ではなく、職業の如何を問わず自分の所属する社会をよりよいものにしようとする情熱を持ち、これを実践に移そうとする人びとのことである。しかし、「単なる情熱だけでは経済学は勉強できません」と杉本は続ける。「現実の経済社会に沈潜し、それを構成している諸要素がどのように複雑にもつれあいながら運動しているかを、その渦の中に入りながらしかも冷静にこれをみつめなければなりません」と言うのだ。さらに「現在は過去の延長でありますから、現在を知るためには過去の記録も研究しなければなりません。文書および統計となって積み重ねられた膨大な過去の記録を、整理するのです。それは、単なる思いつきや公式論では処理できるものではありません。しばしば塵にまみれた記録の中に入って、その中にかくされた宝を掘りだすのです」と杉本は述べる。こうした経済学の持つ可能性と限界を、本章では戦後日本経済が辿った道を緒に、成長とゆたかさや成長と格差の問題に焦点を当てながら考えてみたい。

キーターム　経済成長、ゆたかさ、社会的共通資本、格差、r>g

1　戦後日本の経済成長とゆたかさ

1　名目GDPの長期推移

　第二次世界大戦の敗戦から今日に至るまで、日本の経済力は名目GDP（国内総生産）で見ると「もはや戦後ではない」と言われた1955年の8.6兆円から、2014年には487.6兆円へと約57倍（物価の上昇分を割り引いた実質ベースでは約11倍）、また国民一人当りGDPでは同期間で9.4万円から383.7万円に約41倍（同約8倍）へと大きく増加した。

　とはいえ、戦後70年間を通して日本のGDPは順調に拡大してきたわけではない。敗戦後の焼け野原から戦前の水準に生産活動が復帰するまでには「占領と改革」の10年を要した。復興を経て20年近くの間は年率平均10%近い成長率で日本経済は拡大を続けたが、1970年代に入ると成長を制約する要因が内外で顕在化し始めるようになった。国内的には公害や都市の過密問題などが深刻化し、対外的にもニクソン・ショックや貿易摩擦および円高などが生じたからだ。1973年末には第一次石油危機が勃発し、翌74年には戦後初めてのマイナス成長も経験した。それでも70年代半ばから80年代にかけては年率平均で約4%と先進諸国の中では最も高い成長率でGDPは拡大した。その結果、円高の効果もあり1987年にはドルベースでアメリカの一人当りGDPを追い抜くまでに日本経済は大国化した。その後1990年代半ばまではバブルによる膨張に加え、崩壊後も繰り返された大規模な景気対策によってGDPは成長を続けた。しかし、1997年以降は一転して停滞に陥り、名目GDPの水準は2014年に至っても486.9兆円と1997年の523.2兆円を超えられない状況が続いている。

　成長率が低迷を続ける中で、歴代の政権は成長率の回復を最優先の課題に掲げてさまざまな政策を講じてきた。自民党政治を批判し2009年8月の総選挙で政権交代を果たした民主党も、菅直人首相のもとで策定された『新成長戦略』では「〔2009年度から〕2020年度までの年平均で、名目3%、実質2%を上回る経済成長を目指す」（引用部の〔　〕内は筆者付加。以下同じ）と謳った。また、2012年12月の総選挙で民主党から政権を奪還した自民党の安倍晋三

首相も、2013年6月に策定した『経済財政運営と改革の基本方針 ── 脱デフレ・経済再生 ── 』では「今後10年間〔2013年度から2023年度〕の平均で、名目GDP成長率3％程度、実質GDP成長率2％程度の成長を実現する」ことを日本経済再生の目標としたのである。

2　物の豊かさと心の豊かさ

　欧米経済へのキャッチアップを国家的な目標としていた戦後の復興期や高度成長期においては、GDPの拡大に現れる経済成長は「日本経済、いや日本という国の輝かしいシンボルだった」(吉川洋『高度成長』中公文庫、2012年)。政府が毎年実施している『国民生活に関する世論調査』の結果をみても1970年代前半までは、「心の豊かさ」よりも、経済成長によって実現される「物の豊かさ」に重点を置いた生活をしたいという国民の割合のほうが一貫して高かった。しかし、高度成長が終わり1970年代後半に入ると両者の割合は拮抗するようになり1980年代以降は逆転するようになった。2014年の同調査では「物の豊かさ」31.0％に対し「心の豊かさ」は63.1％と倍以上に差が広がっている（図10-1）。

　財政学者の神野直彦は「物の豊かさ」と「心の豊かさ」が逆転した背景には物を所有することで充足される「所有欲求」よりも、人間と人間のふれあいによって充足される「存在欲求」を人々が重視し始めたことがあると指摘する（『教育再生の条件』岩波書店、2007年）。確かに、1950年代後半に起きた三種の神器（電気洗濯機、電気冷蔵庫、白黒テレビ）や1960年代半ばに生じた3C（カラーテレビ、クーラー、自家用車）に匹敵する耐久消費財のブームは高度成長が終わってからは見られなくなった。

　20世紀を代表する経済学者ケインズ（Keynes, John Maynard）は、1930年代の大不況の最中に著した『わが孫たちの経済的可能性』の中で、「重大な戦争と顕著な人口の増加がないものと仮定すれば、経済問題は100年以内に解決されるか、あるいは少なくとも解決のめどがつくであろう」と述べ、経済問題が解決された暁には芸術や文化など「非経済的な目的にたいしてよりいっそうの精力をささげる道を選ぶ」社会が到来すると予測していた。

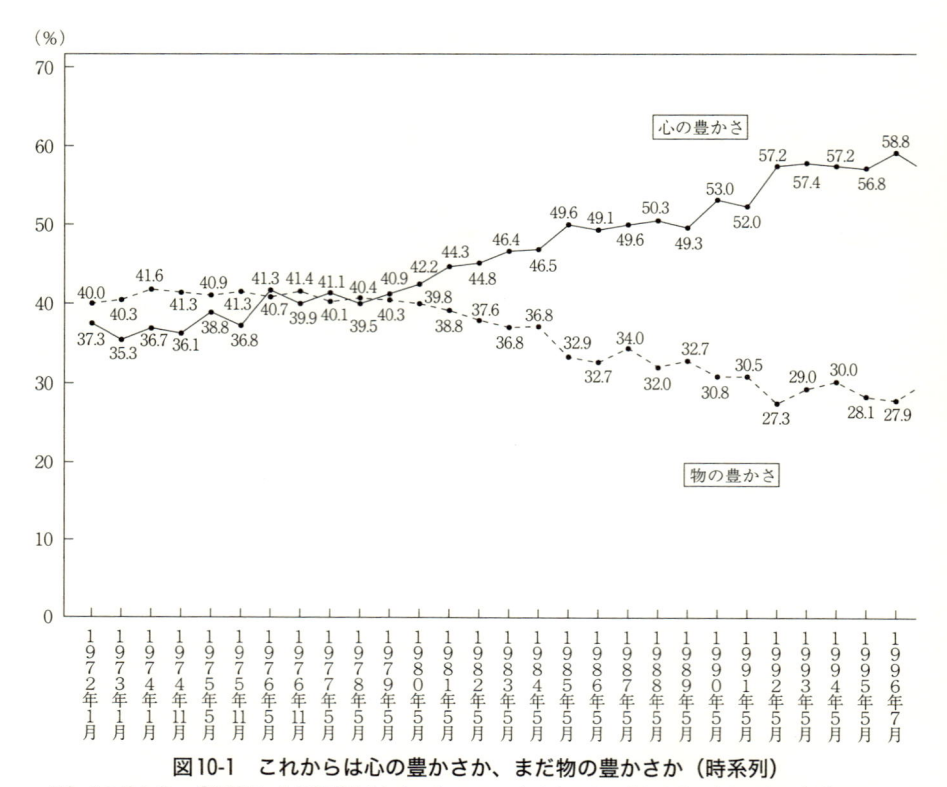

図10-1 これからは心の豊かさか、まだ物の豊かさか（時系列）

注）心の豊かさ→「物質的にある程度豊かになったので、これからは心の豊かさやゆとりのある生活をすることに重きをおきたい」。
物の豊かさ→「まだまだ物質的な面で生活を豊かにすることに重きをおきたい」。
出所）内閣府『国民生活に関する世論調査』。

　実際、フライ（Frey, Bruno S.）とスタッツァー（Stutzer, Alois）（『幸福の政治経済学——人々の幸せを促進するものは何か』佐和隆光監訳、沢木冬日訳、ダイヤモンド社、2005年）が計量的に国際比較した分析では、一人当りGDP1万ドルの水準を超えると、所得の増加と幸福度あるいは生活満足度の関係は弱まるという結果が示されている。アメリカが一人当たり1万ドルという水準に達したのはベトナム戦争が始まる前の1960年代前半、また日本では高度成長が終わった1970年代後半であり、既述した「心の豊かさ」と「物の豊かさ」の重要度が逆転し始めた時期と重なっている。

　成長を目指すことも人間の多様な欲望を満たすことも、それ自体が悪いわ

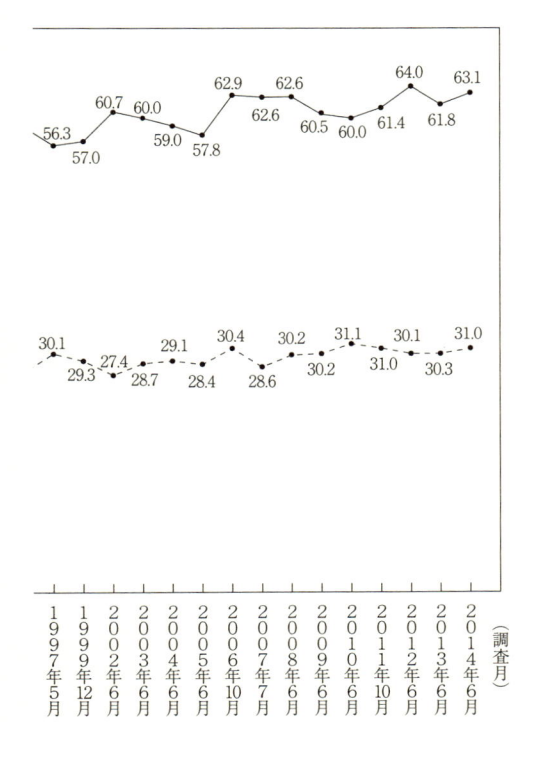

けではない。思想史にも詳しい経済学者の猪木武徳が語るように「人間存在と欲望は切り離せない」(『戦後世界経済史 ― 自由と平等の視点から』中公新書、2009年)、その「欲望が貪欲となり……市場経済を通して多くの富を生み出してきたことも」否定できない。ただ、人間の欲を満たす経済成長は無から有を創り出す「魔法」でもなければ、すべての人間に公平な恩恵をもたらす「約束の地」でもない。人間の物的な欲望を満たすために消費(破壊)される自然や環境は無限ではないし、市場メカニズムを通し成長の成果がゆたかさとして結実する保証もないからである。

イギリスの経済学者ミシャン(Mishan , Ezra J.)(『経済成長の代価』都留重人監訳、岩波書店、1971年)は、今から50年近くも前に成長政策が社会をゆたかにするという考え方は論証もできないし日常経験の事実にも合わないと指摘した。環境を破壊し公害を放置してもマクロ的な経済力の指標であるGDPが減ることはないからだ。むしろ、環境を破壊する行為が生産の増加を通してGDPの拡大に貢献したり、公害によって健康被害を受けた住民が病院にかかり医療費が増えたりすれば、GDPはさらに拡大する。また、自動車の利用に伴う大気汚染や騒音および交通事故による人的・物的被害もGDPから控除されることはない。福島の原発事故で放射能汚染された土地を除染する費用だってGDPに加算されてしまう。それでは、どうすればゆたかな社会を築くことができる

のだろうか。

2　ゆたかな社会と社会的共通資本

1　ゆたかさの条件

　新古典派の均衡（自由な市場競争のもとでは価格調整によりすべての市場で需要と供給が一致し、厚生経済学的にもパレート最適な状態が実現される）理論を批判し続けた経済学者の宇沢弘文によれば、ゆたかな社会とは「すべての人々が、その先天的、後天的資質と能力とを十分に生かし、それぞれのもっている夢とアスピレーション（aspiration、熱望、抱負）が最大限に実現できるような仕事にたずさわり、その私的、社会的貢献に相応しい所得を得て、幸福で、安定的な家庭を営み、できるだけ多様な社会的接触をもち、文化的水準の高い一生をおくることができるような社会」（『社会的共通資本』岩波新書、2000年）である。そのためには、第一に「美しいゆたかな自然環境が安定的、持続的に維持されている」こと、第二に「快適で、清潔な生活を営むことができるような住居と生活的、文化的環境が用意されている」こと、第三に「すべての子どもたちが、それぞれのもっている多様な資質と能力をできるだけ伸ばし、発展させ、調和のとれた社会的人間として成長しうる学校教育制度が用意されている」こと、第四に「疾病、傷害にさいして、そのときどきにおける最高水準の医療サービスを受けることができる」こと、そして第五に「さまざまな希少資源が、以上の目的を達成するためにもっとも効率的、かつ公平に配分されるような経済的、社会的制度が整備されている」ことが満たされる必要があると宇沢は述べる。

　そのような社会は成長を続け、GDPを拡大し成長を続けるだけでは実現できない。むしろ、経済成長とは別にゆたかな社会の条件を満たすための努力を社会的に重ねていくことが重要である。成長すれば人々が暮らす住居が自然に良くなり、「快適で、清潔な生活を営むことができるような住居」が次々と建設されるわけではない。快適で、清潔な生活とはどのような生活なのか、また、そうした生活を営むにふさわしい住居とはどのような住居かに

ついて、公正かつ中立的な専門家が、生活する人々の視点に立ち責任を持って住宅建設の制度やルールを確立していかなければ、営利本位の粗悪な住宅が建ち並んでしまう恐れもある。同じことは、自動車優先の公共投資が残した横断歩道橋にも言える。自動車が平面を走り、人間の方が数十段もの階段を昇降して道路を横断するという道路整備の発想は、明らかにゆたかな社会の条件に反している。そのほかにも自然を破壊して建設されるスーパー林道や、子どもたちを過度な受験競争に走らせる学校教育制度、大都市に病院が集中する一方で不足する介護施設、なかなか進まない被災地の復興などいまの日本でゆたかさを阻んでいる事例を挙げれば切りがない。

2　社会的共通資本とは何か

　それでは、ゆたかな社会の条件を満たすために何が必要なのだろうか。そのキーとなる概念（装置）を宇沢は「社会的共通資本」と名付けた。宇沢によれば「社会的共通資本は、その機能によって大ざっぱに言って次の三種類に分けることができる。大気、河川、土壌などの自然環境、道路、橋、港湾などの社会的インフラストラクチャー、そして、教育、医療、金融、司法などを生み出す多様な制度資本の三つである」（『経済解析　展開編』岩波書店、2003年）。ただ、「この分類法は必ずしも排他的ではなく、また包括的でもない」。重要なのは概念であり、具体的な事例については時代や環境および国や地域などによって弾力的に定めればよいと宇沢は言う。概念を規定しながら具体的な事例について解釈の余地を残したのは、ゆたかな社会や人間の幸福には統一されたスタンダード（基準）がないことを宇沢が見通しているからだ。

　グローバル・スタンダード（世界標準）とかナショナル・スタンダード（国内標準）といった基準が、社会的共通資本の機能と可能性を考えるうえでいかに無意味かを示す事例として日照権や景観権がある。たとえば、ニューヨークでは日照権はancient light（古代の光）だとか、ancient right（古代の権利）と言われ、個人の権利としては認められていないという。そんな権利を認めていたらニューヨークの中心を高層ビルで埋め尽くすことができないか

らだ。これに対して、日本では東京においても陽光は高層マンションの住人だけに与えられる特権ではなく、すべての人に共通な基本的権利として認められてきた。一日に何時間か太陽の光が差し込む環境で生活するのが人間らしい暮らしだというのが、日本における日照権の考えであり、それが日本の社会的共通資本でもあるからだ（ただし小泉純一郎首相が進めた建設基準法の規制緩和によって、東京や大阪など大都市の低層住宅地における日照権は侵害されるようになった）。

　何を具体的に社会的共通資本として維持・管理するかは、同じ国の中でも地域が異なれば、異なるのが普通である。その一つが景観権である。京都ではお寺などを拝観する際に、お寺の庭から高層ビルや近代的な風景が見えないように色々な工夫をして景観の維持に努めている。この結果、東京では通用しない高層建設の規制も京都の場合には通用する。どこまで景観権を社会的共通資本として維持・管理するかはそれぞれの地域が決める話であり、それが地域のゆたかさを支える条件でもあるからだ。

3　グローバル化の理論とグローバル化の現実

1　世界の所得格差の推移

　宇沢弘文が批判する新古典派の経済理論に従えば、国境を超えて規制や保護を廃止し、できる限り多くの資源（各種の権利や金融および情報も含めて）や商品取引の自由化を目指すグローバル化は、二つの点で世界経済に望ましい効果をもたらすという。一つは世界規模で資源配分の効率化を実現し世界経済全体の生産や所得を拡大すること、もう一つは世界規模で商品の価格だけではなく賃金や金利など生産要素の「価格」も、輸送費や税制など国によって異なる個別のコストを除き均等（同一）化することである（より詳しい説明は、国際経済学のテキストに載っているストルパー＝サミュエルソン効果を参照のこと）。そうなれば富や所得の格差も縮小されていくという。

　そこで実際にグローバル化が進展した冷戦終焉後の世界経済で所得格差がどのように変化したかを、世界銀行が毎年公表している『世界開発報告』で

表10-1　世界の所得国別人口と1人当たりGNP（GNI）

	1991年 人口（億人）	2012年 人口（億人）	1991年 1人当たりGNP（ドル）	2012年 1人当たりGNI（ドル）
低所得国	31.3	8.5	350	584
低位中所得国	7.7	25.1	1,590	1,877
上位中所得国	6.3	23.9	3,530	6,987
高所得国	8.2	13.0	21,050	37,595
世界全体	53.5	70.5	4,010	10,015

注）1. 低所得国とは1991年において1人当たりGNPが351ドル未満、2012年において1人当たりGNIが636ドル未満の国。
　　2. 低位中所得国とは1991年において1人当たりGNPが635ドルから2,554ドル、2012年において1人当たりGNIが1,036ドルから4,085ドルの国。
　　3. 上位中所得国とは1991年において1人当たりGNPが2,555ドルから7,910ドル、2012年において1人当たりGNIが4,086ドルから12,615ドルの国。
　　4. 高所得国とは1991年において1人当たりGNPが7,911ドル以上、2012年において1人当たりGNIが12,616ドル以上の国。
出所）世界銀行『世界開発報告』。

見ると次のようになる（表10-1）。まず全体では1991年から2012年の21年間で世界の所得（91年はGNP、2012年はGNI）は21.5兆ドルから70.6兆ドルへ3.3倍、また同1人当たり所得は4,010ドルから1万15ドルに2.5倍に増えた。その中で高所得国の1人当たり所得は2万1,050ドルから3万7,595ドルに1.79倍、上位中所得国は3,530ドルから6,987ドルに1.98倍、低位中所得国は1,590ドルから1,877ドルと1.18倍、低所得国では350ドルから584ドルと1.67倍に増えた。

また、各所得国に属する人口を同じ期間（1991年と2012年）で比較すると、世界の総人口が53.5億人から70.5億人に31.8％増える中で、高所得国は8.2億人（対世界人口比15.3％）から13.0億人（同18.4％）に58.5％増、上位中所得国は6.3億人（同11.8％）から23.9億人（同33.9％）に3.8倍、低位中所得国は7.7億人（同14.4％）から25.1億人（同35.6％）に3.3倍となる一方で、低所得国は31.3億人（同58.5％）から8.5億人（同12.1％）と73％減、約4分の1にまで減少した。

低所得国に属する人口が大幅に減った背景には、1991年に1人当たり所得370ドル、人口11.5億人（対世界人口比21.5％）で低所得国に分類されていた中国が2012年には同5,740ドル、13.5億人（同19.2％）で上位中所得国に、また1990年に同330ドル、人口8.7億人（同16.2％）で低所得国だったインドが

2012年には同1,530ドル、同12.4億人（同17.6%）で低位中所得国にランクアップしたことが大きく影響している。また中国やインド以外にも人口の多いインドネシア（2012年で2.5億人）やパキスタン（同1.8億人）が同期間に低所得国から低位中所得国へ脱したことを見れば、グローバル化がもたらす格差縮小に関しては新古典派の見方が正しいように見える。

　しかし2012年においても対世界人口比18.5%（1991年では15.4%）の高所得国が引き続き世界の所得の69.4%（同80.4%）を占め、絶対額でみた1人当たりの所得格差も1991年と比較して高所得国と上位中所得国との間で1万7,520ドルから3万608ドルに、また下位中所得国との間では1万9,460ドルから3万5,718ドルに、さらに低所得国との間では2万1,180ドルから3万7,011ドルにそれぞれ拡大していることをみれば、格差が本当に縮小しているのか疑問も湧いてくる。

2　賛成か反対かを超えて

　グローバル化の効果や影響をめぐってはさまざまな論争が行われているが、論点を整理するうえではジョージ（George, Susan）とウルフ（Wolf, Martin）の討論（『【徹底討論】グローバリゼーション　賛成／反対』杉村昌昭訳、作品社、2002年）が参考になる。討論の詳細は省くが、全体を通してみると同書の訳者である杉村昌昭が指摘するように二人は「立場の違いを超えて相手の言葉に耳を傾け……正面からディベートしている」。たとえば、反対派のジョージも成長や市場の役割を全面的に否定しているわけではない。「1960年までは、成長は、大部分において、人間の生活水準を改善した」と過去の成長を評価し、通常の財やサービスの生産では市場を活用すべきだと言う。また、賛成派のウルフも「北側の巨大な富が南側の人々の手に届くようにすることは望ましい」と言って世界的な再分配の必要性を認める。結局、二人の違いは、グローバル化と世界的な貧困や不平等の関係をどのような時間的視野で、誰の立場から捉えるかに行き着く。ウルフは現に苦しんでいる人々が存在することを認めながらも、自由な経済活動とその統合というグローバル化は、50年、100年のタイムスパンで見れば貧困や不平等の解消をもたらすと主張

する。一方、ジョージは足元の貧困や不平等を解決するためには、一部の人に富が集中するようなグローバル化に一刻も早く歯止めをかけることが必要だと主張するのだ。

こうした二人の討論を通して浮かび上がってくるのは、グローバル化を考える際の多様な視点である。先進国か途上国か、企業か労働者かあるいは消費者か、誰の利益を優先するのかという問題に加え、効率か公平か、成長か分配か、今起きている問題の解決か長期的な効果への期待かなど、対立する諸点のどちらに光を当てるかによってグローバル化の評価は大きく異なってくる。その意味でグローバル化に賛成か反対か、あるいはグローバル化は良いか悪いかと二者択一的に問うよりも、世界中には自分と異なる多様な価値観を持つ人がいることを忘れずに、何が合意でき、何が合意できないのか、また合意できない点については早々に諦めるのではなく、双方が合意できるまで地道に交渉を重ねていくことが大切である。討論や論争の目的は勝つか負けるかで決着をつけることにあるのではない。異なる意見をぶつけ合うことによって相互に理解を深めることにこそ意義があるのである。

4　資本主義の歴史における成長と格差

1　全体や平均に隠された不平等

世界の動向から日本に目を転じると1990年代後半以降、長期にわたり成長率が低迷しているとはいえ、日本は平均で見る限り所得面でも、資産面でも欧米の先進諸国と比較して遜色ない経済水準を維持している。ドルベースのGDPは2013年で4.9兆ドル（1ドル97.6円で換算。内閣府「国民経済計算確報」参考表）、アメリカの16.8兆ドル、中国の9.2兆ドルに次いで世界第3位、1人当たりGDPでは3万8,644ドルとOECD加盟国の中では第19位だが、前述した世界全体の平均と比較すると4倍近い水準にある。また、第二次安倍晋三政権の経済政策（アベノミクス）による金融緩和で急速に円安が進む前の2012年においては同4万6,668ドルとイギリス（4万1,048ドル）、フランス（4万951ドル）、ドイツ（4万3,132ドル）を上回っていた。

家計が所有する金融資産の総額も2015年3月末で1,717兆円（日本銀行「資金循環統計」）、国民1人当たり1,350万円に達している。一方、合計や平均から個々の世帯に目を転じると、集計された統計のヴェールに隠されていた格差や不平等が浮かび上がってくる。2013年の厚生労働省『国民生活基礎調査』によれば1世帯当たりの平均所得は537万円だが約6割の世帯は平均以下、同200万円未満の世帯も19.4%に達している。OECDの基準で算定した相対貧困率（所得の低い世帯から高い世帯へと順に並べ真ん中に位置する世帯の半分以下の所得しかない世帯の割合）も2012年で16.1%と、周囲の世帯より所得が低いために教育や医療あるいは介護、住宅など必要な社会サービスを得られない恐れのある世帯が7世帯に1世帯も存在する。貯蓄状況を見ても、「貯蓄がない」世帯の割合が全世帯の16.0%、母子世帯で36.5%、貯蓄があっても「200万円未満」が全世帯で16.4%、母子世帯で31.6%に達しており、経常的な収入が絶えたとたんに生活困窮に陥るリスクを抱えている世帯（貯蓄なしと同200万円未満の世帯の合計）は、全世帯の3割を超え、母子世帯では7割近くに及んでいる。

こうした貧困や格差は途上国や新興国だけではなく日本のような先進国でも深刻な影響を社会に与えており、経済全体の所得が増加すれば自然に解決される問題とは言えない。実際、アメリカでは経済格差の拡大によって、「第四世界」と呼ばれる新たな貧困地域が国内に形成される一方、塀に囲まれガードマンに守られて高所得者だけが安全に暮らす「ゲイテッドコミュニティ」が各地で生まれているという。貧困や格差は現実の社会では看過できない問題だが、主流派の経済学においては研究の中心テーマから外されてきた。歴代のノーベル経済学賞受賞者を見ても、貧困や格差の研究で受賞したのはセン（Sen, Amartya）くらいである。『世界の99%を貧困にする経済』の著者スティグリッツ（Stiglitz , Joseph Eugene）のノーベル賞受賞理由は貧困の研究ではなく、情報の非対称性のある市場の研究だった。

2　なぜピケティ『21世紀の資本』が注目されたのか

所得の分配問題で優れた業績を遺した石川経夫（『所得と富』岩波書店、

1991年）によれば、1930年代前半まではミル（Mill, J.S.）やマーシャル（Marshall, Alfred）およびピグー（Pigou, Arthur Cecil）系譜に見られるように、アダム・スミス以来の伝統を引き継ぐイギリスの経済学は「自らを道徳科学（moral science）と規定し……所得分配の公正や再分配の問題……は中心的なテーマ」だった。それが「1930年代以降、〔イギリスの経済学の伝統を継いだケンブリッジ大学と対立するロンドン大学の〕ロビンズを主唱者とする実証主義の運動に圧倒され、道徳科学としての経済学の研究（とりわけ厚生経済学）は急速に衰退し……分配の公正概念は経済学の対象ではないとされ」るようになったと言う。

しかし、経済学が研究の中心テーマに置くか否かにかかわらず、石川が指摘するように「経済的資源および経済活動の成果をいかに分配するかは……その社会の政治構造と分かちがたく結びついている……実際、歴史上の社会変革の運動は、それがいかに穏健的か急進的かを問わず、すべて望ましい分配の観念またはその観念を有効に表明できる主体の範囲の変更をめぐって行われてきたといっても過言ではない」（石川、前掲書）。ここにフランスの経済学者ピケティ（Piketty, Thomas）が最近著した『21世紀の資本』（仏語で2013年に出版、2014年に英訳、邦訳も出版）が英訳を契機に世界各国で注目を集めた理由もある。

ピケティは同書の「はじめに」で「分配の問題は重要だし、その意義は単に歴史的な興味にとどまらない。1970年代以来、所得格差は富裕国で大幅に増大した」（訳文は原則として『21世紀の資本』山形浩生ほか訳、みすず書房、2014年からの引用。以下同じ）と述べ、「格差の問題を経済分析の核心に戻して、19世紀に提起された問題を考え始める時期はとうに来ている」と宣言したうえで、「過去と現在のトレンドを理解するために、できるかぎり広範な歴史的データ集合を集めることから」分析を始める。

ピケティが最初に批判するのは、工業化初期の段階を過ぎれば1人当たりGDPの増加とともに分配の平等化が進むという「クズネッツ仮説」である。クズネッツ（Kuznets, Simon Smith）が観察した期間（1913〜48年）に格差が縮小したように見えたのは、二度の世界大戦によって収益を生む実物資本が物

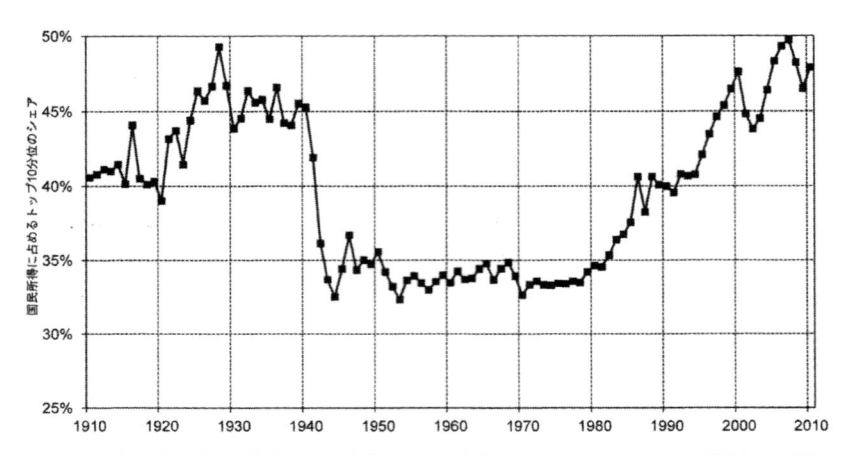

米国でトップ十分位の占める比率は、1910年代から1920年代には45〜50%だったのが、1950年には35%以下となった（これがクズネッツの記述した格差低減だ）。その後、1970年代に35%以下になってから、2000年代や2010年代には45〜50%になった。出所と時系列データ：http://piketty.pse.ens.fr/capital21cを参照。

図10-2　米国での所得格差1910-2010年
出所）みすず書房ホームページ（http://cruel.org/books/capital21c/）。

理的に破壊され、インフレによって金融資本の価値も大幅に目減りしたからに過ぎないと言う（**図10-2**）。また、その後1970年代まで約30年間、格差が縮小を続けたのも最高税率70〜80%の累進的な所得税制に加え、先進国では例外的に成長率（g）が資本収益率（r）を上回っていたからであり、資本主義の歴史から見れば「r>g」が真理であり、この真理が1980年代以降復活するに伴い格差も拡大し始めていると指摘する。

同書第7章「格差と集中――予備的見通し」では「多くの人が、現代の経済成長では当然ながら相続よりも労働、そして出自よりも能力が重んじられていると信じている……それは本当に正しいのだろうか」と格差が生まれる原因について疑問を呈し、多くの人が信じる定説の真偽をピケティは問う。もし定説のように格差の原因が本人の努力と能力の差にあり、能力の中に生まれつきの才能や運が含まれているなら、その部分だけをフローの所得に対する累進課税で調整（再分配）すれば、社会として公正な分配を達成できることになる。

この定説に対しピケティは「累進所得税は、20世紀の〔格差〕問題のた

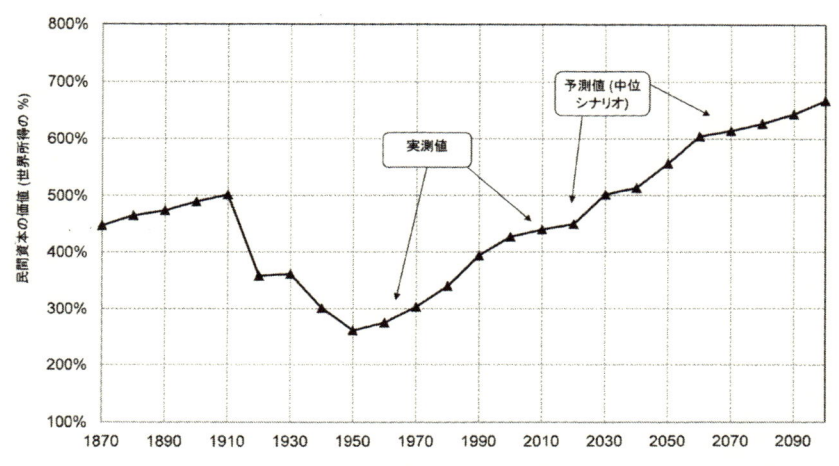

[図: 世界の資本/所得比率 1870-2100年。縦軸「民間資本の価値（世界所得の%）」100%〜800%、横軸1870〜2090。1910年頃500%、1950年頃260%まで下降し、その後上昇。予測値（中位シナリオ）は2100年に向けて700%近くへ。「実測値」「予測値（中位シナリオ）」のラベル付き。]

シミュレーション（中位シナリオ）によれば、世界の資本／所得比率は21世紀末には700%近くになるかもしれない。出所と時系列データ：http://piketty.pse.ens.fr/capital21c を参照。

図10-3　世界の資本／所得比率1870-2100年
出所）みすず書房ホームページ（http://cruel.org/books/capital21c/）。

めに設計されたもの」であり、21世紀を通して拡大すると予測される格差の解決には「資本〔正確には資産総額から負債を控除した純資産〕に対する世界的な累進課税」が必要、かつ有効だと述べる。クズネッツが観察した期間や1970年代までの状況とは異なり、資本主義の歴史的真理が貫徹する1980年代以降になると、資本収益率（r）が稼得所得と資本所得を合計した国民所得（Y）の成長率（g）を上回るだけではなく、資本（K）の蓄積による数量効果（Kの増加）は長期的にも資本蓄積に伴う価格効果（rの低下）を凌駕する（Kが増えると一般にrは低下すると言われているが、ピケティによれば歴史的にはrの低下率よりもKの増加率が上回ることから、Kが増える限りrKも増え続ける）ため、国民所得（Y）に占める資本所得（rK）の割合（α=rK/Y）は21世紀末に向けてさらに増加を続けるとピケティは予測する（**図10-3**）。しかも資本の収益率は所有する資本が大きい資産家ほど高くなる（資本の限界収益率は逓減するのではなく逓増する、つまりより多くの資本を持っている資産家の方がより少ない資本しか持っていない資産家よりも所有資産の増加率は大きくなる）傾向があるため、資本所得の源泉となる資本そのものに累進的な税を課さなければ、

資本蓄積に伴って拡大する格差に歯止めをかけることはできないと説くのだ。

3　ピケティへの反論とピケティの挑戦

　ピケティの議論に対し理論経済学者の岩井克人（「ピケティ『21世紀の資本』が指摘したこと」東京財団ウェブサイト）は、1980年代以降のアメリカで見られる上位1％への所得集中はピケティが主張するような「r（資本収益率）＞g（所得成長率）」や「β（資本／所得比率）の上昇」が原因ではなく、過大な報酬を不当に受け取る経営者を放置してきたアメリカのコーポレート・ガヴァナンスに原因があると反論する。格差拡大は資本主義の必然的な帰結ではなく、その証拠に日本やフランスおよびドイツなどの国々ではアメリカのような傾向は見られないと言うのだ。

　また、イギリスの経済学者ローソン（Rowthorn, Bob E.）（『現代思想――ピケティ「21世紀の資本」を読む』、2015年1月臨時増刊号）は、これまでの計測結果を見れば資本蓄積に伴う収益率の低下（価格効果）は、ピケティの主張とは異なり資本の増加（数量効果）よりも大きく、国民所得に対する資本の比率（β＝K/Y）が上昇を続けても国民所得に占める資本所得の割合（α＝rK/Y）が上昇するとは限らないと反論する（理論的には生産要素である資本と労働の代替の弾力性が1より大か小かによって数量効果と価格効果のどちらが大きいかが決まる。1より大きければピケティが正しく、1より小さければローソンが正しいことになるが、実証的な結果は対象とする期間や労働、資本の定義、および計測方法によって異なる。詳しくはマクロ経済学の生産関数の理論を参照）。

　さらに前出の猪木武徳（書評、『日本労働研究雑誌』2014年11月）は、「データの信憑性をめぐって英国の *Financial Times* がピケティの計算に疑問を投げかけた」ことを紹介したうえで、「本当にU-shapedなのか〔長期的に上位1％の所得シェアは上昇し、格差は拡大していくのか〕否か、確かに判断には微妙なところがある」と言ってピケティの主張に疑問を呈する。

　邦訳で600頁を超えるピケティの大著と、それをはるかに上回る専門家の評価や解説をここで詳しく紹介することはできないが、グローバル化が進展する中で、先進国、新興国、途上国を問わず格差問題への関心が高まってい

ることは改めて確認しておきたい。そうしたなかでピケティは成長に伴い格差は縮小するという「クズネッツ仮説」を否定し、グローバルな資産課税を導入しなければ21世紀末には19世紀のフランスを代表する小説家バルザックが描いた古典的世襲社会と同じような格差社会（上位層の所有資産に占める相続資産の割合がきわめて高い社会）が先進各国に現れると予測した。この警告にも似た予測がグローバル化に対する人々の不安と共鳴し、分配によって貧困を解決する可能性よりも成長がゆたかさをもたらす可能性の方がはるかに高いと言って、格差や貧困の問題を研究の中心から外してきた経済学（新古典派）に対する疑問や不満となって現れているのではないだろうか。

　もちろんピケティの主張や予測の中には大量のデータをもってしても明らかにできず、ピケティのイデオロギー（資本主義の下では世界大戦などによる大規模な資本の滅失がないかぎり所得と富は上位層に集中する）で不明な部分をカバーしているところも少なくない。既述した冷戦終焉後の世界経済における所得格差の推移にも見られるように、格差が縮小しているのか、拡大しているのか、あるいは一時的に拡大（あるいは縮小）しているだけなのかについては、必ずしもデータを分析するだけでは判断できないからだ。いわんや将来どうなるのかは不確実であり、確率的にも何が起こるのかは正確に予測できない。だから有限で稀少な資源の配分は市場メカニズムに任せ、貧困や格差は成長に伴って縮小していくと楽観していればよいのか、それともデータによる分析の限界を見極めたうえで、なお将来を予測し起こりうるリスクに備えて政策の選択肢を提示すべきなのか、いずれが正解なのかは最終的には歴史の判断に委ねるしかない。ただ、少なくともピケティは後者の道を選択し、ぎりぎりの地点に立って資本主義の将来を予測し「正当化」できない（相続資産を主因とした）格差拡大の回避策を提言したのである。

5　有限な資源の管理と成長の正当性

　ピケティは『21世紀の資本』で「重要なのは格差の大きさそのものではなく、格差が正当化されるか」だと述べている。同じように1972年にロー

マクラブが『成長の限界』(大来佐武郎監訳、ダイヤモンド社、1972年) で問題提起したことも成長自体の是非ではなく、資源の有限性から見た成長の正当性だった。同書は「成長に自主的な限界を設定することによって、自然の限界内で生きようとするほうがよいのであろうか。あるいは、なんらかの自然の限界に突き当たった場合には、技術の飛躍によってさらに成長を続けうる望みをもって成長し続けるほうがよいのであろうか」と問うたうえで、「ここ数世紀の間、人類社会は一貫して後者の道をとって成功をおさめてきたので、前者の道を選択するということをまったく忘れてしまっていた」と指摘し、技術楽観主義による成長の正当性を批判した。

ローマクラブは『成長の限界』の中で、原子力エネルギーが「基礎科学の研究所で、化石燃料が枯渇する恐れがあることに気づいていない人々によって発見された」ことを典型的な事例に挙げ、「歴史的な証拠は、生存に対するさし迫った脅威を克服するために……重要な発明がなされたという例がきわめてまれであることを示して」いると指摘する。つまり、有限な資源の制約によって成長が限界に達したとき、その限界を超えるような技術が市場価格をシグナルにして都合良く開発されるという「歴史的な証拠」は「まれ」だと言うのだ。そう考えると有限な資源の管理を市場に任せて成長を続ければ、将来世代のゆたかさを現世代が「不当」に奪ってしまう危険がある。つまり、正当性の観点から考えれば現世代が成長を抑制し、将来世代との間で有限な資源を公平に分配する方がむしろ社会正義にも適うことになる。

『成長の限界』のプロジェクトに参加したことで、人生が大きく変わったというメドウズ、ドネラ(Meadows, Donella H.)は、享年59で世を去る前に書き綴ったコラムの中で、いまだに気づかない人類に「危機にさらされているのは、地球でも、地球上の生命でも、人類の存亡でもありません。危機にさらされているのは、私たちが後生大事にしている考え方のいくつかなのです」(『地球の法則と選ぶべき未来』枝廣淳子訳、ランダムハウス講談社、2009年) と述べ、その代表として「『永久に続く経済成長』という幻想は、大きな危機にさらされています」と言う。しかし、メドウズは「成長」を第一の掟とする経済学の法則と、「足るを知る」を掟とする地球の法則の「どちらが最終的

に勝るのかを〔私が〕選ぶことはできません」と断り、自分自身の結論を留保する。選択するのは私たちであり、「選べるのは、『自分自身はどちらの法則のもとで生きるのか?』です」と述べたうえで、未来をどう生きるのかを私たちに問う。求められているのはメドウズが遺した問いに対し、現在を生きる私たちがどう答えるかなのである。

〔参考文献〕 —— 本章で引用しなかった文献も一部含む

石川経夫『所得と富』岩波書店、1991年
　経済活動の成果であり将来の経済活動の基盤ともなる所得と富が、どのように形成され分配されるかを説明した理論書。数式部分は難解だが公正な分配とは何かを説く第2章はわかりやすく、それだけでも読む価値がある。

猪木武徳『戦後世界経済史 —— 自由と平等の視点から』(中公新書) 中央公論新社、2009年
　市場の浸透と公共部門の拡大、グローバリゼーションと米国の時代、所得分配の不平等、グローバル・ガヴァナンス、市場の「設計」と信頼の5つの視点から戦後世界経済を鳥瞰。著者の深く広い思想が結晶している良書。

岩井克人『二十一世紀の資本主義論』(ちくま学芸文庫) 筑摩書房、2006年
　資本主義に内在する動学的な不均衡問題を、理論的に研究してきた著者による通貨危機に焦点を当てた「資本主義論」。デフレよりも、貨幣が貨幣の機能を失うハイパー・インフレーションの方が恐ろしいと説く。

宇沢弘文『近代経済学の再検討』(岩波新書) 岩波書店、1977年
　日本の高度成長はなぜ実現できたのかを問うことから始まり、1970年代に入って世界経済が危機に陥ったのは「経済学の危機」の現れと指摘し、解決のためにケインズ経済学を超える新しい経済学が必要だと説く。

菊池史彦『「幸せ」の戦後史』トランスビュー、2013年
　「豊かさと信じたものは、果たして何だったのか。戦後、人は何を求め、生きてきたのか」を「社会意識」の変容からとらえた戦後史。映画の場面や小説からの引用も多くビジュアルに読める。はっとするシーンも随所に。

杉本栄一『近代経済学の解明』上、下巻 (岩波文庫) 岩波書店、1981年
　本章のねらいでも引用した経済学入門の名著。限界革命以降の近代経済学の学説をマルクス経済学も含め原典に基づき学派ごとにじっくりと解説。文章は「です・ます」調で読みやすいが内容はきわめて深い。

原田正純『水俣病』(岩波新書) 岩波書店、1972年

戦後の日本経済が引起こした最も悲惨な公害の実態を、現場で長年にわたり患者を診察した医師の眼で剔出する。経済学を学ぶうえで忘れてはならない「人間の心」の大切さがひしひしと伝わってくる。

吉川洋『高度成長』(中公文庫) 中央公論社、2012年

わずか6000日の高度成長が平安時代、鎌倉時代、江戸時代といった時代区分に匹敵するほどの大きな変化を日本にもたらしたと著者は言う。成長の「光」だけではなく「影」にも焦点を当てバランスよく論じた啓蒙書。

スーザン・ジョージ（荒井雅子訳）『これは誰の危機か、未来は誰のものか』岩波書店、2011年

グローバル化に批判的な著者による近著。同じ著者による『なぜ世界の半分が飢えるのか』との併読を薦める。世界経済を統治しているのは市場メカニズムではなく、富と権力を有した支配層だと説く。

トマ・ピケティ（山形浩生・守岡桜・森本正史訳）『21世紀の資本』みすず書房、2014年

富の分配が18世紀以来、どのように変化してきたかを大量のデータを駆使して歴史的に分析した話題の書。大著だが嵌まると一気に読める。過去の歴史的な分析よりも、21世紀に何が起こるかの予測のほうが興味津々。

第11章　発展途上国開発の課題

中川　涼司

〈 本章のねらい 〉

　本章は、現代の発展途上国開発の課題を①問題の歴史的背景、②取り組みの歴史とその性格の変化、③取り組みの現状、特に国連ミレニアム開発目標と今後の展望の3点から明らかにすることをねらいとする。

　発展途上国の多くは第二次世界大戦前においては列強の植民地であった。そのことは、民族や経済圏などを無視した国境の策定による国家としての存立基盤の弱さや、農産物や鉱産物などの一次産品に特化したモノカルチャー型経済構造を負の歴史的遺産としてもたらした。1950～60年代において多くの旧植民地は独立し、独立国家となった。しかし、政治的には独立したものの、経済基盤は弱く経済開発が大きな課題として残された。発展途上国は政治的にも結束し、第三世界と呼ばれる勢力を形成し、開発要求を掲げた。しかし、やがて発展途上国の中でも分岐がみられるようになってきた。先進国からの資本や技術の導入を背景に工業化を達成していった諸国が生まれ、また、1973年のオイルショックは産油途上国を潤わせる一方で非産油途上国に大きな負担を負わせた。冷戦終結後、後発途上国の開発問題が深刻化し、国連ミレニアム開発目標が策定された。国際協力NGOの働きも大きい。しかし、それらは多くの成果を生んだが、課題も残している。

キーターム　発展途上国 (Developing Countries)、南北問題 (the North-South Problem)、国連ミレニアム開発目標 (the United Nations Millennium Development Goals: MDGs)、ODA (Official Development Assistance)、国際協力NGO (Non-Governmental Organizations in International Development Cooperation)

1 「発展途上国」(Developing Countries) の「誕生」

1 大航海時代と植民地

　大航海時代とは、15世紀半ばから17世紀半ばまで続いた、ヨーロッパ人によるアジア大陸・アメリカ大陸などへの植民地主義的な海外進出を言う。命名者の増田義郎氏によれば大航海時代の始まりは、1415年におけるポルトガルのセウタ攻略、終わりの年は、三十年戦争が終結し、ロシア人の探検家セミョン・デジニョフがチュクチ半島のデジニョフ岬に到達した1648年である（増田義郎『図説　大航海時代』河出書房新社、2008年）。ポルトガルとスペインの新航路開拓と海外領土獲得競争が白熱化する中で両国は仲介をローマ教皇に依頼して1494年にトルデシリャス条約、1529年にサラゴサ条約を締結し、各々の勢力範囲を決定し既得権を防衛しようとした。

2 帝国主義列強と植民地

　大航海時代の植民地支配は主に交易による利益を目的としたものであった。しかし、18世紀末から19世紀初めにかけてイギリスが産業革命に成功し、機械制大工業による資本主義を確立させることで、工業製品の原材料と製品販売市場の獲得という要因が付け加わった。さらに19世紀末において、電気と化学による第二次産業革命を背景に、イギリスに続き、ドイツ、フランス、日本等が台頭、商品だけでなく資本の輸出を行い、軍事力によって植民地を獲得した。帝国主義 (imperialism) 列強による植民地支配である。

3 第二次世界大戦後の植民地独立と呼称問題

　第二次世界大戦後、1940～60年代において、枢軸国の敗戦および植民地の独立闘争により、多くの植民地が政治的には独立した。しかし、これらの諸国は政治的には独立したもの、経済的には発展しておらず、経済開発問題が強く意識されるようになった。これらの国は「後進国 (Backwards Country)」、「未開発国 (Undeveloped Country)」、さらには「低開発国 (Less Developed Countries、LDC)」と呼ばれた。しかし、1962年の国連貿易開発会

議（UNCTAD）の設立以降、それらの表現は差別的であるとして、発展途上国（ないし開発途上国）(Developing Countries) という表現に変えられた。

ただし、発展途上国の概念は、種々の条約や国際機関において使われているにもかかわらず、その基準として国際的合意があるわけではない。比較的使われるリストとしては経済協力開発機構（OECD）の開発援助委員会（DAC）が作成する「援助受取国・地域リスト」（DACリスト）第I部に記載されている国及び地域がある。

表11-1　DAC統計上のODA対象国・地域（2014～2016年）

後発開発途上国 （LDC）	低所得国 1人当たりGNI （2013年） 1,045ドル以下	低中所得国 1人当たりGNI （2013年） 1,046-4125ドル	高中所得国 1人当たりGNI （2013年） 4126-12745ドル
アフガニスタン	朝鮮民主主義人民共和国	アルメニア	アルバニア
アンゴラ	ケニア	ボリビア	アルジェリア
バングラデシュ	タジキスタン	カーボベルデ	アンティグア・バーブーダ
ベナン	ジンバブエ	カメルーン	アルゼンチン
ブータン		コンゴ共和国	アゼルバイジャン
ブルキナファソ		コートジボワール	ベラルーシ
ブルンジ		エジプト	ベリーズ
カンボジア		エルサルバドル	ボスニア・ヘルツェゴビナ
中央アフリカ共和国		ジョージア	ボツワナ
チャド		ガーナ	ブラジル
コモロ		グアテマラ	チリ
コンゴ民主共和国		ガイアナ	中国
ジブチ		ホンジュラス	コロンビア
赤道ギニア		インド	クック諸島
エリトリア		インドネシア	コスタリカ
エチオピア		コソボ	キューバ
ガンビア		キルギスタン	ドミニカ
ギニア		ミクロネシア連邦	ドミニカ共和国
ギニアビザウ		モルドバ	エクアドル
ハイチ		モンゴル	フィジー
キリバス		モロッコ	旧ユーゴスラビア共和国マケドニア
ラオス		ニカラグア	ガボン
レソト		ナイジェリア	グレナダ
リベリア		パキスタン	イラン
マダガスカル		パプアニューギニア	イラク
マラウィ		パラグアイ	ジャマイカ
マリ		フィリピン	
モーリタニア		サモア	
モザンビーク		スリランカ	

ミャンマー	スワジランド	ヨルダン
ネパール	シリア	カザフスタン
ニジェール	トケラウ	レバノン
ルワンダ	ウクライナ	リビア
サントメプリンシペ	ウズベキスタン	マレーシア
セネガル	ベトナム	モルディブ
シエラレオネ	ヨルダン川西岸地区・ガザ地区	マーシャル諸島
ソロモン諸島		モーリシャス
ソマリア		メキシコ
南スーダン		モンテネグロ
スーダン		モントセラト
タンザニア		ナミビア
東ティモール		ナウル
トーゴ		ニウエ
ツバル		パラオ
ウガンダ		パナマ
バヌアツ		ペルー
イエメン		セント・ヘレナ
ザンビア		セント・ルシア
		セント・ビンセント・グレナディス
		セルビア
		セイシェル
		南アフリカ
		スリナム
		タイ
		トンガ
		チュニジア
		トルコ
		トルクメニスタン
		ウルグアイ
		ベネズエラ
		ウォリス・フツナ

出所) OECD, *DAC List of ODA Recipients*
http://www.oecd.org/dac/stats/documentupload/DAC%20List%20of%20ODA%20Recipients%202014%20final.pdf（2016年2月15日アクセス）より作成。

表11-2　世界銀行の所得による国の分類

低所得国(LIC)：1人当たりGNI 1,045ドル以下
低位中所得国（LMC）：1人当たりGNI 1,046〜4,125ドル
高位中所得国（UMC）：1人当たりGNI4,126〜12,735ドル
高所得国（HIC）：一人当たりGNI 12,736ドル 以上

注) 2015年7月改訂、世銀アトラス方式による2014年GNI基準
出所) *World Bank, Country and Lending Groups,*
http://data.worldbank.org/news/new-country-classifications-2015（2016年2月15日アクセス）より作成。

先進国と発展途上国の2分法ではないが、世界銀行の1人当たり国民総所得（GNI）による区分がある。国民総所得の基準はしばしば改訂されるが、2015年現在は**表11-2**のとおりである。これらのうち、低所得国、低位中所得国、高位中所得国を併せて発展途上国とみなすことも多い。

　なお紛らわしい概念として、「後発開発途上国」（Least Developed Countries）がある。これは1人当たりGNIが992米ドル以下で、HAI（人的資源開発の程度を表すためにCDPが設定した指標）、EVI（外的ショックからの経済的脆弱性を表すためにCDPが設定した指標）から指定される。国際機関などの公式文書ではLDCといえば、「後発開発途上国」のことを指すことが多いが、かつての「低開発国」の呼称の名残で、途上国全般をLDCと表現する文献もあり、注意が必要である。

2　地位向上を目指す途上国の運動

1　「第三世界」運動（非同盟・中立運動）の展開と「南北問題」

　第2次世界大戦後の冷戦体制の中で、資本主義陣営と社会主義陣営双方による自陣への取り込みの働きかけが行われた。しかし、そのような取り込み合戦にもかかわらず、両方から独立した「第三世界」（the third world）の動きが勃興した。インド首相ネルー（Nehru, Jawaharlal）は、自国の議会演説において、東西冷戦下でにおける軍事同盟・軍事ブロックに加わることを拒否する外交姿勢を示し、1954年のネルーと中国の周恩来首相との会談で「平和五原則」が提示された。それは①領土・主権の相互尊重（Mutual respect for each other's territorial integrity and sovereignty）、②相互不可侵（Mutual non-aggression）、③相互内政不干渉（Mutual non-interference in each other's internal affairs）、④平等互恵（Equality and mutual benefit）、⑤平和共存（Peaceful co-existence）の5つである。翌1955年にアジア・アフリカ29カ国が集まって開催されたアジア・アフリカ会議（バンドン会議）で、「平和十原則」が採択された。その後、中印間の関係悪化などにより、第2回アジア・アフリカは開催されなかったが、その精神は1961年9月に開催された第1回非同盟諸国首

脳会議に継承された。

　先進国・途上国間の問題を指す「南北問題」(the North-South Problem) という用語は、イギリスのロイズ銀行会長職にあったオリヴァー・フランクス (Franks, Oliver) が、1959年にアメリカ合衆国で行った講演「新しい国際均衡——西欧世界への挑戦」に端を発するものである。フランクスは資本主義・社会主義間の問題である東西問題に比肩する重要課題として、この南北問題をとらえた。

　北半球の温帯を中心に先進国が存在し、途上国はそれよりも南の地域に多いことから南北問題と呼ばれるようになったのである（北半球に先進国、南半球に途上国ということではない）。

　非同盟の発展途上国は国際機関に自らの活動拠点を作ろうとし、それは、1964年の国連貿易開発会議（UNCTAD）の第1回総会に結実した。その準備事務局長に任命され、さらに会議後、UNCTAD常設事務局の初代事務局長に任命されたのは、ラウル・プレビッシュ (Prebisch, Raúl) である。第1回UNCTAD総会の基調報告である「プレビッシュ報告」はその後南北関係を論じる一つの指針となった。そこでの重要な提起は、一次産品の輸出を主とする発展途上国の交易条件が傾向的に悪化していること、工業化が必要であるがそのために一次産品の価格維持、途上国に対する特恵的貿易関税、さらにODAが必要である、ということである（「援助より貿易を」）。

　第1次石油危機（1973年）を契機にNIEO（新国際経済秩序）と呼ばれる世界秩序の根本的な再編を求める動きが活発化した。1974年の国連資源特別総会では、途上国のイニシアチブのもと資源の恒久主権の原則を柱に据えた「新国際経済秩序樹立に関する宣言」が採択された。NIEOは歴史的に形成された南北間の搾取関係、支配・被支配関係を逆転するものであるとされた。

2　途上国間の格差拡大と「第三世界」運動の岐路 ——「南南問題」

　NIEOの運動はその後尻すぼみとなった。その理由は途上国の中で経済成長する国々とそうでない国々に分かれ、利害が一致しにくくなったからである。

　かつて途上国・地域であった韓国、台湾、シンガポール、香港などは、先

進国から積極的に資本や技術を取り入れ、また、輸出志向工業化路線を取り入れることで工業化（のち、シンガポールと香港はサービス化）に成功し、新興工業化経済（Newly Industrializing Economies:NIEs）と呼ばれるようになった。また、それに追随するように、ASEAN（東南アジア諸国連合）の諸国や中国も同様の開発路線を取り、経済成長を遂げている。これらの国々では、かつては欧米や日本の多国籍企業（Multinational Corporations）の進出には警戒的であったが、現在では誘致競争を展開するに至っている。

また、1991年の第一次石油危機（先進国から見ると「オイルショック」だが、産油国から見るとオイル・ブーム）は産油国を潤わせた。

しかし、大きく発展する途上国が現れる一方で、非産油途上国、特にサブサハラ・アフリカの諸国などは、「成長しない経済」（アジア経済研究所・平野克己『図説　アフリカ経済』日本評論社、2002年、6頁）にとどまった。

このような発展途上国間の経済格差問題を「南南問題」(South-South Problem) という。かつての途上国から日本を上回る1人当たりGDPを達成する国々（たとえばシンガポールの2014年の1人当たりGDPは56,319ドルであり、日本の36,331ドルをはるかに超える）が現れる一方で、依然として1,000ドル未満の国々も多く存在するようになったのである。

3　国連ミレニアム開発目標（MDGs）の作成とその後

1　国連ミレニアム開発目標（MDGs）の作成

1991年にソ連邦が崩壊、冷戦体制が集結し、かつて西側資本主義国はODAを減らした。しかし、冷戦のくびきが外れたことなどから、アフリカ諸国を中心に紛争が頻発した。それらの結果アフリカでは重債務国が多く発生した。これに対してアフリカ重債務国の債務切捨てを主張するジュビリー2000の運動の成果もあり、IMF・世銀は1996年債務削減の手段として重債務貧困国（HIPC）の債務一部切り捨て等を提起した。

国連は21世紀を前に、再度この開発問題に立ち向かうこととなった。2000年9月ニューヨークで開催された国連ミレニアム・サミットに参加した

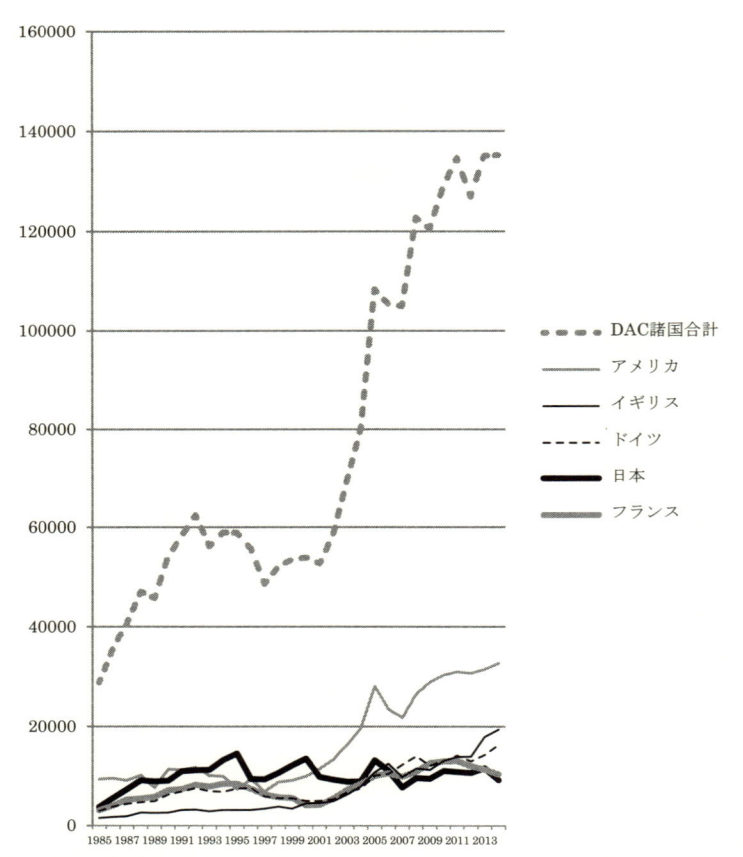

図11-1 主要援助国のODA実績の推移（支出純額ベース、1985-2014年、100万ドル）
出所）OECD, QWIDS, http://stats.oecd.org/qwids/ （2015年8月28日アクセス）より作成。

147の国家元首を含む189の加盟国代表は、21世紀の国際社会の目標として国連ミレニアム宣言を採択した（各目標は**表11-3**）。

2　国連ミレニアム開発目標（MDGs）の達成状況

　国連は毎年、*Progress Report*を発表し、国連ミレニアム開発目標の達成状況を確認している。*2015MDG Report*で確認された内容は以下のとおりである。

表11-3 国連ミレニアム開発目標

目標とターゲット	指　標
ゴール1：極度の貧困と飢餓の撲滅	
ターゲット1.A：2015年までに1日1ドル未満で生活する人口の割合を1990年の水準の半数に減少させる。	1.1 1日1ドル（購買力平価）未満で生活する人口の割合 1.2 貧困ギャップ比率 1.3 国内消費全体のうち、最も貧しい5分の1の人口が占める割合
ターゲット1.B：女性、若者を含むすべての人々に、完全かつ生産的な雇用、そしてディーセント・ワークの提供を実現する。	1.4 就業者1人当たりのGDP成長率 1.5 労働年齢人口に占める就業者の割合 1.6 1日1ドル（購買力平価）未満で生活する就業者の割合 1.7 総就業者に占める自営業者と家族労働者の割合
ターゲット1.C：2015年までに飢餓に苦しむ人口の割合を1990年の水準の半数に減少させる。	1.8 低体重の5歳未満児の割合 1.9 カロリー消費が必要最低限のレベル未満の人口の割合
ゴール2：初等教育の完全普及の達成	
ターゲット2.A：2015年までに、すべての子どもが男女の区別なく初等教育の全課程を修了できるようにする。	2.1 初等教育における純就学率 2.2 第1学年に就学した生徒のうち初等教育の最終学年まで到達する生徒の割合 2.3 15〜24歳の男女の識字率
ゴール3：ジェンダー平等推進と女性の地位向上	
ターゲット3.A：可能な限り2005年までに、初等・中等教育における男女格差を解消し、2015年までにすべての教育レベルにおける男女格差を解消する。	3.1 初等・中等・高等教育における男子生徒に対する女子生徒の比率 3.2 非農業部門における女性賃金労働者の割合 3.3 国会における女性議員の割合
ゴール4：乳幼児死亡率の削減	
ターゲット4.A：2015年までに5歳未満児の死亡率を1990年の水準の3分の1に削減する。	4.1 5歳未満児の死亡率 4.2 乳幼児死亡率 4.3 はしかの予防接種を受けた1歳児の割合
ゴール5：妊産婦の健康の改善	
ターゲット5.A：2015年までに妊産婦の死亡率を1990年の水準の4分の1に削減する。	5.1 妊産婦死亡率 5.2 医師・助産婦の立ち会いによる出産の割合
ターゲット5.B：2015年までにリプロダクティブ・ヘルスへの普遍的アクセスを実現する。	5.3 避妊具普及率 5.4 青年期女子による出産率 5.5 産前ケアの機会 5.6 家族計画の必要性が満たされていない割合

目標とターゲット	指　標
ゴール6：HIV／エイズ、マラリア、その他の疾病の蔓延の防止	
ターゲット6.A：HIV／エイズの蔓延を2015年までに食い止め、その後減少させる。	6.1 15〜24歳のHIV感染率 6.2 最後のハイリスクな性交渉におけるコンドーム使用率 6.3 HIV／エイズに関する包括的かつ正確な情報を有する15〜24歳の割合 6.4 10〜14歳の、エイズ孤児ではない子どもの就学率に対するエイズ孤児の就学率
ターゲット6.B：2010年までにHIV／エイズの治療への普遍的アクセスを実現する。	6.5 治療を必要とするHIV感染者のうち、抗レトロウィルス薬へのアクセスを有する者の割合
ターゲット6.C：マラリア及びその他の主要な疾病の発生を2015年までに食い止め、その後発生率を減少させる。	6.6 マラリア有病率およびマラリアによる死亡率 6.7 殺虫剤処理済みの蚊帳を使用する5歳未満児の割合 6.8 適切な抗マラリア薬により治療を受ける5歳未満児の割合 6.9 結核の有病率および結核による死亡率 6.10 DOTS（短期科学療法を用いた直接監視下治療）の下で発見され、治療された結核患者の割合
ゴール7：環境の持続可能性確保	
ターゲット7.A：持続可能な開発の原則を国家政策及びプログラムに反映させ、環境資源の損失を減少させる。 ターゲット7.B：生物多様性の損失を2010年までに確実に減少させ、その後も継続的に減少させ続ける。	7.1 森林面積の割合 7.2 二酸化炭素の総排出量、1人当たり排出量、GDP1ドル（購買力平価）当たり排出量 7.3 オゾン層破壊物質の消費量 7.4 安全な生態系限界内での漁獲資源の割合 7.5 再生可能水資源総量の割合 7.6 保護対象となっている陸域と海域の割合 7.7 絶滅危機に瀕する生物の割合
ターゲット7.C：2015年までに、安全な飲料水および衛生施設を継続的に利用できない人々の割合を半減する。	7.8 改良飲料水源を継続して利用できる人口の割合 7.9 改良衛生施設を利用できる人口の割合
ターゲット7.D：2020年までに、少なくとも1億人のスラム居住者の生活を改善する。	7.10 スラムに居住する都市人口の割合
ゴール8：開発のためのグローバルなパートナーシップの推進	

目標とターゲット	指　標
ターゲット8.A：さらに開放的で、ルールに基づく、予測可能でかつ差別的でない貿易及び金融システムを構築する（良い統治、開発および貧困削減を国内的および国際的に公約することを含む。）	以下に挙げられた指標のいくつかについては、後発開発途上国、アフリカ、内陸開発途上国、小島嶼開発途上国に関してそれぞれ個別にモニターされる。 **政府開発援助（ODA）** 8.1 ODA支出純額（全体および後発開発途上国向け）がOECD開発援助委員会（DAC）ドナー諸国の国民総所得（GNI）に占める割合 8.2 基礎的社会サービスに対するDACドナーの分野ごとに配分可能な二国間ODAの割合（基礎教育、基礎医療、栄養、安全な水及び衛生） 8.3 DACドナー諸国のアンタイド化された二国間ODAの割合 8.4 内陸開発途上国のGNIに対するODA受取額 8.5 小島嶼開発途上国のGNIに対するODA受取額
ターゲット8.B：後発開発途上国の特別なニーズに取り組む（後発開発途上国からの輸入品に対する無税・無枠、重債務貧困国（HIPC）に対する債務救済および二国間債務の帳消しのための拡大プログラム、貧困削減にコミットしている国に対するより寛大なODAの供与を含む。）	
ターゲット8.C：内陸開発途上国及び小島嶼開発途上国の特別なニーズに取り組む（小島嶼開発途上国のための持続可能な開発プログラムおよび第22回国連総会特別会合の規定に基づく。）	**市場アクセス** 8.6 先進国における、開発途上国及び後発開発途上国からの輸入品の無税での輸入割合（価格ベース。武器を除く。） 8.7 先進国における、開発途上国からの農産品及び繊維・衣料輸入品に対する平均関税率 8.8 OECD諸国における国内農業補助金の国内総生産（GDP）比 8.9 貿易キャパシティ育成支援のためのODAの割合
ターゲット8.D：債務を長期的に持続可能なものとするために、国内および国際的措置を通じて開発途上国の債務問題に包括的に取り組む。	**債務持続可能性** 8.10 HIPCイニシアティブの決定時点および完了時点に到達した国の数 8.11 HIPCイニシアティブおよびMDRIイニシアティブの下でコミットされた債務救済額 8.12 商品及びサービスの輸出額に対する債務返済額の割合
ターゲット8.E：製薬会社と協力して、開発途上国において人々が安価で必要不可欠な医薬品を入手できるようにする。	8.13 安価で必要不可欠な医薬品を継続的に入手できる人口の割合
ターゲット8.F：民間部門と協力して、特に情報・通信における新技術による利益が得られるようにする。	8.14 人口100人当たりの電話回線加入者数 8.15 人口100人当たりの携帯電話加入者数 8.16 人口100人当たりのインターネット利用者数

出所）外務省　http://www.mofa.go.jp/mofaj/gaiko/oda/doukou/mdgs/about.html#mdgs_list

(1) それぞれの目標における達成状況

目標1：1日1.25ドル未満で暮らす人々は1990年には19億人、人口の47%であったが、2015年には8億3,600万人、人口の14%に減少した。

途上国において1日4ドル以上で暮らす労働者層は2015年には1990年の3倍となり、総労働者に占める比率は1991年の18%から2015年には約50%となった。栄養不良の人々の比率は1990～92年の23%から2014～2016年には12.9%に減少した。

目標2：発展途上国の初等教育の就学率は2000年の83%から2015年は91%に上昇した。非就学児童は2000年の1億人から5,700万人に減少した。

サブサハラでは初等教育就学率が1990年から2000年に8ポイント上昇しただけだったが、2015年には20ポイント上がり、80%に達した。

目標3：女性の就学率は上昇し、途上国全体としては、初等、中等、高等教育のいずれにおいても男女格差は解消された。

南部アフリカでは1990年の小学校の就学率は男性100に対して、女性74であったが、2015年には男性100に対して女性103となった。

非農業部門における女性労働者は1990年の35%から2015年には41%に上昇した。不安定（vulnerable）な職業に就く女性労働者の総女性労働者に占める比率は、1991年から2015年に13ポイント減少し、男性9ポイント減少よりも減少幅が大きかった。過去20年間の進展により174カ国のうち90カ国に女性議員が居り、また、女性議員比率は同期間に約2倍化した。とはいえ、5分の1が女性であるにとどまっている。

目標4：5歳未満児死亡率は1990年から2015年において1,000人当たり90人から43人に低下した。

人口増にもかかわらず、5歳未満死亡者数は1,270万人から、600万人に減少した。減少率も1990年代よりも3倍化している。サブサハラ・アフリカでは2005～13年の年減少率は1990～95年の5倍となった。

麻疹の予防接種により、2013年には2000年と比較して患者は67%減少し、1,560万人の命が救われた。2013年に世界の84%の児童が麻疹を含む予防接種を受けており、これは2000年の73%から11ポイント上昇している。

目標5：1990年から妊産婦死亡率は45％減少し、かつ、その減少のほとんどは2000年以降に起こっている。南部アフリカでは妊産婦死亡率は1990〜2013年の間に64％、サブサハラ・アフリカでは49％減少した。2014年には71％の出産は専門的な助産スキルを持つ人材のサポートを受けた。1990年にはこの比率は59％であった。

北部アフリカでは4回以上の妊婦健診を受けることのできた妊婦の比率は1990年の50％から2014年には89％に上昇した。

15〜49歳の既婚ないしパートナーのいる女性のうち、避妊を行っている比率は世界で見て1990年の55％から2015年には64％に上昇した。

目標6：新たなHIVへの感染は2000年から2013年の間で約40％減少し、350万人から210万人に減少した。2014年6月までに世界の1,360万人のHIV感染者は抗レトロウイルス療法（ART）を受けることができており、ARTにより、1995〜2013年において760万人をAIDSによる死亡から救った。2000〜2015年にマラリアによる死亡はサブサハラ・アフリカの5歳未満の児童を中心に、620万人減少した。マラリアの発生率は37％減少し、死亡率も58％減少した。9億の防虫剤入りの蚊帳が2004〜2014年の間にサブサハラ・アフリカのマラリア流行地域に配布された。

2000〜2013年に結核の予防、診断、治療によって約3,700万人が救われた。1990〜2013年において結核による死亡率は45％低下し、流行率も41％低下した。

目標7：オゾン破壊物質は1990年以降事実上排除されており、オゾン層は21世紀半ばまでには復活する見込みである。陸上及び海上の保護領域は1990年以降、多くの地域で著しく増加しており、ラテンアメリカ・カリブ地域では保護領域は1990年から2014年に8.8％から23.4％に増加した。

2015年、91％の地球上の人々は改善された水を使うことができる。1990年には76％であった。1990年以降、改善された水を使うことのできるようになった26億人のうち19億人は水道管による供給を受けている。現在では58％の人々がこの高レベルのサービスを受けることができる。世界的には147ヵ国は飲料水の目標を達成し、95カ国は衛生の目標を達成し、77カ国は

両方の目標を達成した。

　世界的には、21億人は改善された衛生条件にアクセスすることができている。囲いのされていないトイレを使用する人々の比率は1990年以降約半分に減少した。途上国の都市のスラムに住む人々の比率は2000年には39.4%から、2014年には29.7%に減少した。

　目標8：先進国からのODAは実質ベースで2000年から2014年に66%増大し、1350億ドルに到達した。2014年にデンマーク、ルクセンブルク、ノルウェー、スウェーデン、英国は継続して国連のODA目標である対GNI比7%を達成している。

　2014年に、先進国の途上国から輸入のうち、79%は関税が免除された。この比率は2000年には65%であった。

　途上国の対外債務支払の対輸出収入比は2000年には12%であったが、2013年には3%にまで低下した。

　2015年時点で世界人口の95%は移動通信電波にカバーされている。移動通信契約者数は過去15年間2000年の7億38,000万人から2015年の70億人と約10倍になった。

　インターネット接続比率も2000年には世界で6%であったが、2015年には43%となった。結果として、32億人の人々はコンテンツやアプリケーションにおいて世界のネットワークとつながっている。

(2) 残された課題

①性による差別は続いている

　仕事や資産、意思決定へのアクセスにおいて女性への差別は依然続いている。ラテンアメリカ・カリブ地域では、貧困家庭に属する比率の男女比は、1997年の100：108が、2012年にはむしろ100：112に拡大した。

　労働市場へのアクセスにおいても差異がある。生産年齢の男性の4分の3は仕事に就いているのに対して、女性は半分しか仕事に就いていない。世界的に見て、女性の稼得収入は男性よりも24%少ない。

②最富裕層と最貧困層、都市と農村の間の巨大な格差

最貧困20%世帯の子どもたちが、成育不全になる可能性は、最富裕20%世帯の2倍であり、非就学になる可能性は同じく4倍、5歳未満死亡率も2倍である。農村では56%の出産が専門的な助産スキルを持つ人々の手を借りるに過ぎないが、都市部では87%である。農村部では16%がきれいな水を使うことができないが、都市部では4%である。農村部では約半分が衛生的なトイレを使うことができないが都市部では18%である。

③気候変動と環境劣化は取り組みが遅れており、貧困層がもっと被害をこうむっている

　1990年から二酸化炭素排出量は50%増加し、温室効果を増している。これらによる生態系の破壊などは緊急に対応が必要である。2010年に520万ヘクタールの森林が失われたが、これはコスタリカの面積に相当する。魚資源の乱獲によって、安全な生物学的限界内にとどまっている魚資源の比率は1974年の90%から2011年には71%に低下している。生物種は数的にも地域的にも減少している。貧困者の家畜はこのような環境劣化の中で最も被害をこうむっている。

④紛争は依然として人間開発にとって最大の脅威となっている

　2014年末までに、紛争によって約6,000万人の人々が故郷を捨てており、これは第二次世界大戦後最大の数字となっている。これらの人々は仮に一つの国を作ったとすれば、世界第24位の人口国となる。毎日平均42,000人が紛争によって移動を余儀なくされ、保護を求めざるを得なくなっている。この数は2010年の111,000人の約4倍である。UNHCRが責任を持つ難民のうち、子供たちは約半分を占め、紛争当事国で未就学児童となってしまう子供の比率は1999年の36%から2012年の36%に上昇した。紛争による影響を受けやすい国々は貧困となる確率も高い。

⑤多くの人々は依然として貧困と飢餓の中にあり、ベーシックな社会サービスも受けていない。

　大きな進歩はあったものの8億の人々は依然として貧困と飢餓に苦しんでおり、1億6,000万人の子どもたちは栄養不足により年齢相応の身長に達していない。小学校への通学年齢にある5,700万人の子どもは小学校に通ってお

らず、世界の約半分の労働者は依然として不安定な条件で雇用され、働き甲斐のある仕事から喜びを得ることは稀である。1日当たり16,000人の子どもが5歳の誕生日を迎えるまでに死亡している。途上国の妊産婦死亡率は先進国の14倍も高い。途上国の妊婦の半数しか、必要な4回の検診を受けていない。2013年に途上国の3,150万人のHIV感染者の36%しか、抗レトロウイルス療法（ART）を受けていない。2015年に途上国の3分の1の人々は衛生的なトイレを使用しておらず、9億4,600万人は囲いのないトイレを使用している。8億8,800万人は途上国の都市のスラムに居住している。

3 「持続可能な開発のための2030年アジェンダ」

　ミレニアム開発目標（MDGs）の達成期限である2015年以降の国際開発目標（ポスト2015年開発アジェンダ）の策定に向けた国際社会で議論が行われている。国連の内部では2011年の冬から、開発に関連する国連の全機関を含み、また世界銀行も加わる形で、ポスト2015年開発アジェンダについて検討するタスクチームが立ち上げられた。2012年6月に開催された国連持続可能な開発会議（リオ+20）において、MDGsを補完するものとして、持続可能な開発目標（SDGs: Sustainable Development Goals）を設定することについて議論された。

　2015年9月25日、193カ国の首脳を招いたサミットが3日間の日程で開催され、2030年を期限とする新たな共通国際目標「持続可能な開発のための2030年アジェンダ（Transforming Our World: The 2030 Agenda for Sustainable Development）」が採択された。これは極度の貧困や飢餓の撲滅、格差の解消などを含む17分野169目標を明記した持続可能な開発目標（SDGs）を含むもので、2016年以降の15年間に渡って各国が取り組む開発政策の指針となる。MDGsの残された課題（例：保健、教育）と、新たに顕在化した課題（例：環境、格差拡大）への対応となっていることがその特徴である（詳細は国連広報センター　http://www.unic.or.jp/activities/economic_social_development/sustainable_development/2030agenda/）。

4　世界銀行の取り組み

　1944年のブレトンウッズ協定に基づき世界銀行（世銀）が設立された。世銀は1950年代半ばまでは日本や西欧諸国の復興を促すことが中心任務としていたが、1950年代半ば以降は発展途上国の開発機関としての性格を強くした。融資分野も1960年代までは電力・運輸セクター等の重厚長大型プロジェクトを通じた経済インフラの整備が中心であったが、1970年代からはベーシック・ヒューマン・ニーズ（Basic Human Needs :BHN）の充足のために農村・農業開発、工業、教育、保健・衛生等のプロジェクトを広範に行なうようになり、規模も急拡大した。

　しかし、融資の有効性については批判もあり、特に、1980年代の南米を中心とした累積債務危機、1997～8年のアジア金融危機の際に行われた「構造調整貸付」は、厳しい緊縮政策を迫るものであったことから、強い批判を受けた。

　このような批判の高まりの中で、世銀は大きな改革を行った。世銀は1990年代末、ジェームズ・D・ウォルフェンソン（Wolfensohn, James D.）総裁のもとで「包括的な開発フレームワーク（Comprehensive Development Framework :CDF）」を提唱した。CDFを実行に移すために作成されるのが「貧困削減戦略ペーパー（Poverty Reduction Strategy Paper: PRSP）」である。2001年、世銀はPRSPに対応し、従来の構造調整貸付（Structural Adjustment Credit）の名称を変更し、貧困削減支援貸付（Poverty Reduction Support Credit: PRSC）を導入した。従来の構造調整貸付では必ずしも財政支援という用語が用いられることはなかったが、PRSCについては明確に財政支援であると位置づけられている。構造調整貸付を含む従来の世銀の政策支援借款では短期的なマクロ経済の安定が中心とされていたのに比べ、PRSCは中期的な社会・制度改革に焦点を当てており、公共セクターや社会セクターに対する支援の割合が圧倒的に高くなっている。

224　第11章　発展途上国開発の課題

5　国際協力NGOの活動と国連、ODA、世界銀行

1　国際協力NGOの拡大

　1990年代以降、国際協力NGO（Non-Governmental Organizations:非政府組織）は量的・質的に飛躍的に拡大した。『国際組織年鑑』によれば1990年に6,000団体であった国際協力NGOは2010年には56,000団体以上に増大し、また、資金力の面では、OECD統計では、1999年にNGOを含む民間ボランティア団体が途上国に提供した資金は68億5,000万ドルであったが、2010年には3,900億ドルに拡大した。

2　国際協力NGOと国連

　国連憲章第71条は、「経済社会理事会は、その権限内にある事項に関係のある民間団体と協議するために、適当な取極を行うことができる」と定めている。これを受けて、国連経済社会理事会（経社理）との協議資格を有するNGOは、経社理の会合への出席や国連事務局との協議を通じ、国連の活動に広く貢献している。NGOが国連の協議資格を得るための資格、権利、手続き等は経社理決議1996／31に規定されている。協議資格を申請したNGOは、経社理NGO委員会で審査され、協議資格を与えられる。

　国際協力NGOのうち、貧困削減支援型のNGOとして世界屈指の存在となったBRAC（ブラック）（バングラデシュ農村振興団）は年間予算規模535億円、職員数12万人（2008年時点）を擁するまでに成長した。同じくバングラデシュのPROSHIKA（プロシカ）、グラミン銀行、そして、パキスタンのAKRSP（アガ・ハーン農村支援事業）なども同様に大きく成長している。また、地域の貧困住民同士がその経験をシェアしあう機会を提供したり、行政サービスへのアクセスを重視した活動を展開するインドのSPARC（The Society for the Promotion of Area Resource Centers）のようなタイプのNGOも存在する。

3　日本の外務省、ODAと国際協力NGO

　現在、国際協力活動に取り組んでいる日本のNGOの数は、400団体以上

あると言われている。日本の国際協力NGOは1960年代より徐々に誕生し、70年代の終わりから80年代初頭にかけて、インドシナ難民への支援を契機に活動を活発化させた。90年代においては、国際的な問題への市民の関心の高まりと共に団体数も飛躍的に増加した。オイスカ、セーブ・ザ・チルドレン・ジャパン（SCJ）、ジョイセフなどが代表的な存在である。

日本の外務省も、国際協力に対する国民の理解と支援を得るうえで、また、政府開発援助（ODA）の有効性を高めるうえで、NGOと積極的に協力している。この外務省とNGOのパートナーシップには大別して「資金協力」、「活動環境整備」、「対話」の3種類があり、「資金協力」は、日本のNGOが海外での事業などの活動の際に必要とする資金を提供するもの、「活動環境整備」は、NGOの能力強化のための協力を行うこと、「対話」は、ODA政策やNGOとの連携策について、NGOの意見を聞き、政策に反映することである。

日本のNGO連携無償資金協力は、それまでの草の根無償資金協力（現在の「草の根・人間の安全保障無償資金協力」）から独立するかたちで2002年に設立された制度であるが、開始から10年経過した2012年度には、開始当時の資金供与実績（約6億円）から約6倍に増加している。

4　国際協力NGOと世界銀行

1970年代にNGOは世銀のチリのピノチェト軍事政権への融資、フィリピンのチコ川流域ダム建設への融資その他に対し、激しい批判を展開した。1980年代、世銀はこれらの批判に対し、「対話」およびプロジェクトへのNGO参画の促進の姿勢に転じ、1981年に業務政策ノート「世界銀行融資プロジェクトの準備と実施におけるNGOの関与」を策定し、1982年に「NGO-世界銀行委員会」を設立した。現在、世銀とNGOとの関わり方は三つに整理されている。

第一は、世銀の政策やプログラム、個別の事業について直接にNGOと対話するということである。第二は世銀が支援するプロジェクトにおいてNGOとパートナーを組み、技術協力やトレーニングにおいてNGOと委託契約を結んだり、NGOのプロジェクトに世銀が融資したり、共同プログラ

ムを実施したりといったことがある。第三は、世銀が現地政府とNGOの関係を円滑にするファシリテーターとなるということである。

　NGOの世銀批判に目が行きがちであるが、世銀との協力によって実績を挙げているNGOも少なくない。主なものとしてはセーブ・ザ・チルドレン・ジャパン（SCJ）と「日本社会開発基金」（JSDF）の世銀との協力、クリティカル・エコシステム・パートナーシップ基金（CEPF）と世銀の連携による生物多様性保全の分野での成果、ジョイセフが世銀の「人口とリプロダクティブ・ヘルス能力向上プログラム」の助成をうけて実施した「思春期保健プロジェクト」の成果などがある（松本悟・大芝亮編著『NGOから見た世界銀行　市民社会と国際機構のはざま』ミネルヴァ書房、2013年の第4～6章参照）。

6　発展途上国自身の課題

　先進国政府からのODA、先進各国からの対外直接投資（FDI）などの投資、国際NGOによる人的、資金的な支援の中で成長軌道に乗り始める途上国もあるが、その一方で、それらが途上国の社会体制の問題により有効に働かないこともしばしば見られる。アフリカ出身の開発経済学者が援助はアフリカの開発に役立たない、という主張も行っている（ダンビサ・モヨ著、小浜裕久訳『援助じゃアフリカは発展しない』東洋経済新報社、2010年）

　1989年に世銀が対アフリカ構造調整政策レビューの中で初めて「ガヴァナンス」の概念を用いて以来、途上国に対する開発援助の世界では途上国政府自身の「グッド・ガヴァナンス」（Good Governance）あるいは「主体性（Ownership）」を重視する傾向が顕著になっている。世銀は政治問題に関与しないとの立場からガヴァナンスを「ある国の経済的・社会的資源を開発のために活用する際の権力行使のあり方」に限定して定義している。その要件は①政府権力の使用に際しての説明責任、透明性、公開性、②予測可能な法制度による統治、独立した信頼できる司法部門の存在、③効率的な公共部門、④腐敗・汚職の抑制などである（開発における国家の役割を扱った『世界開発報告1997』も参照）。

まとめと今後の展望

　第二次世界大戦後政治的には独立したが、経済的には立ち遅れた国々は発展途上国と呼ばれるようになった。先進国と発展途上国の格差は南北問題と呼ばれ、発展途上国は第三世界として結束し、開発を進めようとした。しかし、途上国の中でも先進国からの資本と技術の導入に基づき工業化に成功する国々や石油資源などによって経済発展を遂げる国と、そうではない国々に分かれるようになっていった。2000年の「国連ミレニアム開発目標」はそのように開発から立ち遅れた国々や人々に焦点を当てるものであり、政府開発援助の拡大、民間投資の拡大、国際協力NGOの活躍等により、成果を産み出した。かつては「成長しない経済」とまで呼ばれたアフリカがその後の国際的な資源ブームなどにより、経済成長を遂げるようになり、同じ論者から「経済大国アフリカ」とまで呼ばれるようになった（平野克己『経済大国アフリカ』中公新書、2013年）。国別では世界最大の貧困人口を抱えるインドも次の新興国として注目されるようになっている。しかし、極度の貧困にあるとみなされる1日1.25ドル（約127円、購買力平価）未満で暮らしている人数は、世界で1990年の19億人から2010年には12億人まで減少したが、2015年においても10億人はいると見込まれている。まだまだ途上国開発の課題は大きい。

　発展途上国の開発には、先進国政府によるODAなどの援助、先進国や新興国からの民間投資、国際協力NGOによる人的・資金的な支援、途上国政府自身の主体的かつクリーンで、効率的な開発体制、およびそれぞれの有機的な連関が必要である。

〔参考文献〕
ジェフリー・サックス『貧困の終焉――2025年までに世界を変える』早川書房（ハヤカワ文庫NF 404）、2006年
　　国際開発の第一人者による貧困をなくすための提言。同書によれば、「貧困の罠」から人々を救い出すことができれば、人類の5分の1を覆う飢餓は根絶でき、2025年までに貧困問題は解決する。

マイケル・P. トダロ、ステファン・C. スミス（森杉壽芳・OCDI開発経済研究会訳）『トダロとスミスの開発経済学』ピアソン桐原、2010年
　世界的でも最も普及している開発経済論のテキストである。Michael P. Todaro and Stephen C. Smith, Economic Development, Prentice Hallの第10版の邦訳。原著の方は第11版がすでに出ている。

絵所秀紀『開発の政治経済学』日本評論社、1997年
　開発経済学の三大潮流である構造主義、新古典派、改良主義をその歴史的背景を踏まえて整理検討した好著。著者は元国際開発学会会長で、同書で大来賞も受賞している。

アビジット・V・バナジー、エスター・デュフロ（山形浩生訳）『貧乏人の経済学 ── もういちど貧困問題を根っこから考える』みすず書房、2012年
　開発経済論ではおなじみの「市場vs政府」の紋切型の課題設定を超えて貧困者の選択の論理を根本的に問い直すもの。

世界銀行『世界開発報告』各年版
　時々の開発の重点課題と思われる問題を取り上げ、深く掘り下げた検討を行っているものである。

勝間靖『テキスト国際開発論 ── 貧困をなくすミレニアム開発目標へのアプローチ』合同出版、2012年
　国連ミレニアム開発目標等、開発問題についてのテキスト。

渡辺利夫『アジア経済読本（第4版）』東洋経済新報社、2009年
　アジア経済の概観をするには最適。

中川涼司・高久保豊『東アジアの企業経営　多様化するビジネスモデル』ミネルヴァ書房、2009年
　東アジアの発展を企業経営の点から考察したテキスト。

平野克己『図説　アフリカ経済』日本評論社、2002年、
同『経済大国アフリカ　資源、食糧問題から開発政策まで』中公新書、2013年
　ぜひとも2冊併せて読んでほしい。「成長しない経済」と呼ばれたアフリカの近年の変化の様子がよくわかる。

小池洋一・坂口安紀・三田千代子・遅野井茂雄・小坂允雄・福島義和編著『図説ラテンアメリカ　開発の軌跡と展望』日本評論社、1999年、
西島章次・細野昭雄編著『ラテンアメリカ経済論』ミネルヴァ書房、2004年、
西島章次・小池洋一『現代ラテンアメリカ経済論』ミネルヴァ書房、2011年
　これら3冊で、ラテンアメリカの開発の軌跡はフォローできる。

第12章　国際移民と多文化社会

南川　文里

〈 本章のねらい 〉

　2010年代、地中海は世界の注目を集める場所となった。シリア、イラク、ソマリアなど、紛争や貧困に苦しむ地域からの難民が、地中海を越えてイタリア、スペイン、ギリシャに押し寄せ、その数は2015年の1年間で100万人に達した。このような国境を越える難民や移民は、21世紀までの国際関係の基本的な前提を作りかえようとしている。国家政策や国際政治によって設定された国際移動のルールは、人道的危機にある人々の前に「壁」となって立ちはだかる。しかし、豊かで安全な生活を求める膨大な人の波は、このような「壁」をも打ち崩そうとしている。世界は「国際移民の時代」に突入したと言われて久しいが、現代の国境を越えた人の圧倒的な波は、国際移民のあり方をどのように変えようとしているのか。移住者の権利や地位は、グローバル化する世界において、どのように位置づけられているのか。そして、難民や移民を受け入れた国々は、異なった文化的背景を持つ人々をどのように受容していくのか。本章では、現代世界における国境を越える人の移動を概観し、その帰結として現れる多文化社会のあり方について、欧米諸国と日本の取り組みを中心に議論したい。

キーターム　移民と難民、エスニシティ、多文化主義、排外主義、人種主義

1 国際移民の時代

1 国際移民とグローバル化

　グローバル化は、国境の垣根を取り払い、モノ、資本、人間の移動を活性化する。20世紀後半以降、国境を越える人の移動もますます活発になり、出身国以外の場所で働き、家族を作り、生活することが、必ずしも特殊なこととは考えられなくなった。このような傾向を背景に、人の国際移動は、人々に国家や国境に縛られない「地球市民」としての意識をもたらすのではないかという期待がある。しかし、その反面、さまざまな地域で、異なった文化的背景を持つ人々の間の対立や、移民や外国人を攻撃する排外主義運動などが社会問題となっている。グローバルな国際移民の結果として、国境管理やナショナル・アイデンティティへの意識はむしろ強化されているという指摘もある。

　現代の国際関係を考えるうえで、国際移民とそこから派生する社会的諸課題について考えることはたいへん重要である。国際関係学にとって、国家間の関係が重要であることは言うまでもないが、国家の境界を越えて移動する国際移民は、これまで前提とされてきた国民や国家という単位の「あいだ」に、独自のアイデンティティや生活圏を築く。このような人々に注目すると、国境を越えるネットワークや経済活動が、今日の国際社会にどのようなダイナミクスを生み出しているのかが見えてくる。それは、国際的な諸活動のルールを変えるとともに、新しいアイデンティティや文化を、現代社会にもたらしている。

　図12-1を見てみよう。これは、現代の国際移民の流れを簡略化して図示したものである。この地図からも明らかなことは、国際移民の流れが、すでにグローバルな規模で拡大していることである。ヨーロッパ諸国や北アメリカだけでなく、日本、オーストラリア、中東諸国も国際移民の主要な目的地となっていて、大陸を越えて多くの人々が集まっていることがわかる。また、北南米、ヨーロッパ、アジア、アフリカなどの域内における移動も活発である。かつて、「移民の国」と言えば、アメリカ合衆国、カナダ、オーストラリ

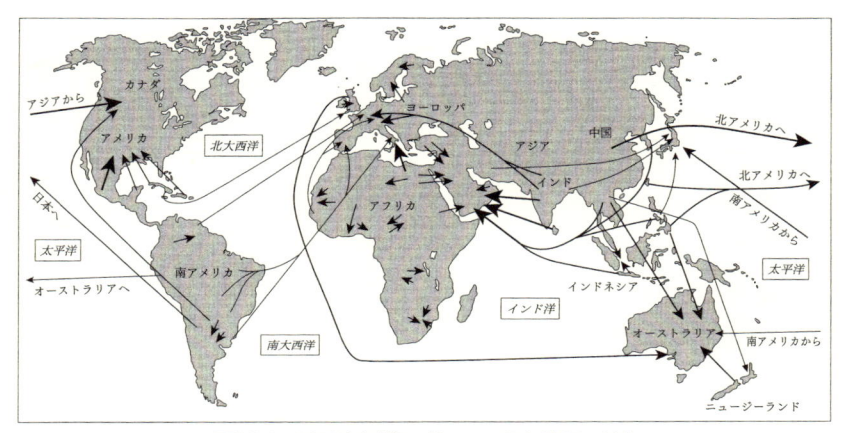

図12-1 1973年以降のグローバルな移民の流れ
注）矢印の大きさは実際の規模を示すものではない。
出典）S・カースルズ&M・J・ミラー『国際移民の時代（第4版）』8頁。

アのような植民者や移民によって建設された旧イギリス植民地地域を指すことが多かった。しかし、現代の国際移民を通して見えてくるのは、規模の大小はあれ、もはや「移民の国」ではない地域を見つけることの方が困難であるということだ。このような移民の流れに加えて、ここには十分に描かれていないが、2010年代に顕著になった難民の波がある。中東諸国やアフリカ北部からヨーロッパへ向かう難民は、数十万人という規模で生じており、従来の移民管理の枠組では対処できないレベルにふくらんでいる。

　国際連合経済社会局人口部によれば、2013年の全世界人口のうち、移民として出身国以外の地域に住んでいる人々の総数は、2億3,152万人（世界人口の3.2%）にのぼり、2000年と比べて5,700万人増加している（*International Migration 2013 Wall Chart*）。2008年以降の世界金融恐慌の影響による移民の減退も報告されているが、大まかな趨勢としては、国際移民の規模は拡大し続けていると言えるだろう。中でも、近年目立つのは、地中海に面する南ヨーロッパ、サウジアラビアやアラブ首長国連邦（UAE）などの中東地域、タイやマレーシアなどの東南アジアでの増加である。これらの地域は、歴史的には、西ヨーロッパ、北アメリカ、オーストラリア、日本などの先進諸国に移民や外国人労働者を送出する側（移民送出国）として知られていた。しかし、

近年では、伝統的な移民国だけでなく、移民送出国や積極的に移民を受け入れてこなかった国々でも、移民の流入が活発になっている。このように国際移民は、二国間で生じるものと言うよりは、送出しと受入れが複雑に絡み合うグローバルな現象と考えるべきである。国際的な人の移動は、グローバル化と呼ばれる現代の大きな社会の変化と結びついた現象なのである。

2　国際移民とはどのような人々か？

　人はさまざまな理由で国境を越える。国際移民の代表的なパターンを見てみよう。

　伝統的に国際移民の代表的存在と考えられているのは、労働移民である。国際労働機関（ILO）の報告書『国際労働移民（International Labour Migration）』（2010年）によれば、現代の世界的な移民人口の90％を、移民労働者とその家族が占めている。安定した仕事、高い賃金、豊かな暮らしを求める人々にとって、国境はもはや決定的な障壁とは言えなくなっている。移民受入れ国にとっても、移民は「労働力」として認識されてきた。欧米諸国は、第二次世界大戦以降、低賃金で柔軟な労働力供給源を移民労働力に頼ってきた。また、21世紀に入ってからは、サウジアラビアなどの中東諸国が、オイルマネーを背景にした開発ブームを支えるための建設労働力として、近隣諸国から膨大な移民労働者を受け入れている。注意が必要なのは、労働移民として移動する人々は、最も貧しい地域の最も貧しい層ではないということだ。労働移民は、国際移動に必要な資金や、海外での就労や生活をスムーズに行うためのネットワークを持っていることも必要で、出身国では中間層以上の地位にいる場合も多い。さらに、近年顕著なのは、専門職移民や高技能移民と言われる人々の存在である。北米や欧州諸国では、情報技術、経営、医療などの分野で高度な技能や専門的能力を持つ移民労働者をめぐる人材獲得競争も顕著となっている。日本でも、技術職、研究職、専門職などの「高度外国人材」を獲得するため、在留活動についての制約や永住許可要件を緩和したり、家族の帯同や就労についても認めたりするなど、優遇措置を設けている。しかし、これは、移民送出国にとっては、エリート層の「頭脳流出」を意味

しており、その是非は大きな論争となっている。

　労働移民と並ぶ大きな移動の波は、難民（refugees）によるものである。国際連合は、1951年の「難民の地位に関する条約」および1967年の「難民の地位に関する議定書」に基づいて、人種・宗教・国籍・政治的意見などを理由に「迫害を受ける恐れが十分にある」人々を「難民」と定義し、その庇護と受け入れを各国に求めた。労働移民が、より有利な職を求めて自らの意志で移住する「自発的移民」と考えられるのに対して、難民は、出身国の紛争や混乱によって移住せざるを得ない状況におかれた「非自発的移民」あるいは「強制移民」とみなされる。国連難民高等弁務官事務所（UNHCR）の報告『グローバル・トレンド：強制移住（*Global Trends: Forced Displacement in 2014*）』によれば、2014年に、出身国の紛争や迫害によって、自国以外の国や地域に住むことを強いられた人々は、6,000万人にのぼる。難民の多くは、出身国の隣国など周辺国へ一時的に避難するが、安全な生活を求めて欧米諸国に入国・滞在できる難民認定を求める者も多い。2014年には、87万人が先進国への庇護申請を行っており、その約8割がヨーロッパ諸国での難民認定を求めている。しかし、これらの申請者が難民として認定される確率は、世界全体で27％にとどまっている。2014年に日本では5,000人の難民申請があったが、認定を受けたのはわずか11名（認定率0.2％）に終わり、その厳しい基準に批判が集まった。また、2015年は、地中海難民の爆発的増加によって、その認定や受入れをめぐる国際環境は大きく変化している。もはや難民問題は、例外的な移住としてではなく、国際移民をめぐる中心的課題の一つとして扱われるべきだろう。

　さらに現代の国際移民の重要な一部となっているのが、非合法移民（undocumented immigrants）である。これは、非合法の越境（審査を受けない入国や偽造書類の使用など）や超過滞在（ビザの期限切れ後も滞在を続けるなど）のために、正規の滞在資格を持たないまま、すなわち、正規の文書を持たない（undocumented）まま、受入れ国に居住する人々を指す。正確な統計データは存在しないが、アメリカ合衆国の場合、少なく見積もって人口の約4％を占める約1,200万人が非合法移民であると考えられている。経済協力開発機

構（OECD）の推計によれば、移住者が多く、地理的に孤立していない加盟国では、総人口の1%から3%を非合法移民が占めると言われる（ブライアン・キーリー『よくわかる国際移民』明石書店, 2010年）。アメリカの調査会社ピュー・リサーチセンターの報告によれば、2010年のアメリカの就労人口の5.2%が非合法移民と推計されており、非合法移民は、受入れ地域の産業にとって欠かせない労働力となっている（Pew Research Center, *Unauthorized Immigrant Population: National and State Trend 2010*, p. 17）。また、非合法移民は、強制送還の対象となるが、犯罪等にも関与せず、継続的に就労してきた非合法移民を対象に、正規の資格を与える「正規化（アムネスティ）」も行われる。非合法移民と難民の違いを、明確に区別するのは容易ではない。正規に資格を持たないまま移住する人々の中には、貧困、紛争、暴力などの困難に直面し、たとえ非合法であっても移住という選択肢をとらざるを得なかった人々も多い。また、難民の多くは、迫害や危機から逃れる一方で、安定した雇用や豊かな生活への期待や希望を持って先進国での難民認定を求める。このような複合的な動機を、自発的か強制的かで判断するのは難しい。

　今日の国際移民のもう一つの特徴が、「国際移民の女性化（feminization）」と呼ばれる現象である。現在、特に先進諸国への移民については、女性移民が男性移民の数を上回っている。国連人口部の2013年度統計によれば、先進諸国に居住する移民人口のうち、女性は51.6%を占めている。北アメリカで51.2%、ヨーロッパ諸国では51.9%が女性である（*International Migration 2013 Wall Chart*）。従来、労働移民と言えば、「単身男性の出稼ぎ」というイメージが強く、女性は男性の移動に配偶者として付随して移動する人々（家族移民）とみなされてきた。しかし、女性化の傾向は、家族移民としてだけでなく、労働移民としても女性が移動する傾向が強くなったことを示している。家事労働職や介護・看護職のように女性が多くを占める職業だけでなく、製造業やサービス業でも移民女性を労働力として積極的に雇用する産業や部門が増えている。一方で、移民女性労働者の賃金は総じて低く、その地位も不安定なものである。さらに、女性移民は、人身売買の対象となったり、性産業への従事を強要されたりするなど、深刻な人権侵害に直面することも少

なくない。

3　国際移民と日本

　日本は、20世紀前半には、アメリカ合衆国やブラジルなどに移民を送り出し、また植民地となった朝鮮半島や満州にも植民事業を行ってきた。南米への移民送出しは、第二次世界大戦後も続いたが、高度経済成長とともに縮小した。一方、移民の受入れという点では、植民地関係にあった地域からの強制連行を含め、朝鮮半島、中国、台湾出身の移住者を多く抱えてきた。戦前期、植民地出身者は日本国籍を有する国民の一部とみなされていたが、米国を中心とする連合国による戦後占領から日本が「独立」した1952年に、旧植民地出身者は一方的に日本国籍を剥奪され、「外国人」と位置づけられた。このような歴史的背景のなかで移住先の地域社会に定着した在日コリアン（韓国・朝鮮系）や在日中国人は、「オールドカマー」と呼ばれる。

　高度経済成長やオイルショックを経た後、1980年代頃から建設業や製造業などにおける「3K（キケン、キタナイ、キツイ）」と呼ばれる単純労働への需要が高まり、留学生や正規の滞在資格を持たない非正規滞在者などが実質的に外国人労働者として働いてきた。1990年に成立した「出入国管理及び難民認定法（入管法）」でも、日本政府は、高度な技能や能力を持つ専門職以外の単純外国人労働者の導入は認めなかった。そのため、ブラジルやペルーからの「日系人」、アジア諸国からの「留学生」、中国やヴェトナムからの「技能実習生・研修生」など、就労以外の目的で設置された資格で来日した人々が、製造業、建設業、サービス業、農業などで単純労働力として働いた。さらに、難民条約を批准した後は、ベトナムやカンボジアなどインドシナからの難民も受け入れている。以上のように高度経済成長を遂げた後に、新たに外国人労働者や難民として移住した外国人は、「ニューカマー」と呼ばれる。

　2013年、日本国内に居住する在留外国人数は、総数で200万人を越え、総人口の1.6%を占めている。この割合は、他の移民受入れ国と比べると小さいが、愛知県豊田市、群馬県太田市、静岡県浜松市のように多数の外国人労

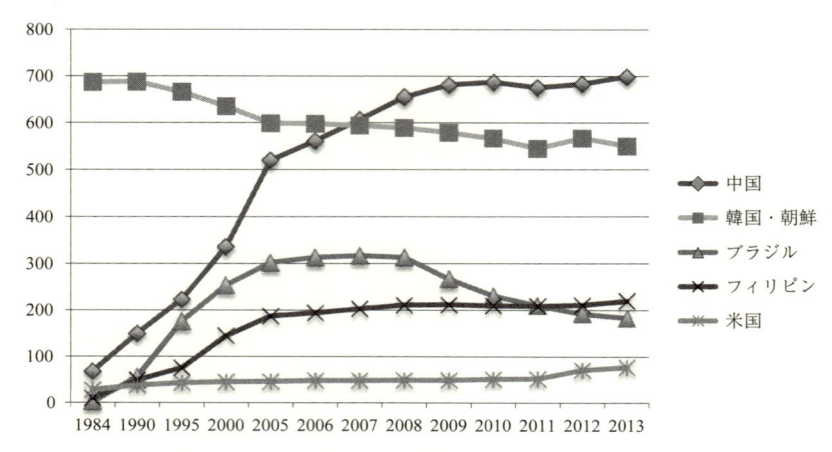

図12-2　日本における主な国籍・地域別在留外国人数の推移（単位：千人）
出典）法務省入国管理局編『出入国管理　平成26年版』(2014年) 53頁。

働者が居住する地方都市に大きな変化をもたらした。**図12-2**は、1990年入管法以後の日本における国籍別の在留外国人の人口を示したものである。これで明らかなのは、1990年以前は、在日コリアンを中心としたオールドカマーが多数を占めていたのが、それ以後は、中国、ブラジル、フィリピン、ヴェトナムなどの出身者が増加し、現在はニューカマーが多数となっていることである。

　オールドカマー、ニューカマー双方を含む在日外国人の存在は、日本の地域社会の姿を変えつつあるが、日本政府は、永住者として移民を受け入れる「移民政策」を公式には採用しない方針を維持している。日本の入国管理政策は、移住者を、原則として一定期間に特定の目的に従事し、期間終了後に帰国する「一時滞在者」と考えている。移住者やその子孫は、日本社会の一員としてというよりも、外部者（アウトサイダー）という地位に永続的におかれてしまう。このような考えは、多くの外国人が日本社会に長期滞在し、実質的には地域社会の一員となっているという現実を無視したものであり、日本が多文化社会として成熟することを難しくしている。

2　エスニシティと多文化主義

1　移民からエスニック集団へ

　国際的な人の移動は、その帰結として、文化的背景の異なった人々を一つの社会の中に共存させる。「移民の国」とは、その国民国家の枠内に、多様な文化的背景を有する人々を含む多文化社会でもある。正確に言えば、日本を含むほとんどの国民国家は、その成立以前から先住民や少数民族を内包した多文化社会であったが、国際移民の流入は、新しいマイノリティ集団を形づくり、移民受入れ社会内部の多様性をいっそう複雑にする。このように、多文化社会において、独自の文化的背景や歴史的経験を持つ集団は、エスニック集団（ethnic group）と呼ばれる。国際移民は、移住先社会に定着するとともに、エスニック集団としての意識を育み、多文化社会の一部であることを自他ともに認めるようになる。このようにエスニック集団のメンバー間で共有される意識や連帯は、エスニシティ（ethnicity）と呼ばれる。

　メキシコやカリブ海諸島のスペイン語圏からの移民を背景に急増するアメリカ合衆国のヒスパニック、東南アジア諸国における華人（中国系）、フランスにおける北アフリカ旧植民地出身の移民を起源とするマグレブ系、労働移民を契機に急増したドイツのトルコ系、第二次世界大戦前からの移住者を中心とした在日コリアンなどは、移民を出自とするエスニック集団の典型例である。移民は、異なった言語・習慣・文化を持つ受入れ社会の中で、独自の文化や価値観を持つエスニック集団となる。移民を出自とする集団が持つエスニシティは、多くの場合、出身国の文化的な要素を維持しながらも、移住先社会の文脈の中で作り直されたものである。たとえば、ベーグル（ユダヤ系）、ピザ（イタリア系）、ブリトー（メキシコ系）、フォー（ベトナム系）など、アメリカ食文化には、移民が持ち込んだ「エスニック・フード」が多いが、それらは、アメリカの文脈（食材、気候環境、嗜好など）に適応しながら、独自の変化を遂げたものである。

　また、移民によるエスニック集団が形成されるうえで重要なのが、チャイナタウンに代表される、移民が経営する企業や移住先での生活を支援する組

図12-3 アメリカ合衆国サンフランシスコのチャイナタウン（筆者撮影）
150年近い歴史を持つチャイナタウンは観光地化も進んでいるが、少し裏通りに入れば中国系の教会や相互扶助団体などのコミュニティ組織が集まっている。

織や制度が集中するエスニック・コミュニティの存在である（図12-3）。エスニック・コミュニティは、受入れ社会における差別や制約によって職業や居住の選択を制限された結果、職業機会に乏しく、住環境としても良好とは言えない地域に現れることが多い。それは、しばしば「移民問題」の象徴のようにとらえられるが、その反面、出身国を共有する移民同士の連帯意識の形成を促し、移民が受入れ社会に定着するための経済的・社会的土台となることもある。たとえば、エスニック・コミュニティで営まれる自営業や商店は、多くの移民にとって、受入れ社会における最初の経済的足がかりとなり、それを土台にして、子どもに教育機会を与え、経済的上昇を果たすというパターンは、さまざまな移民の間で広く見られるものである。さらに、エスニック・コミュニティは、移民のアイデンティティや文化の象徴的な拠り所でもあり、祭りやパレードの舞台にもなる。コミュニティが都市の再開発によって立ち退きや移転の危機に直面すると、エスニック集団のメンバーを中心に反対運動や建築物保存運動が起きることもある。

　かつては、移民が受入れ社会の一員となるためには、そのエスニック文化を捨て、移住先の主流文化へ「同化」することが必要だと考えられてきた。

しかし、1960年代以降のアメリカ合衆国では、エスニック・コミュニティを足場として独自のエスニシティを維持することが、受入れ社会での社会経済的上昇や政治的統合を促進するという側面も強調されるようになった。この新しい考えでは、エスニシティは、受入れ社会での生活と統合を支える力となると考えられる。現代世界においては、移民は、同化によって自らの文化を捨てるのではなく、出自を共有するエスニック集団となることによって、受入れ社会に自分たちの居場所を見出し、その一員としての統合を遂げるのである。

2　多文化主義の登場とその国際的背景

　以上のようなエスニシティ概念の定着は、受入れ社会に対する考え方を一変させた。エスニシティを認めるということは、移民受入れ国が、その内部に多様なアイデンティティを持つ人々を包含すること、すなわち複数の集団で構成される多文化社会であることを承認することでもある。20世紀後半になると、一つの国民社会がその内部に文化的多様性を有することを尊重しつつ、社会的な統合をはかる理念として、多文化主義（multiculturalism）が登場した。

　多文化主義を積極的に採用した国として知られているのは、カナダとオーストラリアである。両国のような移民国家は、その土地にもともと住んでいた先住諸民族を征服し、イギリス系移民を中心として成立したという歴史的背景を共有している。そして、カナダは、フランス系住民が多いケベック州の分離独立運動に刺激され、英語・フランス語の二言語の公用語化を進めた。このような状況に加えて、先住民や非英仏系の移民集団から権利擁護を求める声が高まり、1971年に多文化主義を公式な政策として採用した。カナダの多文化主義は、連邦制を背景にしたケベック州との二言語主義を基盤に、人種差別の禁止、移民の文化の尊重、そして先住民の権利認定を取り入れたものである。オーストラリアは、1970年代まではヨーロッパ系白人移民のみ受け入れる「白豪主義」を掲げていたが、アジア太平洋諸国との経済的関係が強まる中で、インドシナや中国などアジア諸地域からの移民を受け入れ

る必要性が高まった。その結果、1973年に多文化主義を宣言し、アボリジニと呼ばれる先住諸民族や、非英語系移民の文化を尊重する政策を進めた。カナダやオーストラリアは、多文化主義を、先住民族の権利を認めるとともに、国際移民が活発化する時代における新しい国民統合のためのシンボルとして採用したのである。

1980年代後半頃から、アメリカ合衆国やヨーロッパ諸国でも、多文化主義が文化的多様性を包摂する新しい社会像として注目を集めた。アメリカ合衆国では、多数派の白人と黒人やヒスパニックなどマイノリティとの格差を是正するために、マイノリティの人種的背景を大学進学や雇用の際に考慮するアファーマティヴ・アクション（積極的差別是正措置）が導入された。また、ヨーロッパ系の伝統の優位性を否定し、先住民やマイノリティの歴史や文化を教えて、マイノリティの自己尊厳を確立するための教育プログラムも実践された。これらの政策や運動は、社会経済的なレベルでも歴史文化のレベルでも、集団間の平等な扱いを実現しようとする多文化主義の理想を体現したものであった。同様に、イギリスでも、居住、雇用、教育などにおける人種差別撤廃のための積極的な施策を求める人種関係法のもと、移民やマイノリティの文化にも配慮する多文化主義的な社会政策が導入された。

20世紀後半以降、多文化主義がグローバルに拡大した背景には、いくつかの国際的な要因がある。ここまで見てきたように、第二次世界大戦後の欧米諸国への国際移民の活性化と拡大は、それぞれの社会のエスニックな多様性をいっそう増大させた。特に、この時期に増加したのは、非ヨーロッパ地域からの移民であった。アメリカ合衆国におけるメキシコやアジア諸国出身の移民、フランスのマグレブ系、ドイツのトルコ系移民は、いずれも従来のヨーロッパ圏内の移動とは異なり、人種的、文化的、言語的に各国の主流派とは異なった特徴を持っていた。このような移民の増加は、キリスト教やヨーロッパ的な価値観を強調する同化主義に代わる、多民族・多文化社会の現実により適合した統合理念の必要性を高めた。

国際移民時代の新しい統合理念の基盤となったのが、移住者やマイノリティの権利を擁護する国際人権レジームである。国際人権レジームは、国際

連合による世界人権宣言の採択（1948年）を契機に発展し、1966年に採択されて1976年に発効した国際人権規約を軸に成立したと言われる。国際人権規約（自由権規約）は、異なった出自を持つ人々に法の前の平等と差別の禁止を保障し、マイノリティが独自の文化・宗教・言語を享受する権利を持つことを定めている。さらに、人種差別撤廃条約（1965年）、子どもの権利条約（1989年）、移民の権利保護条約（1990年）などの採択によって、外国人やマイノリティの権利をめぐる問題への関心はますます高まった。議論を先導したヨーロッパでも、1950年にヨーロッパ人権条約が結ばれ、現在のEU諸国における人権保障の基準となっている。これらのルールは、国家による保護の対象外に置かれがちだった外国人や移民の人権を保障し、文化の多様性や文化的権利を尊重する多文化社会の実現を目指す議論を支えた。

　また、第二次世界大戦後のアジア・アフリカ地域における旧植民地の独立運動や「第三世界」運動が、欧米諸国におけるマイノリティの権利意識を刺激し、人種平等や文化的な権利を求める社会運動がグローバルに広がったことも重要だろう。特に、1960年代に人種差別撤廃を掲げてアメリカ合衆国で拡大した公民権運動は、人種エスニックな多様性を尊重する新しい多文化社会の実現を求めた。そして、公民権運動の代表的指導者マーティン・ルーサー・キング・ジュニア（King, Martin Luther, Jr.）は、インドの独立指導者マハトマ・ガンジー（Gandhi, Mahatma）の非暴力・不服従の思想に大きな影響を受けたことはよく知られている。多文化主義を目指す動きは、過去の差別や抑圧の経験から立ち上がった旧植民地の独立運動や、先進諸国内部のマイノリティ集団による社会運動なしには成立し得なかった。エスニシティという言葉が広まった背景には、1960年代以後、世界各地でマイノリティ、移民、先住民らが相次いで自らの独自のアイデンティティを訴えた「エスニック・リバイバル」と呼ばれる現象があった。

　国際移民のグローバルな拡大、国際人権レジームの成立、「第三世界」の台頭やマイノリティによる社会運動は、同化を前提とした既存の社会像に大きな転換を迫った。このような背景のもとで、文化的多様性を尊重することが新たな国際的な規範となり、多文化主義を広めたのである。

3 多文化主義と「多文化共生」

このような欧米社会における多文化主義の広がりに対し、日本における外国人や移民の社会的統合は、「多文化共生」という概念で議論されることが多い。「共生」は、もともとは外国人住民の権利に関わってきた市民運動や地方自治体で使用された概念であった。たとえば、1986年、川崎市は、在日コリアンへの反差別と権利擁護を訴える住民運動を受け、外国人と日本人が相互を尊重し「共に生きる」社会の創造を掲げた「川崎市在日外国人教育基本方針」を作成した。1990年代にブラジルや中国出身のニューカマー外国人が増加すると、このような人々が多く住む地方都市は、外国人の生活環境整備や生活支援を行う事業を進める理念として、「多文化共生」を推進した。「多文化共生」も、社会運動や地域社会の声をふまえて提唱された理念という点では、多文化主義と共通点を持っている。

その後、2000年ごろから高度な技能を持つ外国人労働者の導入を求める声が経済界から強まると、「多文化共生」は新しい日本社会のビジョンとして注目を集めるようになる。総務省は、「地域における多文化共生推進プラン」（2006年）を策定し、その中で「国籍や民族などの異なる人々が、互いの文化的ちがいを認め合い、対等な関係を築こうとしながら、地域社会の構成員として共に生き」ることを目指す「多文化共生」が、政策的なスローガンとして用いられるようになった。

では、日本における「多文化共生」は、欧米諸国で広がった多文化主義と同義のものと言えるだろうか。日本政府が掲げる「多文化共生」は、地域住民を構成する一部として外国人の存在を認めた点では高く評価できる。しかし、日本は移民国家ではないという入国管理政策の基本方針をふまえ、日本人と外国人のあいだの区別を前提としており、政策的な課題も、外国人が暮らしやすい環境を整えることや、日本人と外国人がよりよい関係を構築するための方法に集中している。その結果、外国人は、地域社会の一部ではあっても、日本の「国民社会」の外側に位置づけられてしまう。そのため、「多文化共生」は、「日本人とは誰か」を、日本社会の歴史や現在をふまえて問い、再定義するような動きには結びつきにくい。先に見たように、多文化主義は、

多文化によって構成される社会のあり方を問うものであり、それは必然的に、その「国民」をめぐる定義を再考することをうながす。カナダ、オーストラリア、米国では、多文化主義の導入によって、従来のイギリス系を中心とする国民観を問い直し、移民マイノリティや先住民を、その国民社会を構成する対等なメンバーとして承認した。それは、国民社会そのものを多様性によって再定義し、少数者の文化も国民文化を構成するものとして尊重するものとなった。

　日本の「多文化共生」は、外国人集住地域での外国人支援の実践や新しい地域文化の創造の可能性を十分に示している。しかし、これらの議論が、「日本社会はどのような社会なのか」「日本社会は今度どのような社会になるのか」という国民社会をめぐる根本的な問いに向き合っていると言えるだろうか。もちろん、欧米諸国の多文化主義を無理に日本に押しつける必要はない。しかし、多文化主義をめぐる議論がそうであるように、日本の「多文化共生」論も、外国人の生活環境改善の議論だけでなく、将来の「日本人」のあり方を考える議論へと結びつけることが求められる。

3　多文化社会をめぐる葛藤

1　多文化主義の後退と排外主義

　国際移民の歴史は、一方では多様性を尊重する多文化主義を広めながらも、他方では特定の身体的特徴や文化的特徴に基づいて、移民やマイノリティを「異質なもの」と見なし、偏見、差別、暴力の対象とする人種主義（racism）と深く結びついてきた。人種主義は、特定の人々が主流派や多数派に対して「劣っている」とみなして、その権利を制限し、特定の社会的地位、階層、職業に押し込めることを正当化する。多文化主義の登場は、人種主義を克服し、肌の色や外見、言語、文化、宗教などが異なる人々の間の平等を約束する社会の実現を目指す一連の努力の結果であった。

　しかし、国際移民のグローバル化や多文化主義の登場という動きに対して、人種主義的な主張を掲げ、新たな変化を忌避し、マイノリティや移民を攻撃

する態度も見られる。いわゆる外国人嫌悪（xenophobia）や人種的な敵意を公にする政治家や活動家が一定の支持を集め、外国人やマイノリティの排除を訴える排外主義的な運動が各地で頻発するようになったのである。代表的なものが、1980年代以降、ヨーロッパにおいて移民排斥を訴えた極右政党の台頭である。たとえば、フランスの極右政党「国民戦線」は、新たな移民の増加や、国境の自由化を進めるEU統合に反対してナショナリズムを煽ることで勢力を拡大し、2003年の大統領選挙では、党首が第2位の得票数を獲得した。さらに、2000年以降、オーストリア、デンマーク、ノルウェーでは、極右政党が連立内閣に参加し、制限的な移民政策を実現させるなど、実質的な政治的影響力を持つに至っている。地中海難民に直面したギリシャやハンガリーでも、難民や移民の排除を求める極右勢力が支持を集めている。

　このような傾向を後押ししているのが、2001年同時多発テロ事件以降の反移民感情の高まりである。アメリカ合衆国では、テロ事件以降、国内のムスリム移民への取締りが強化され、十分な証拠がないまま基本的人権を無視した拘束や逮捕が相次いだ。それだけでなく、移民政策を安全保障政策の一部として位置づけ、メキシコ国境の警備の厳格化や国内での非合法移民取締りの強化が進められている。外国人を安全保障上の脅威としての「テロリスト」や「侵略者」とみなす視線は、外国人や移民だけでなくルーツを海外に持つ市民・国民にとっても、その市民的な権利が制限され、差別が放置される窮屈な社会状況を生み出している。ヨーロッパ諸国でも、テロに関わる事件（2005年ロンドンでの同時爆破テロ事件、2015年パリのシャルリー・エブド襲撃事件や同時多発テロ事件など）が生じるたびに、ムスリム系移民への抑圧的な取締りや人種主義的な敵意が表面化している。

　そして、日本社会でも、2010年頃から在日外国人に対して、「死ね」「殺せ」「叩き出せ」などという暴言を投げつけるヘイトスピーチが社会問題化している。ヘイトスピーチは、相手の人格と基本的権利を、その民族的な起源のみに基づいて否定し、生命と権利を脅かす悪質な暴力である。以上のような動きは、多文化化が進む現実の中で、移民や外国人を異質な「他者」と見なして排除することで、人種的に均質な国民像の「神話」(たとえば「白人のアメ

リカ」「単一民族国家としての日本」など）を維持しようとする。もちろん、このような「神話」は、それぞれの国が、先住民、民族的少数派、移民などを抱えてきた歴史と現在を完全に無視するものであり、到底許容できるものではない。

　また、排外主義の主張を共有しない人々の間でも、多文化主義に対する批判や見直しが進んでいる。ヨーロッパ諸国やアメリカ合衆国では、多文化主義の「行き過ぎ」への懸念が示されるようになった。アメリカでは、大学進学や雇用において集団への帰属が優先されるアファーマティヴ・アクションは、しばしば、個人間の自由な競争を強調するアメリカの理想に反するものとして批判される。フランスでも、公立学校でムスリムの女子学生が頭部の露出を防ぐために着用するスカーフを、政教分離の原則やフランス共和主義への脅威とみなし、2004年に公立学校での「宗教的シンボル」の着用を禁じる法律が成立した。集団間の格差是正をめざし、相互に文化を尊重する多文化主義的な考えが、個人の自由や普遍的な市民的価値と対立するものとして、その見直しを迫られている。さらに、21世紀にヨーロッパで相次いだテロ事件の多くが、その国で育った移民系マイノリティの若者によって実行される「ホームグロウン・テロリズム」である点も、多文化主義への懸念を深める要因となっている。多文化主義への批判者は、イスラーム文化にも寛容な多文化主義的政策が国内で「テロリスト」を育てたのではないかと疑問視している。そのような中、ドイツやイギリスの首相らが相次いで多文化主義の「失敗」を強調し、それぞれのナショナリズムへの回帰を強調するようになった。このような動きは、排外主義の拡大と重なり、多文化主義の後退を各国にもたらしている。

2　寛容な社会のために

　国際移民がグローバルな規模で広がるなか、多文化が共存する社会の実現は、現在進行形の課題であり続けている。欧米社会に広がった多文化主義は、その可能性を示す一つの考え方であったものの、各国でその限界や困難も指摘されている。しかし、植民地主義や人種主義の歴史と現代の人の国際移動

の現状を考えれば、多数派の支配や優位を維持しようと移民や少数者を排除する排外主義や人種主義の動きは、人間の尊厳を顧みない非人道的なものであると同時に、非現実的かつ非社会科学的なものでもある。本章の最後に、現代世界の現実をふまえながら、多文化が共存する寛容な社会を実現させるために求められる課題について述べておきたい。

　まず、不平等や格差を生み出す要因の複合性を考慮しなくてはならない。たとえば、アメリカ合衆国の黒人女性からは、黒人としての差別に加え、女性としても差別されるという「二重の差別」を訴える声がある。フランスのスカーフ論争では、スカーフをめぐってさまざまな解釈が対立する。それは、フランスの政教分離に対するイスラーム文化の挑戦や、ムスリム男性による女性への文化的抑圧の象徴と見なされ、禁止された。しかし、ムスリム女性たちの中には、スカーフを身につけることは、自身による主体的な選択の結果であり、ムスリム女性による「自由」の実践であると主張する者もいる。以上のことが意味するのは、多文化社会における文化が、単一の要因のみに還元できない、人種、出身国、ジェンダー、宗教、階級などの複合的な条件のなかで成立しているということである。不平等や差別や格差は、その複合的な要因を丁寧に解きほぐして理解することなしには乗り越えることはできない。

　次に、集団や社会の境界線がますます曖昧になっている。たとえば、人種やエスニシティの壁を越える結婚（＝インターマリッジ）、国籍の違う人同士の結婚（＝国際結婚）は、珍しいものではなくなっている。さらに、そのようなカップルから生まれ、「多人種系（multiracial）」や「ミックス」などと呼ばれる複数の人種的・民族的なルーツを持つ人々（日本では「ハーフ」「ダブル」「ミックス」などの呼び名が用いられる）の文化やアイデンティティは、既存のエスニック・アイデンティティの枠組で十分にとらえられない。また、今日の国際移民をめぐる動向として、移住者がつくるネットワーク、組織、コミュニティが国境を越えた結びつきを持っているという点も重要だ。移民は日常的な生活世界において、出身社会と受入れ社会の両方に結びつきを持ち、しばしば、一つの国に縛られない越境的なアイデンティティを持つ。イン

ターネットやスマートフォンのような通信技術の発達は、一つの場所に縛られず、常に出身地の人々と「つながる」生活を可能にする。さらに、国際移民の拡大にあわせて、出身国と受入れ国の二重国籍の保持を認める動きもある。以上のような状況は、一人の人間が単一の集団的アイデンティティを持ち一つの国に帰属するという既存の前提の限界を示している。このような集団間の境界や国境を越える社会現象をふまえて、どのように多文化社会のあり方を構想することができるだろうか。

　最後に、冒頭でも述べた大規模な地中海難民に見られるように、現代の人の移動は、既存の想定を大きく越えたレベルで生じている。このような状況は、難民の多くを命の危険にさらすとともに、従来の国境管理の枠組を無効化してしまう。この人の流れを一国で受け止めるのは困難であるし、軍事的方法を含めた取締り強化で統御するのは不可能だろう。さらに、このような統制困難な難民の大量流入に対する受入れ社会側の不安も高まる。高まる不安に乗じるかたちで、排外主義運動や極右政党が支持を集めることもあるだろう。このような危惧は、地中海難民に限らない。恒常的な紛争や貧困によって大量難民が生じるリスクは、中東やアフリカだけでなく、いまや世界全域に広範囲にわたっている。米墨国境を非合法に越える人々をはじめとする非合法移民の波も、難民と同様、国家の国境管理能力を疑問視させ、排外主義的な感情を刺激する。

　難民や移民がもたらす危機に対してこそ、国際関係学の知見が求められる。紛争、貧困、政治弾圧などの移住の背景を鑑みれば、出身国における秩序と安定の確立は、危機克服のための条件となる。出身国における貧困や格差の問題に対しては、国際的協力体制のもとで積極的な開発へのアプローチが求められるだろう。このような移住の背後には、多くの場合、植民地主義の歴史や、移住者に対する人種主義的な支配関係が存在する。それは、受入れ社会における多数派と少数派のあいだの序列関係へと結びつき、多文化社会への統合を難しくする。このような不均衡な関係を乗り越えるためには、送出国と受入れ国、多数派と少数派、国民と外国人の間の新しい関係性の構築を実現しなくてはならないだろう。いまや、国際移民、難民、多文化社会は、

インターディシプリナリーな国際関係学の強みが最も発揮される世界的課題となっているのである。

[参考・学習文献]

S・カースルズ、M・J・ミラー（関根政美・関根薫訳）『国際移民の時代（第4版）』名古屋大学出版会、2011年
　国際移民の理論、歴史と現在、諸課題について幅広く解説した入門書。同書は英語版では第5版まで出版されており、専用のウェブサイト（http://www.age-of-migration.com）では、書籍に収録されなかった事例研究、リンク集、写真などの学習リソースが掲載されている。

宮島喬・佐藤成基・小ヶ谷千穂編『国際社会学』有斐閣、2015年
　国際移民がもたらす社会的課題について、特に日本での動向に注目して考える。

樽本英樹『よくわかる国際社会学（第2版）』ミネルヴァ書房、2016年
　国際移民を取り巻く世界的な状況について、特に先進諸国の動向を中心に解説する。

ジグムント・バウマン（澤田眞治・中井愛子訳）『グローバリゼーション ── 人間への影響』法政大学出版局、2010年
　グローバル化が、人の移動や人間社会に与える影響について議論する。特に「旅行者」と「放浪者」という二極化する人の移動の指摘は重要。

田中宏『在日外国人（第三版） ── 法の壁、心の溝』岩波新書、2013年
　オールドカマー、留学生、外国人労働者、難民など、在日外国人をめぐる制度的な課題と、それに挑戦した人々の歩みを紹介した入門書。

南川文里『アメリカ多文化社会論 ── 「多からなる一」の系譜と現在』法律文化社、2016年
　アメリカ合衆国の歴史と現在を通して、移民、人種主義、多文化が共存するための社会構想の変遷と現代的な課題を議論する。

水野直樹、文京洙『在日朝鮮人 ── 歴史と現在』岩波新書、2015年
　在日朝鮮人の100年に渡る歴史を、最新の研究成果をふまえて解説する。

師岡康子『ヘイトスピーチとは何か』岩波新書、2014年
　日本におけるヘイトスピーチ問題と欧米での対策について解説する。

第13章 情報とメディア

岡田　滋行

> **〈 本章のねらい 〉**
>
> 　「情報」は、約40億年前に地球上に生命が誕生して以来、常に多様な活動の基盤となってきた。人類は、約3万5千年前に言語を習得し、その後、文字や印刷技術などさまざまなメディアを発明し、今日の多メディア時代を築いた。
>
> 　一方、東西冷戦の終焉と「9・11」がもたらした国際政治の枠組みの変化と、情報通信技術（ICT）革命による伝達手段の発達は、相互に影響を及ぼしあいながら、グローバル化を促進している。
>
> 　われわれが生活している高度情報化社会は、人類の長い歴史の中でも、きわめて変動の大きく、予測不能な社会だが、その全体像を把握するために、さまざまな観点からアプローチしてみよう。

キーターム　高度情報化社会、送り手・受け手、良質なジャーナリズム、表現の自由

第13章 情報とメディア

1 高度情報化社会と私たち

1 メディアの歴史

現代の私たちのまわりには、携帯電話、テレビ、新聞、ラジオなどのメディア（媒体）から、刻々とさまざまな情報が流れている。遠く離れた異国の紛争、昨日のスポーツの結果、流行のファッション、国内政治の動向、友人の近況、人気商品の安売りセール……。文字だけの情報もあれば、写真、動画、さらには音声などを加えた情報も飛び交っている。インターネットの世界では、もはや国境は何の意味も持たず、大量に、安価に、あふれんばかりの情報が自由に流通している。

こうした高度情報化社会は、1990年前後の情報通信技術（ICT）革命を経て実現したもので、人類の情報の歴史の中では、きわめて最近の出来事である。

図13-1は、人類が言語を獲得してから現在までを一年間に縮尺した「暦年

年代	メディア	暦年スケール
約35,000年前	高度な分節音声言語の獲得	1月1日
B.C.3100年頃	文字の発明（シュメール人）	11月8日
1450年頃	活版印刷技術発明（グーテンベルク他）	12月26日
1650年	新聞（最初の日刊紙「アインコメンデ・ツァイトゥンゲン」）	12月28日
1839年	写真（ダゲールによるダゲレオタイプ）	12月30日 5時
1844年	電信（モースによる実用実験成功）	12月30日 6時
1876年	電話（ベル）	12月30日 14時
1891年	キネトスコープ（エジソン）	12月30日 18時30分
1920年	ラジオ（KDKA局が最初の本格放送）	12月31日 1時30分
1930年	テレビ（NBCが実験放送開始）	12月31日 4時
1954年	カラーテレビ放送開始	12月31日 10時
1969年	ARPANET開始	12月31日 12時30分
1983年	インターネット（TCP/IPプロトコルに移行）	12月31日 17時

```
1/1       言語獲得（クロマニョン人、35,000年前）
11/8      文字の獲得（B.C. 3100 シュメール楔形文字）
12/26     グーテンベルク活版印刷技術（1450）
12/28     ライプチッヒの「アインコメンデ・ツァイトゥンゲン」（1650）
12/30 14:00  ベル電話の特許（1876）
12/30 18:30  エジソン「キネトスコープ」（1891）
12/31  1:30  世界最初のラジオ放送局 KDKA（1920）
12/31  4:00  テレビ．NBCが実験放送開始（1930）
12/31 10:00  カラーテレビ放送開始（1954）
12/31 12:30  ARPANET開始（1969）
```

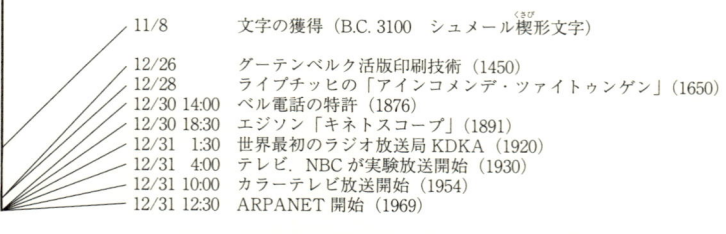

図13-1　高度な文節言語の獲得から現在までの暦年スケール
出所）橋元良明編著『メディア・コミュニケーション学』大修館書店、2008年、9頁。

スケール」である。人類は、今から3万5千年前に言語を獲得し、長い時間の経過の末に、約5000年前に、ようやく言語を文字で表現できるようになった。

人類は、文字を使うことによって、ものごとを記録し、伝達する能力を得たが、それが大きく展開したのが、15世紀の「グーテンベルク革命」である。1450年ころ、ドイツの金属加工職人ヨハネス・グーテンベルク（Gutenberg, Johannes）によって発明された活版印刷技術は、それまで、手書きか木版印刷に頼るしかなかった文字のコピーが、簡単にできる環境を実現した。羅針盤、火薬とともにルネサンスの三大革命と称されるこの活版印刷技術は、ラテン語の聖書を大量に生み出すとともに、「話し言葉」から「書き言葉」への変化を促した。

米国の歴史学者ベネディクト・アンダーソン（Anderson, Benedict）は、『想像の共同体』石隆他訳、書籍工房早山、2007年）の中で、ラテン語の聖書が最初の「近代的大量工業製品」として普及し、やがて、共通の俗語を話す人々の間に共通の意識を生み、こうした変化が国民国家の誕生の大きな要因になったと分析している。

また、ドイツの哲学者ユルゲン・ハーバーマス（Habermas, Jürgen）は、『公共性の構造転換』（細谷貞雄他訳、未来社、1994年）で、王室、宮廷やキリスト教会などが代表する近代以前の政治秩序が、宗教革命などによって、次第に崩壊し、市民が自由に意見を交換する「公共圏」（Public Sphere）の成立を促したと述べている。

さらに、19世紀以降は、写真、電信、電話、ラジオ、テレビ、コンピュータなどのメディアの発明が相次ぎ、現代の我々の環境へとつながっている。

2　表現の自由の確立

次に、情報の歴史を、「ニュース」を基準にして振り返ってみよう。米国の学者ミッチェル・ステフェンス（Stephens, Mitchell）は、著書 *A History of News* で、ニュースを「一定の規模の大衆が共有する、大衆の利害・関心事項に関する新しい情報」と規定したうえで、人類が話し言葉しか持たなかっ

た時代から、現代に至るまでの展開を分析している。

その歴史を簡単に整理すると、
- 話し言葉によって直接、ニュースが伝達される
- 紙などに記された文字によって、伝わる
- 活版印刷によって、大量にコピーされた文字が伝わる
- 本やパンフレットなどが大量に売れる出版資本主義の確立によって新聞が誕生する
- フランス革命や米独立戦争などの市民革命の過程で、「表現の自由」などを原則とする報道の概念ができる
- 電信や電話の発明によって、ニュースを伝達する距離や時間が短縮される

……と順を追って、今日の情報環境が整備されてきた。

表現の自由が初めて明確にうたわれたのは、1791年のアメリカ合衆国憲法修正第1条で、そこには「言論または出版の自由を制限する法律を制定してはならない」と規定されている。もちろん、その後も、発行部数を伸ばすために、大衆の興味をあおる扇情的な報道などが主流となった時期もあるが、第二次世界大戦後、米国のシカゴ大学のハッチンス教授が主宰した「プレスの自由委員会」が、①日々の出来事について、真実で、理知的な記事をよくわかるように伝える、②意見と批評の交流の場としての役割を果たす、③社会を構成する各集団の代表像を映し出す、④社会の目標と価値を示す、⑤市民に対し、情報に接近する十分な機会を提供する……などを骨子とした新聞の社会的責任理論をまとめ、今日の表現の自由の基礎的な概念が確立された。それまで、外部勢力からの自由（消極的自由）が焦点となっていた考え方に、「報道は、民主主義社会が目的を達成するために必要不可欠である」という積極的な自由に着目したのが、この理論の大きな特色である。メディアが社会的責任を負っているかどうかは、社会によって監視、判断される。

気をつけなければならないのは、世界には、いまだに表現の自由が認められず、政府がメディアを統制している国や地域が決して少なくはないという厳然たる事実だ。そこでは、政府の政策を実施する手段や国家の武器として

メディアが使われている。

　日本の場合、江戸時代に広く「かわら版」が普及し、一般大衆の読み書き能力が高いという優位な環境を持ちながらも、表現の自由が制度として保障されていたわけではない。大日本帝国憲法（明治憲法）では、表現の自由は、「法律ノ範囲内ニ於テ」のみ認められ、新聞紙条例や出版条例などの制限が加えられていた。太平洋戦争の敗北、軍部の「大本営発表」による情報操作などの苦い経験を経て、1947年に施行された日本国憲法で、ようやく、「集会、結社及言論、出版その他一切の表現の自由は、これを保障する。検閲は、これをしてはならない。通信の秘密は、これを侵してはならない」（第21条）と規定されたことに、十分に注意する必要があろう。新憲法のもとでも、21条に関連する「知る権利」や「アクセス権」、さらには、「個人の尊重」（第13条）に関連する「プライバシーの権利」などをめぐって模索が続いている。

3　報道と国益（戦争報道）

　これまで見てきたように、長い年月をかけて確立された表現の自由は、しかし、無制限に保証されているわけでは、決してない。特に、国家が、究極の外交手段である戦争に突入した場合の戦争報道に関しては、戦略、戦術が報道によって敵国に知られると、自国に著しく不利になることもあって、「国益」がことさらに重視され、国家による一定程度の検閲や情報操作は、例外としてやむを得ないものだと一般的に考えられている。20世紀に起きた戦争を題材に、報道と国益の関係を考えてみよう。

- 第一次世界大戦（1914～18年）は、大量虐殺戦争として予想以上に長期化したが、報道との関連で言えば、英国に情報省が設置されるなど、検閲制度が本格的に確立したことが見逃せない。米ウィルソン大統領（Wilson, Thomas Woodrow）は、戦後の国際連盟の基礎となった「14ヵ条の平和原則」を発表したが、ウォルター・リップマン（Lippmann, Walter）は、著書『世論』の中で、「海底ケーブルやラジオ、通信、毎日の新聞がなかったら『14ヵ条』の実験は、不可能であったろう」と述べ、この

段階で、ジャーナリズムは、地球規模での共通意識を形成できるところまで到達したとの見解を述べている。
- 第二次世界大戦（1939〜1945年）では、ラジオが登場し、報道の特性として「同時性」が新たに加わった。報道自体は、客観性を度外視した「愛国報道」が主流で、日本では、「大本営発表」によって、国民は軍部に都合の良い情報を与えられ続けた。
- ベトナム戦争（1960〜1975年）では、テレビがお茶の間に戦場の生々しい状況を持ち込むなど、比較的、自由な報道が繰り広げられた。米国のデービット・ハルバースタム（Halberstam, David）やニール・シーハン（Sheehan, Neil）などの優秀な記者による現場からの報道により、反戦運動、反米運動が盛り上がりを見せ、最後は米軍撤退、和平協定成立により、米国にとって、初めて「勝てなかった戦争」となった。米国社会に深刻な後遺症を残したこの戦争は、国家の安全保障と国民の「知る権利」をどう両立させるかを正面から問い直すきっかけとなった。
- 湾岸戦争（1991年）では、ベトナム戦争の反省に基づいて、政府が、巡航ミサイルが標的に命中する映像を大量に提供したり、「プール取材」（代表者となったメディアが前線取材を行い、その素材を共有する）などの新たな手法を導入するなど、報道を意図的に管理しようとした。24時間ニュースを放送するCNNが、開戦時にバグダットから実況中継し、その様子はホワイトハウスでも視聴された。
- アフガニスタン戦争（2011年）では、コンパクトであらゆる現場からの中継が可能なビデオフォンが登場し、報道の臨場感、同時性がさらに高まった。カタールのニュース専門局アルジャジーラが参入し、中東の視点から戦争の行方を報道した。
- イラク戦争（2013年）では、開戦の正当性をめぐって多くの国がさまざまな立場を主張した。戦争が始まると、「埋め込み取材」（軍と寝食をともにしながら同行取材をするが、離脱は許されない）などの手法が取られ、自由な報道は大きく制限された。

以上のように、20世紀以降の戦争報道の歴史は、ラジオ、テレビ、小型ビデオなどの科学技術の進歩がもたらした伝達手段の加速度的な発達の歴史でもある。一方で、科学技術の進歩は、兵器のハイテク化、高度化をもたらしていることも見逃してはならない。

2　情報通信技術（ICT）革命と国際政治

1　変革の波

1989年11月9日のベルリンの壁崩壊は、東西冷戦の終焉を象徴する画期的なできごとだったが、ちょうどその頃、情報通信技術の世界でも大きな革命が起きていた。

アップルⅡ家庭用コンピュータが売り出されたのは1977年だったが、その後、1981年のIBMのパソコン市場への参入、1985年のOSソフト、ウィンドウズの登場などを経て、1980年代末から1990年代初めにかけて、ICTの環境が大幅に整備された。この時期に、パソコン、ファックス、ウィンドウズ、モデムなどの普及、改良が一気に進み、グローバルな革命を引き起こすプラットフォーム（ハードウェアなどの基礎的環境）ができあがった。

米国の政治学者ジョセフ・ナイ（Nye, Joseph S. Jr）は、コンピュータの電算処理能力の増大、通信コストの劇的な削減、さらにはウェブサイトの増加による伝達量、手段の拡大が「第三次産業革命」を生み、こうした変化が、政府の主権の変質やパワーの拡散などにつながっていると分析している。

これまでのマス・メディアの主流を占めていた新聞、ラジオ、テレビといったいわゆる旧来型の媒体は、編集者のチェックを経た情報を伝達していた。これに対し、インターネット上では、今まで情報を受け取るだけだった一般市民が、メールやブログなどで自由に情報を発信している。こうして、現在では、情報の「送り手」と「受け手」が、①1対1②1対多③多対1④多対多、とさまざまなネットワークを形成し、従来とは比較にならないほどのスピードで情報がやりとりされている。

こうした情報革命が、国際政治のうえでどのような作用を引き起こすのか

については、さまざまな分析があり、金融、気候変動、テロなど、従来の国家主権だけでは解決できないさまざまな現象、非政府組織（NGO）をはじめとする脱国家主体の性格などをめぐって議論が続いている。

イラク戦争前後から米国による一極支配の限界が指摘され始め、その延長線上で、ナイは、「ソフト・パワー」という概念を提唱し、「強制や報酬ではなく、魅力によって望む結果を得る能力である。国の文化、政治的な理想、政策の魅力によって生まれる」と規定している。

ナイは、ICT革命をめぐる4つの視点として、①国家間のパワーを均等化する力はない、②国境を越えた接触経路には重大な変化がある、③信憑性をめぐる新たな競争が展開される、④ソフト・パワーの重大性が増加した……と指摘し、情報化時代の国家の役割が変質しつつあると述べている。

2　新聞の衰退、ネットの興隆？

90年代半ばからさらに加速したICT革命は、一方で、17世紀以降の近代ジャーナリズムの主流を占めてきた新聞産業に深刻な影響を与えている。

最も顕著にその傾向が表れているのが米国で、多くの高級紙、地方紙が部数減や廃刊に直面し、インターネットに活躍の舞台を移し始めている。広告と販売という二大収入源に大きな打撃を受けた米新聞界は、海外取材網の縮小をはじめとする経費の大幅な削減、調査報道からの撤退という形での経営再建を図っているが、米社会は、これを「民主主義の危機」ととらえ、さまざまな対応策が検討されている。2009年には、上院合同小委員会が「ジャーナリズムの将来に関する公聴会」を開き、NPO組織による調査報道やパブリック・ジャーナリズムなどの具体的な対策が協議された。危機感の背景にあるのは、ベトナム戦争やウォーターゲート事件の報道などで米社会をリードしてきた調査報道は、結局、大量の資金と優秀な記者を集中的に投入することによってのみ可能な「luxury（ぜいたく）」報道スタイルであり、もはや、単独の新聞社がこのような環境を維持することができなくなっているという認識である。

米国で非営利報道組織、Center for Public Integrity（CPI）を創設した

チャールズ・ルイス氏（アメリカン大学教授）は、最も野心的な調査報道のプロジェクトが、「民間の商業的な場」から「公共の場」へ移りつつあると指摘し、非営利の調査報道機関が全世界的な広がりを持ちつつある現象を「ジャーナリズムの新しい生態系」という言葉で表現した。（注　日本記者クラブ研究会「新しい調査報道の生態系」2009年12月）　米国では、新聞の軸足が、従来の紙媒体からネット媒体へ移行しつつあり、その動向が注目を集めている。

　日本の新聞との比較で言うと、①米国では、広告売上が収入の約8割を占めていたのに対し、日本は、販売収入の比率が高い、②米国の新聞の買収や統合は「自由競争」にさらされ、経営者が短期の利益を求める傾向があるが、日本は、新聞社の株の売買に一定の制限がある、③日本は、宅配制度が完備し、米国に比べて発行部数が多い……などの違いがあり、こうした米新聞界の実情が直ちに日本を襲うとは、必ずしも言えない。

　問題は、長い間、新聞産業が背負ってきた良質の報道（quality journalism）が劣化しつつあるという傾向である。今後、インターネットを媒体とする報道が主流になるとしても、プロの記者、編集者による健全なジャーナリズムをどう継承していくかが、大きな課題として浮かび上がっている。

　ウォーターゲート事件を報道した元ワシントン・ポスト記者のカール・バーンスタイン（Bernstein, Carl）氏は、良質のジャーナリズムは、取材者、編集者、情報源などさまざまな人々の共同作業であると強調し、インターネットやテレビには「救命ネットやブレーキがなく、疑問を投げたり、疑念を呈したり、ヒントを与える人間がいない」と指摘している。（ボブ・ウッドワード（伏見威蕃訳）『ディープ・スロート――大統領を葬った男』文藝春秋，2005年）

3　メディア・リテラシー

1　SNSと公共圏

　もともとインターネットは、1950年代に米国防総省が、ソ連の核攻撃に備えて主要な大学のコンピュータを結んだのが始まりだった。その後、さま

ざまな技術革新の結果、1999年のブログの登場で、文字、画像、音声などあらゆるコンテンツを誰でも提示できる時代が出現した。2006年（日本版は2008年）に一般の利用が始まったFacebook、Twitterによって、受け手を選択したうえで、メッセージを送受信する時代に移行した。

　2010年末から中東の独裁政権を揺るがした「アラブの春」では、一般大衆が、こうしたSNS（ソーシャル・ネットワーキング・サービス）を駆使して、各地で起きている民主化運動の状況やデモの呼びかけなどの情報を流通させ、大きな注目を集めた。また、2011年3月の東日本大震災では、広い地域にわたって携帯電話による通話ができない混乱した状況の中、Twitterなどによって、地震や津波の被害の実態や家族、友人などの安否情報、さらには、原子力発電所の状況などが伝えられ、SNSが、これまでにない特性を持ったメディアであるとの認識が広まった。

　早くからSNSに注目していた津田大介は、その特性として、①リアルタイム（速報性と伝播力）、②共感・強調（テレパシーのように共有し合う）、③リンク（具体的行動につながる）、④オープン（参加も離脱も簡単）、⑤プロセス（細切れの情報が注意を喚起する）……の5項目を挙げている（『動員の革命　ソーシャルメディアは何を変えたのか』中公新書ラクレ、2012年）

　確かに、「アラブの春」では、反体制派に厳重な監視の網をかけ、密告や盗聴による情報統制を行っていた独裁政権に対し、SNSは、軽やかにその限界を突破し、情報が自由に流通する場を作った。また、東日本大震災の発災直後の混乱した状況の中で、SNSを通じて、新聞、テレビなどが伝えきれない身の回りの細かな情報が共有でき、しかも、原発事故の影響に関する多くの見解が披露されたことで、きわめて高い評価を勝ち取った。

　SNSの特性については、多くの分析が加えられているが、ニューヨーク大学のクレイ・シャーキー教授（Shirky, Clay）は、2010年のタイの反政府デモなど失敗に終わった事例などを詳細に分析したうえで、ソーシャル・メディアは「民主化に向けた環境整備のためのツール」であり、「公共空間で思想や意見が拡散され、流れが生じない限り、政治的変化はほとんど起きないとみなされる」との慎重な見解を示している。(『ソーシャル・メディアの政治権力』

フォーリン・アフェアーズ・リポート、2011年2月号）

　また、東日本大震災に関しても、発災直後の混乱期には、細かく情報を伝達できるSNSは優位だったが、復興・再生期に入ると、国や地方自治体の具体的な政策、原子力発電の是非など多様な観点からの検討が必要とされるテーマに関しては、やはり、新聞やテレビなどのマス・メディアが有効であるとの認識が広まっていった。

　多メディア時代に生きる私たちに必要なのは、それぞれのメディアが持つ特性や限界をきちんと理解し、状況や必要に応じてもっとも有用なメディアを選択する能力である。次にそうした能力をいかに身に付けるかについて考えてみたい。

2　メディア・リテラシーの実践編

　メディア・リテラシーとは、「市民がメディアを社会的文脈でクリティカルに分析し、評価し、メディアにアクセスし、多様な形態でコミュニケーションを創りだす力をさす。また、そのような力の獲得をめざす取り組みもメディア・リテラシーという」（鈴木みどり『メディア・リテラシーの現在と未来』世界思想社、2001年）と一般的に定義される。すでに述べてきたように、現代の我々は、情報の「受け手」であるだけでなく、ブログやSNSなどを通じて情報の「送り手」でもある。情報をいかにして読み解くかだけでなく、いかにして良質の情報を創りだすかも問われている。

　以下、順を追って情報を読み解く方法について説明したい。

(1)　目的の設定

　まずは、何について調べるのか、できるだけ目的を具体的に設定することが重要である。東日本大震災を例にとれば、テーマは、被災地の状況（被害実態、避難、風評被害など）、原子力発電所をめぐる問題（安全性、政府の広報、海外への影響など）、地震の予知・予測（過去との比較、今後の予測体制の構築など）、政府の反応（発生直後の対応、官邸の指揮・統率、立法化など）、海外の反応（救援の輪の広がり、「日本人論」の展開など）といったように、数限りない。

このうち、自分が知りたいのはどの項目であり、それと関連するのはどの項目なのか、最初にゴールを絞り込むことが必要だ。

(2) 情報の収集

(A) 目的に適合したメディア（媒体）を選ぶ

メディアは、文字、静止画像（写真）、動画、音声などのさまざまなコンテンツから構成されている。さらには、一覧性（ひと目で全体像を把握する）、記録性（事実をありのままに収録する）、同時性（現場からの中継など時差なしに伝える）、論理性（複雑な論理を展開する）、保存性（過去にさかのぼって復元する）など、さまざまな特性を持っている。東日本大震災を例に取ると、発生直後は、テレビやラジオなど同時性に優れたメディアに注目が集まっていたが、時間が経過するとともに、全体像や将来像を描くのに適した新聞に関心が移っていった。こうした観点から自分に適したメディアから材料を収集することが大切である。

(B) できるだけ広範に情報を収集する

情報の収集段階では、手間を惜しまずにできるだけ多くの情報を集めておくことが望ましい。新聞であれば、全国紙一紙だけでなく、他紙や、地方紙、海外の新聞などというように手を広げておくこと。後から追加で情報を収集すると作業が煩雑になる。

(3) 情報の評価

(A) 評価の基準

情報の信頼度（正確であるかどうか、意図的な操作が加えられていないか）、情報の「クセ」（保守的、進歩的など、どのようなスタンスを持っているか）、情報源との距離（一次情報なのか伝聞情報なのか）などをさまざまな観点から評価を行う。

(B) 評価の方法

相反する情報のどちらを採用するか、全く他とは違う突出した情報をどう扱うか、非常に難しい局面もある。その場合、大切なのは、できるだけ、自

分自身で一次情報（記者会見、合意文書の全文、公式の発表文など）に接する努力と、少なくとも二つ以上の異なる情報源から結論を出す（ダブル・チェック）手間を省かないことだ。

3　インテリジェンスの視点から

　情報活動による収集や分析を通して知性の裏付けを得た情報は、「インテリジェンス」と呼ばれ、国家安全保障と深く関わっている。近年では、国際政治を理解するに際して、インテリジェンスの重要性、有効性を指摘する声も高まっている。

　2013年6月、米国の国家安全保障局（NSA）の元職員、エドワード・スノーデン氏（Snoden, Edward Joseph）が在職中に得た米国の情報収集活動の実態を、欧米のマス・メディアを通じて暴露し、大きな国際問題となった。①有力なIT企業の協力を得て、米国は、全世界で広範なインターネットの傍受を行っている、②日本を含む38カ国の大使館に対する盗聴など米国の同盟国も対象となっている、③世界中で6万件以上のハッキングを行っている……などが主な告発の内容だった。そうした水面下の情報収集活動が、極秘とされていた内部文書の形で暴露されたことは、これまでに例のないことで、米国政府は、国際的な非難にさらされた。

　情報機関は、画像衛星、偵察機、スパイ活動、大気成分の分析など多種多様な手法で情報を収集している。スノーデン氏が告発したのは、通信傍受、暗号解読などの信号インテリジェンス（シギント）と言われる分野だった。2001年の9・11同時多発テロ事件以降、米国政府は、テロ対策の強化に乗り出したが、それが、法律の歯止めの効かない、いわば無制限の通信傍受にまで拡大していたことが、この告発のもっとも重大な点だった。これは、一般の市民にとっては、インターネットの閲覧履歴、携帯電話での通話などの情報が、知らない間に政府に監視されていたことになり、「プライバシーと国家安全保障」という深刻な問題が浮上した。

　ジョージ・オーウェル（Orwell, George）は、1949年に発表した小説『1984年』で、双方向テレビによって人間が監視、命令される近未来を描いたが、

ICT革命を経た現代のわれわれは、そうした可能性のある未知の世界に足を踏み入れているのかもしれない。

　大切なことは、現実に何が起きているかを正確に把握し、「インテリジェンス」の世界の全体像の中で、スノーデン事件をきちんと位置づけて対応するという姿勢だろう。

　国際政治の分野でも、近年、インテリジェンスの観点を取り入れた分析が、数多く試みられるようになっている。たとえば、これまで、ケネディ大統領の「勇断」として語られていたキューバ・ミサイル危機（1962年）に関して、近年の研究は、ミサイル発見に至る偵察機からの衛星写真の問題、得られた情報を評価する専門家の資質、情報機関による政策選択肢の提示などの観点から全体像を見直すという方向に進んでいる。

4　最後に

　写真13-1は、2011年5月1日に、米国の特殊部隊がパキスタンで国際テロ組織「アル・カーイダ」の首謀者ウサマ・ビンラーデンの隠れ家を急襲し、彼を殺害した際、現場からライブで送られてくる映像を、オバマ大統領ら米政府首脳がホワイトハウスでモニターしている様子だ。

　人類が文字を持たなかった遠い昔、ニュースは、人が直接、口頭で伝えた。文字が発明され、それが大量に安価にコピーされる時代でも、重要なニュースが地球上を一周するまで多くの時間がかかった。電信、電話の発明、さらには、1990年代初めのICT革命を経て、今や、地球上のニュースは、距離や時間の制約を超え、直接、関係者が視聴できる全く新しい環境が出現した。

　それは、新聞、テレビ、ラジオなどの旧来型のマス・メディアだけでなく、一般市民も情報の「送り手」として参入する時代でもある。米国で新しいジャーナリズムを模索しているCommittee of Concerned Journalists（CCJ）は、ネット時代の報道の10原則の一つとして、「市民（citizens）も、ニュースに関しては権利と責任を有する」とうたっている。一般の大衆にも、報道に関与する権利を認めるが、そのためには、「真実」「正確さ」「公平」「中立」など

写真13-1
出所）ホワイトハウス（https://www.whitehouse.gov/photos-and-video/photogallery/may-1-2011）。

の諸点に関して、プロのジャーナリストに勝るとも劣らない責任を負わなければならないという考え方である。現実に、英国のBBC（英国放送協会）は、2005年のロンドン同時爆破事件で、視聴者から大量の写真やビデオ、テキストメッセージが送られてきた経験から、市民に、原稿の書き方、オーディオの録音、画像編集などを指導したり、市民が政治的トピックについて、自由に討論する番組を始めるなどの取り組みを進めている。

　これからの社会では、「市民（public）ジャーナリズム」と「プロのジャーナリズム」を対立する概念としてとらえるのではなく、市民には、情報の「送り手」としての自覚を持ち、発信能力を強化する努力が、プロには、新しい役割を理解して自己変革を進める努力が求められている。

　1990年代以降に生まれた世代は「デジタル・ネイティブ（Digital Natives）」と呼ばれる。生まれた時から、コンピュータや携帯電話などのデジタル環境に慣れ親しんでいるという意味で、過去の世代とはまったく違った感性を持っているとされている。大切なのは、今の高度情報化社会が、人類の長い歴史の中では、きわめて最近に誕生した特殊な構造を持つことを正しく理解し、自ら主体的に望ましい環境を作り出していくという意識を持つことだろう。

〔参考文献〕

橋元良明編『メディア・コミュニケーション学』大修館書店、2008年
　新聞、テレビなどのほか携帯電話など幅広いメディアについて、さまざまな角度から分析を試みている。それぞれの歴史や特性を理解するための視点が豊富。

ウォルター・リップマン（掛川トミ子訳）『世論』（上）（下）岩波文庫、1987年
　大衆心理、マス・メディアに関する古典的名著。「ステレオタイプ」「疑似環境」などの重要な概念や報道の基本について、丁寧に分析されている。

ジョセフ・S・ナイ・ジュニア、デイヴィッド・A・ウエルチ（田中明彦他訳）『国際紛争　原書第9版 ── 理論と歴史』有斐閣、2013年
　国際政治に関する代表的な教科書。紛争を分析するのに必要な歴史、視点が丁寧に提示される。特に情報革命については、版ごとに最新情勢がアップデートされている。

トーマス・フリードマン（伏見威蕃訳）『フラット化する世界』（上）（下）日本経済新聞出版社、2006年
　ニューヨーク・タイムズ紙のコラムニストが、ICT革命の由来、現状、将来像について、豊富な実例を交えて論じている。特に新興国について詳しい。

フィリップ・ナイトリー（芳地昌三訳）『戦争報道の内幕 ── 隠された真実』中公文庫、2004年
　クリミア戦争からベトナム戦争までの戦争報道の歴史を膨大な資料、インタビューをもとに詳述。当局の検閲と「真実」に迫ろうとするメディアの攻防がテーマだ。

グレン・グリーンウォルド（田口俊樹他訳）『暴露 ── スノーデンが私に託したファイル』新潮社、2014年
　スノーデン事件を報じたジャーナリストが、告発された違法な情報収集の全貌と問題点について、わかりやすく紹介している。

西垣通『IT革命』岩波新書、2001年
　工学的な見地からコンピュータと社会の関係について、論じた好著。同じ作者の『集合知とは何か ── ネット時代の「知」のゆくえ』(中公新書)、2013年を併せて読みたい。

Bill Kovach & Tom Rosenstiel, *The Elements of Journalism: What Newspeople Should Know and the public Should Expect*, New York: 2007

Bill Kovach & Tom Rosenstiel, *Blur: How to Know What's True in the Age of Information Overload*, Bloomsbury, 2010

ネット社会への対応を進める米国のジャーナリズム界の状況を知るための基本的文献。後者は、望ましい将来像について、具体的な提案も盛り込まれている。

Mitchell Stephens, *A History of News*, Wadsworth Pub Co, 1996
太古の昔から現代まで、「人類はいかにニュースを伝達してきたか」を多くの図版、写真とともに分析、紹介した好著。表現の自由などの概念が成立した過程も丹念に示されている。

マーク・M・ローエンタール（茂田宏訳）『インテリジェンス ── 機密から政策へ』慶應義塾大学出版会、2011年
米国で最も広く利用されているテキスト。情報収集活動の紹介、政策立案との関係、各国の情報機関の詳細など、幅広い分野の基礎知識が得られる。

第14章　グローバル化時代における家族のゆくえ

ライカイ・ジョンボル

〈 本章のねらい 〉

　われわれは、固定的で理解しやすい社会モデルから、未来が予想しがたい流動的な（グローバルな）社会へ向かっている。そしてそれに伴い、自己責任を以前より求める社会へも向かっている。このような社会的な風潮の中、家族自体もある固定的な存在から流動性（任意性）を持つものへと転換し、ある特定の家族モデルを理想化する時代から多様な家族のあり方・平等性を尊重する時代へ変わりつつある。この家族の脱固定化現象は家族の脱近代化と表裏の関係で進むが、ともにグローバル化時代における家族の変動を特徴づけている。脱固定化現象はまず1970年代に欧米諸国で始まったが、1980年代以降日本と東アジア諸国でも進行しつつある。だが家族の脱固定化はグローバルなトレンドである一方で、その具体的なあらわれ方は決して一様ではなく、社会・政治・経済の制度によって著しく異なった様相を帯びる。本章では、このような問題意識を背景に、家族変動の実態、それに対する理論的挑戦、そして文化との関わり合いの問題を、日本と東アジアの家族の現状にも触れつつ、家族社会学の視点から多面的に論ずる。

キーターム　脱固定化、脱近代化、個人化、第二の人口転換、圧縮された近代化

1 固定的なモデルから流動的なモデルへ

1 固定的な家族モデルの時代

　家族は日常生活では父、母、子どもからなるものとして理解されがちである。だが実際には、さまざまな家族のあり方が存在している。たとえば、夫婦と未婚の子どもからなる核家族のほかに、夫婦および1人の既婚子とその配偶者からなる直系家族、夫婦および2人以上の既婚子とその配偶者からなる複合家族、子どもを一人で育てる単身家族（母子家庭・父子家庭）などがある。家族社会学では、これらは互いに区別される重要な家族モデルである。

　ひるがえって「固定的な家族モデル」という言葉は家族社会学において必ずしも定着した用語ではない。本章では「社会の基礎単位として理想化されたある特定の家族モデル」と定義しておく。「固定的な家族モデル」は社会全般において正常なモデルとして受けいれられる一方で、それと異なる家族モデルは異常なモデルとして否定されるようになる。それは時代によって変わりうる。たとえば戦後の日本においてはいわゆるサラリーマン家族はまさにこのような家族モデルであった。サラリーマン家族は大正時代の都市中間階層において初めて台頭したが、1950年代から1970年代にかけて、新たな家族モデルとして普及してきた。落合恵美子（2004）はそれを日本家族の戦後体制と呼び、その特徴として核家族化、主婦化、2人っ子化の3点を挙げた。この家族モデルは、結婚した2人の異性愛者とその間に生まれた子どもからなる家族を想定するが、それだけではなく、妻は家で家事育児に専念し、夫は外で稼ぎ手として働くような夫婦関係（性役割分業）を理想とするモデルでもあった。「夫は外、妻は家」という性役割分業はしばしば伝統的な役割分業だと思われがちだが、実際には戦後に普及してきた夫婦関係なのである。

　このような家族モデルは日本に特殊な家族関係だと思われるかもしれない。だが実際、伝統社会から近代社会へ転換した各社会において広く見られるモデルであり、一般に近代家族モデルとも呼ばれる。もちろんモデルの内部に偏差はある。日本の場合では西欧諸国より遅く、他の東アジア諸国より早く普及してきたため、ある種の中間的な位置にある。三世代同居率が西欧諸国

より高いと言われる日本の場合では、戦後日本の家族が欧米化しておらず、むしろ日本の伝統的なあり方と（西欧的な）近代的なあり方のある種の混合物であると主張する立場もある。

　このようにモデルの内部に偏差はあるとはいえ、各国において近代家族は近代社会の基礎単位として理想化され、それと異なる家族モデルは否定されるようになった。学問的にも、近代家族（サラリーマン家族）はある種の固定的な家族モデルとされてきた。その理由は終戦直後のアメリカの社会学の楽観的な未来像に由来する。当時のアメリカの社会学では、アメリカの都市中間階層の家族モデル（サラリーマン家族）がいくぶん理想化されたモデルとなり、近代（アメリカ）社会の基礎単位として位置づけられてきた。その一方、世界各国の家族もアメリカの近代家族のような姿に収斂することが予想されていた。アメリカの影響を受け、非西欧文化圏でも似たような見方が広がり、上記の近代家族モデルと異なる家族モデルが否定されるようになった。その関係で、家族生活の多様性に対して不寛容な拘束的な家族関係があらわれてきた。たとえば、女性には主婦以外の選択肢が与えられなかったが、男性にも家計の稼ぎ手以外の選択肢が提供されなかった。少なくともイデオロギー的な側面ではそうであった。家族の固定化現象に伴い、家族社会学において、異常だと考えられた家族に関して（今から考えると）差別的な専門用語もあらわれてきた。たとえば、文字通り「もの足りない」という意味で、父親または母親がいない家族を「欠損家族」として名づける専門用語が使用されていたが、それは後に（むしろより中立的な言葉として）「単親家族」という表現に入れ替えられてきた。

2　脱固定化する家族の時代

　上記の近代家族モデルは1970・80年代から大きな変化を遂げるようになった。メディアでもしばしば話題になっているが、晩婚化（非婚化）、晩産化、少子化、脱主婦化とともに、離婚率、同棲率、婚外子率の上昇、そして子どもを持つ意志のないカップルの増加や同性愛者同士の結婚などが取り上げられる。これらのあり方は社会によって異なるが、グローバル化時代にお

ける先進諸国に共通する傾向である。これらの現象は家族社会学では（近代）家族の多様化（家族の脱近代化）、人口学では第二の人口転換、そして一部の社会理論の学派では単に個人化と呼ばれる。本章ではこれを（家族生活・家族関係の流動化・任意化をもたらす意味で）家族の脱固定化と呼ぶことにしよう。家族の脱固定化は多岐にわたる問題に関わるが、以下では特に同性愛者カップル、脱主婦化（女性の就業率の増加）、そして婚外子率（非嫡出子の割合）の上昇を取り上げ、家族の脱固定化（脱近代化）の現状を考察しよう。

　まず、以上の諸現象の中すぐに目につくのは同性愛者同士による「結婚」かもしれない。それは家族社会学において最も挑戦的な課題につながる現象でもある。それは家族のとらえ方そのもの（家族の定義など）にもつながる問題であるからである（第2-1節を参照）。同性愛者同士の結婚を承認する国は増加の傾向にあり、現在（2015年6月26日の時点で）すでに21になっている。一方、東アジアでは現時点で同性愛者同士の結婚を法律上認める国はない。この点では、東アジア地域はグローバルな傾向の例外となっている。それでも、2015年4月1日から東京都渋谷区で同性愛者カップルが（特別な）パートナーシップ証明書を受けることができるようになった。それは結婚登録と違う証明書であるが、たとえば入院したパートナーに家族として面会する権利を与えるものである。このことから日本もやはりグローバルな傾向に一定程度追随はしている。一方、同性愛者同士の結婚を認める国は現時点でそれほど多くないが、グローバルに社会的な関心は高い。それを支持する社会運動も反対する社会運動も多くの国で広く行われている。そして、その（特に同性愛者結婚を支持する社会運動への）参加者も国内の人に限られているわけではない。このように、同性愛者結婚という課題は国境を越えるグローバル的な特徴を持っている。

　次に、女性の社会進出に着眼しよう。国際社会全般において女性の社会進出を求めるグローバルな社会関心が強化しつつあるが、それについてもやはり世界各国において著しく意見が割れている。具体的には、固定的な近代家族のモデルでは女性に主婦であることしか選択肢が提供されないことに対して不満を持つ人は多くなっているが、女性の就業率の上昇によって家族が危

機の状況に陥ってしまうことを恐れる立場もある。現実としては、日本における女性の年齢別就業率は未だに近代的なM字型を脱していない。つまり、女性の就業率は学校を卒業してからまず高い傾向を示すが、結婚・出産後（育児家事に専念することから）急減する。最後に生まれた子どもが大きくなってから、女性の就業率は再び増える傾向を示すが、この時期においてはすでに正社員ではなく、パートタイマーとして働くのが現状である。このようなM字型の就業率は終戦直後の西欧北米社会の近代家族をも特徴づけていたが、それからいわゆる脱主婦化という現象が生じた。その関係で、女性には主婦であること以外にも選択肢が与えられるようになった一方で、上記の雇用パターンも大きな変化を遂げてきた。日本でも女性の就業率はバブル崩壊などの関係で少しずつ増える傾向を示しているが、西欧北米の社会からはかなり遅れている（**図14-1**を参照）。

　最後に、非嫡出子の「増加」現象を考えてみよう。この点では、西欧諸国と東アジア諸国との間に大きなズレが見られる。ヨーロッパでは婚外子率がとても高い一方で、東アジアでは非常に低い傾向がある。たとえば、日本の場合では（1980年代から）少しずつ上がってくるものの、現在およそ2％のみ

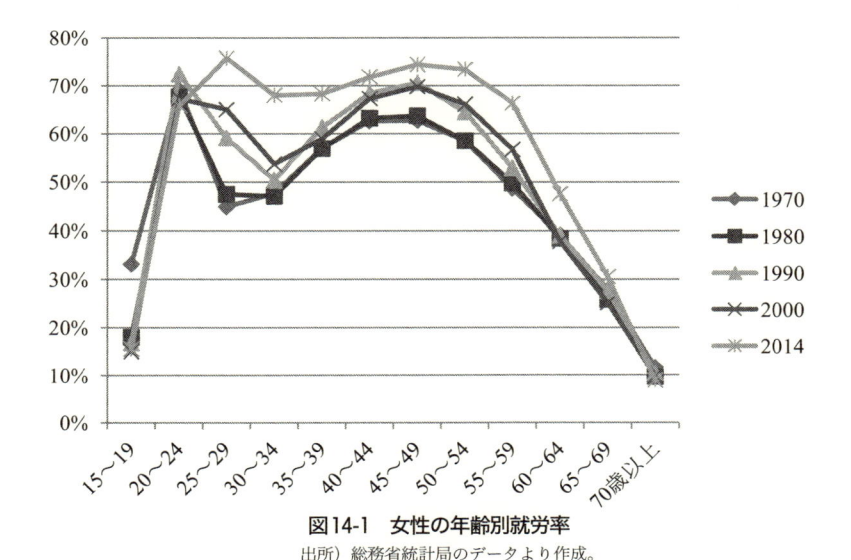

図14-1　女性の年齢別就労率
出所）総務省統計局のデータより作成。

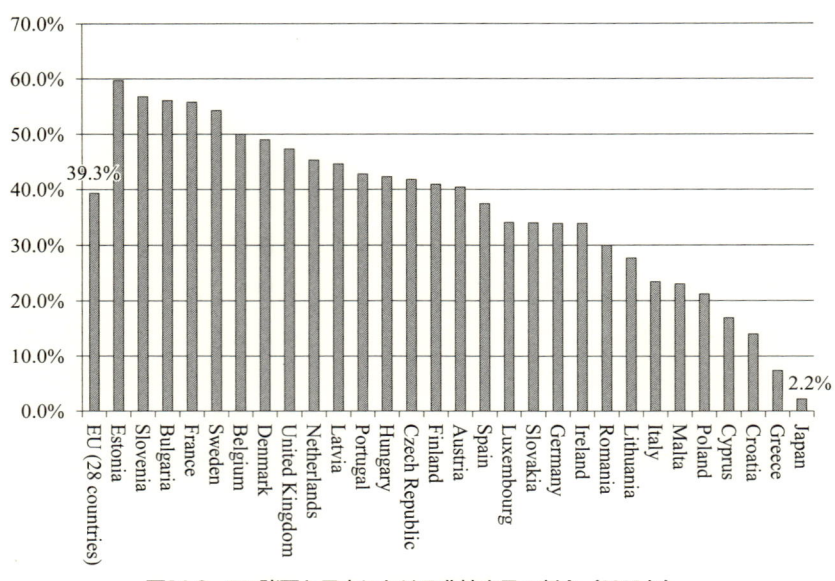

図14-2 EU諸国と日本における非嫡出子の割合（2011年）
出所）Eurostatと厚生労働省人口動態調査のデータより作成。

である（**図14-2**を参照）。西欧社会と東アジアとの間のズレは、家族と結婚に対する意識の差異に由来する。固定的な近代家族モデルでは家族と結婚は強く結びついていた。それは単に人々の家族意識のみならず、家族制度においても表裏の関係を持つものとして位置づけられていた。それに伴い、非嫡出子の割合も低下する傾向をとってきた。たとえば、日本の場合では1925年には婚外子率は7.26％（伝統的なパターン）であったが、1978年になると、家族の近代化に伴い、0.77％まで減少してきた。だが、近代家族の脱固定化に伴い、西欧諸国では、家族と結婚は徐々に違うものとして意識されるようになっていく。西欧社会では家族を重視する意識は依然として強いが、婚姻届に対する意識は徐々に弱化する傾向を示している。そしてそれと同時に、家族制度も変わっていく。親の結婚状況と関係なく、子どもの法律における同等な権利が保障されるようになっていく。それに対して、東アジアでは家族と結婚は、法律上にしろ、世間体にしろ、依然として強く結びついている。たとえば、日本では非嫡出子の相続財産は嫡出子の半分であった。この差別

的な法律の改正は2013年になってやっと実現した。このように、少しずつ上がってくる婚外子率の現状と法律の改善は、きわめて遅いペースではあるが、日本社会も西欧的な傾向に追随していることを示唆するのである。

3　国境を越えて

　以上で、現在進行している家族変動についていくつかのグローバルなトレンドを指摘したが、文字通り国境を越えるトレンドもある。それは国際結婚である。グローバル化時代において国際結婚が増えつつあるが、ここで「国際結婚」という言葉について少し説明しておこう。日本語では国際結婚（international marriage）という言葉が使われているが、英語の参考文献ではmixed marriageという言葉も使用されている。日本語による国際結婚は異なる国籍を持つ2人の結婚を意味するが、それに対して、英語によるmixed marriageはむしろ異なる人種・民族（ethnicity）に属する2人の結婚を指している。このように、人種・民族は異なっていても国籍自体は必ずしも異なるわけではない。たとえば、アメリカの現状を思い出せば、この概念の意味がわかりやすくなるだろう。それはそれとして、異なる国籍を持つ2人の結婚に限ってみると、東アジア地域でも国際結婚は増える傾向を示している。日本の場合では1970年代末までは総結婚率の1％未満であったが、それから急増し始め、2006年になるとすでに6％に達した。その時点では日本国籍の夫・外国国籍（主にアジアから）の妻による結婚が圧倒的に多かった。ところが、2007年以降日本国籍の妻・外国国籍（主に欧米から）の夫による結婚は微減にとどまる一方で、日本国籍の夫・アジアからの妻による結婚は急減している（**図14-3**を参照）。

　国際結婚の現象はまず移民研究につながる問題であるが、家族社会学的な課題でもある。そこで、国際結婚の当事者がどのような家族モデルを生み出すのかという問題とともに、2人の間に生まれた子ども自身も研究対象となる。このような子どもは日本語でしばしば「ハーフ」と呼ばれるが、それを差別的だととらえる立場から「ダブル」という表現が選ばれることもある。国際結婚が増えつつあるとすると、異なる国籍（民族）の間に生まれた子ど

274　第14章　グローバル化時代における家族のゆくえ

図14-3　日本における国際結婚の推移
出所）厚生労働省人口動態調査のデータより作成。

もの数も増えていくだろう。そこで、家族社会学のみに限る問題ではないが、マジョリティの民族集団への同化圧力が強い社会では「ハーフ」の子どもがどれほどその国に受け入れられるのかが深刻な問題になる。たとえば、日本で生まれ育った「ハーフ」の子どもは法律的にも社会的にも、その「日本人性」をめぐって困難を強いられやすい。そしてそれは日本のみならず、たとえば、日本と同じく同化圧力が強い韓国でも現在大きな社会問題となっている。

　そして最後に、グローバル化時代における家族の変動についてもう一つの現象を取り上げよう。現在まだ数が少なく、それほど研究対象ともされていないが、ずっと同じ国に居住しなくてもよいと考える家族もいる。その理由は、ヒト、モノ、アイディアの自由な流れを促進するグローバル化によって、より良い仕事を見つける可能性も増大していくことに由来する。特に高学歴をもつ人にとっては移動しやすい時代へとなっていく。このような家族は新たなライフストラテジー（life strategy）に従い、ずっと同じ会社で働くよりも常により良い仕事に挑戦することを選好する傾向があり、必要であれば、ほかの国（大陸）に移動することも特に問題視しない。このようなライフストラテジーを優先する家族の形成は、たとえば、国内での生活を重視する傾向が強い日本ではまれだろう。

2　理論的な挑戦

1　家族の定義問題

　上記のような家族の脱固定化（脱近代化）現象は（家族）社会学においてさまざまな理論的な挑戦をもたらしてきた。たとえば、家族の定義問題、家族関係（私生活・親密圏）の変容、外部社会との関係性、そして脱固定化現象の地域性問題などが取り上げられる。以下でまず、家族の定義問題を考えてみよう。

　後にも述べるように現在の家族社会学に一致した家族の定義はもはや存在していないが、固定的な近代家族モデルの時代においてはおおよその理解の共有はあった。そこでは家族は主に血縁関係または法律的な関係（婚姻関係と養子関係）をもつ人々からなる集団として理解されていた。このように、たとえば、同性愛者カップル、そして結婚せず同棲する異性愛者カップルは家族としてみなされていなかった。また、血縁関係または法律関係があったとしても、当事者が同じ世帯に住んでいない場合では家族と呼べないとする考え方もあった。同居していない場合、当事者の間の相互作用が非常に限定されてしまい、家族としての実質が著しく損なわれると考えられたからである。この考え方に従えば、単身赴任をする夫、一人暮らしをする大学生の子ども、そして一人で家に残った妻の場合ではそれを一つの家族として捉えにくくなるということになる。

　なお、家族が脱固定化する時代になると、家族の定義問題はさらに難しくなる。たとえば、家族の従来の概念化において、家族は異性愛者同士の結婚を基にするものとして理解されていたが、同性愛者同士の結婚を承認するグローバルなトレンドの中で家族に関する従来の理解（たとえば、「夫」「妻」という概念）も変わってゆくだろう。そして、同性愛者同士の結婚のみならず、彼ら・彼女らによる養子縁組の「権利」問題も新たな挑戦をもたらすだろう。同性愛者同士の結婚を認める傾向があったとしても、養子縁組に関する権利はまだそれほど認められていない。なぜならば、結婚自体は当事者2人のみの私的な問題であるが、養子縁組の場合では、子どもの権利も考えないとい

けないからである。だが、先進国ではおそらく同性愛者同士の結婚の次に、養子縁組も承認される傾向が生じてこよう。そうなった場合では、従来の「父・母・子ども」からなる家族のほかに、「父・父・子ども」または「母・母・子ども」からなる家族も普及するだろう。そして、「夫」「妻」と同様に、「父」「母」という言葉の意味も変化を遂げるかもしれない。

　以上のような理論的な挑戦を背景として、近年の家族社会学においてはむしろ家族を定義しないほうがよいという研究態度が普及している。近代家族の脱固定化（家族の多様化）に伴い、近代家族モデルが支配的な位置を失いつつあると同時に、家族社会学者の多くも定義を与えない方がよいと考えているのである。むしろ、多様な家族を生きている人々の家族意識に焦点を当てた方がより適切なやり方だと考えられつつある。日本では落合恵美子（1989）がすでに1980年代末期にこのような研究態度の必要性を主張していた。また逆に、たとえば、形式的には家族だと考えられるが、当事者は互いを同じ家族として意識しない場合もある。具体的には、「おばあちゃんは一緒に住んでいるが、いつも違うものを食べているから、なんか同じ家族とは感じられない」ように考えるようなケースである。さらに言えば、ペット犬を飼っている一人暮らしをする人がそのペット犬を自分の家族として意識する場合もまれではないだろう。

2　親密圏の変容

　家族の脱固定化現象に関して、単に家族の定義が問題になるわけではない。家族の内部関係（私的領域）とともに、外部社会（公的領域）との関係も問題になる。ここで、「親密圏」という概念を取り上げ、家族の脱固定化現象をより深く考えよう。親密圏（intimate sphere）についても一致した理解や定義を見出すのは難しいが、基本的に政治関係、経済関係、市民関係と異なり、私生活におけるより親密的な関係を想定する人間関係のことを指す概念である。たとえば友人関係や、あるいはより小さなコミュニティにおける人間関係もここに属すると考えられるが、本章では家族関係に限定して考察していく。

　イギリスの社会学者であるアンソニー・ギデンズ（Giddens, Anthony）は

「親密性の変容」という本で私生活と対人関係に焦点を当て、家族関係などの脱固定化についての興味深い分析を提示した。ギデンズは、私生活と対人関係の民主化を主張し、「自立原理」(principle of autonomy) と「純粋な関係性」(pure relationship) という概念を提案する。「自立原理」とは基本的に、個々人の生きる条件を決定するときは自由で、そして対等でなければいけないということを意味している。また、「純粋な関係性」とは性的・感情的な平等性をもつ関係を指している。ギデンズは私生活または対人関係の民主化を親密性の変容につなげたが、それが単に私生活における民主化だけを意味するものではないことも示唆している。むしろ、それを外部社会に関連させ、公的領域における民主制と問題なく共存できる、しかも近代の諸制度の全面的に変容させる影響力を持つかもしれないものと位置付けている。同性愛者結婚の承認や非嫡出子にも同等な権利を与える政策はまさにこのような例であろう。ところが、ギデンズの言うような私生活の民主化現象はたとえば西欧社会に当てはまるとしても、いまだにサラリーマン家族モデルを肯定し、それと異なる家族モデルを（それほど）支持していない日本の家族政策では家族関係の（ギデンズのいう）民主化過程の方がまず問題になるだろう。

　一方、親密圏（親密性）の変容が指摘できていても、脱固定化する家族を一言であらわすことができれば望ましいだろう。野々山久也はそれに関して興味深い「合意制家族」という表現を提案している。ここで合意制とは、家族成員が社会的に理想化された特定の家族モデルに従うよりも、交渉や配慮などを通して自分同士で（合意して）その家族のあり方を形成させていくことを意味している。このように、家族関係（家族生活）は社会的に規定されたあるモデルにそって形成される時代から、家族成員同士で内部から形成される家族の時代へと転換していく。このようにすると、たとえば、妻はフルタイムで働き、夫は家事育児に専念するモデルも特に問題視されないだろう。

　最後に、家族の脱固定化に伴う個々人のライフコース (life course) の脱標準化現象にも簡単に触れておこう。ドイツの社会学者であるウルリッヒ・ベック (Beck, Ulrich) は西欧的な個人化を詳細に検討した。ベックはそれが社会諸機関と統合的に進行していると考えたが、ここで、彼の研究において

一つのキータームとされた「ライフコース」概念に焦点を当てよう。ライフコースとは、個々人が「勉強」、「就職」、「結婚」(そして、「離婚」・「再婚」)、退職などのようなライフイベント (life event) を通して生きていくことを想定するコースである。近代社会の固定的な社会においては個人のライフイベントがある特定の順番（勉強・就職・結婚・子どもの出生・退職など）によって進行する傾向をとっている。だが、ベックは、脱近代化時代になると、個人のライフコースも多様化してゆき、任意的な形をとることを予想した。たとえば、高校を卒業してからまず結婚し就職するが、数年後にまた大学に、といったようにである。ベックはライフコースの多様化（任意化）をより印象的にあらわすために、「手作り自伝」(do-it-yourself biography) という興味深い表現を引用している。それは、各個人が自分の伝記を（有している選択肢にも合わせて）任意に、失敗するリスクを持ちながら、作り出すことの比喩である。だが、現時点では、個人のライフコースは多様化していくものの、主流とされるライフコースは依然として存在するだろう。

3 圧縮された近代化

　以上、家族の脱固定化（脱近代化）に関していくつかの理論的な問題を取りあげたが、最も大きな理論的な挑戦になるのは、そもそもなぜ家族が脱固定化するのかという問いだろう。それをまず、先進工業国を事例としたディルク・J・ヴァン・デ・カー (Van de Kaa, Dirk J.) とロン・J・レスタギ (Lesthaeghe, Ron J.) の提案した「第二の人口転換」論から考えよう。伝統社会から近代社会へ転換する過程を対象とした第一の人口転換論と異なり、第二の人口転換論は近代社会から脱近代社会への変容に関わるものである。それによると、1960年代後期以降西欧諸国では大きな社会経済変動と技術上の発展に伴い、人々の価値観においては大きな変化が生じてきた。具体的には、「自己実現」を強調して近代家族のような固定的な生活モデルを否定する意識が強まり、自分の生活（ライフスタイル）に対する個人の自由選択（個人の自立性）を重視する価値観が強まってきた。だが、ヒト、モノ、アイディアの自由な流れを促進するグローバル化時代において、非西欧文化圏の諸国

は、一方で上記のような西欧的な個人化（そしてそれに伴う家族の脱固定化）の影響を受けつつも、やはり完全に同じような家族変動を生み出しているわけではない。この問題をきわめて詳細に検討している研究に、韓国の社会を対象とした張慶燮（Chang Kyung-Sup）のものがある。以下、張慶燮の提案した「圧縮された近代化」論を紹介しよう。

　張慶燮は家族の多様化現象を検討する際に、次のような問題に気付いた。つまり、第二の人口転換論によると、家族の多様化の背景にはその先に進行していた価値観の変化がある。個人の自由選択を重視する価値観の普及によって家族関係の実態も変わり始めた。だが、それに対して、張慶燮が検討した韓国の社会では家族の多様化が確認できるものの、人々の家族意識はそれほど変わっていないという。つまり、たとえば、晩婚化（非婚化）、晩産化、離婚率の上昇などが起きているが、人々の多数派は依然として結婚と子どもを非常に（実際に東アジア諸国の中で最も強く）重視する傾向がある。ということは、家族変動の実態と意識との間に、西欧では見られないほどの大きな葛藤が見られるということである。換言すれば、家族の多様化というグローバルなトレンドは、韓国の場合では西欧と異なる形で進行していると考えられる。張慶燮の議論によると、韓国の社会変動は西欧諸国より（そして日本の場合よりも）遅れており、伝統社会から近代社会へ、さらに脱近代社会への移行は必ずしも段階的な進行を経ていない。急激な社会変動の結果、現在の韓国社会には伝統的な側面と近代的な側面が脱近代的な側面と併存しているのが現状である。そのため、家族観それ自体も多様化しており、世代間ギャップが以前より大きくなっているのである。

　張慶燮の「圧縮された近代化」論は、もともとは韓国社会を対象とする研究であるが、ほかの東アジア社会にも適用できる。たとえば、日本に着眼すると、韓国と似たように、家族の多様化の実態と家族意識との間には大きなズレがあり、伝統的、近代的、および脱近代的な側面が併存しているような姿を示している。具体的には、日本でも晩婚化（非婚化）、晩産化、少子化などのような脱近代的な現象が進行している一方で、家族意識上の変化はこれらの現象との対応が弱い。たとえば、少子化についてみると、その実態的な

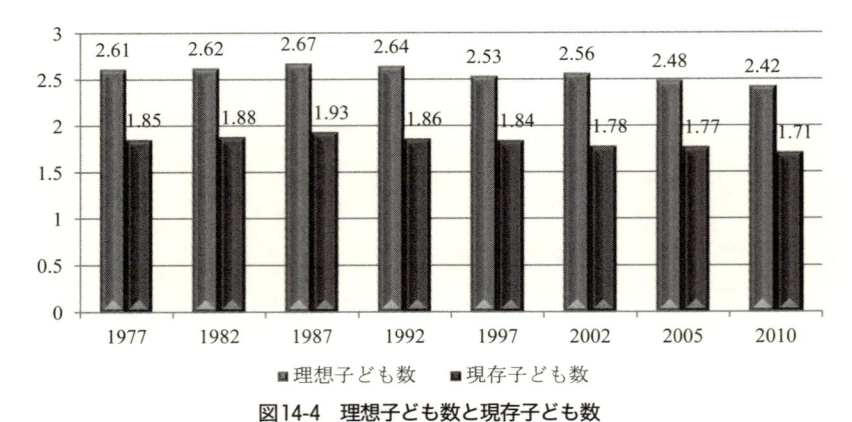

図14-4 理想子ども数と現存子ども数

出所）国立社会保障・人口問題研究所「第14回出生動向基本調査（夫婦調査）」(2011年) のデータより作成。対象は妻の年齢50歳未満の初婚同士の夫婦。

進行と人々の理想とする子ども数との間には大きなギャップがある。夫婦を対象とした意識調査の結果によると、理想化した子ども数はやや減少する傾向を示しているが、依然として2人以上である。ここでは、(人口再生産が保てる) 近代的家族意識 (理想とする子ども数は2人程度) と (人口再生産が保てない) 脱近代的な実態 (子ども数は2人未満) が対立的な形で併存している (**図14-4**を参照)。

3　文化との関わり合い

1　文化的アイデンティティと家族

　グローバル化に伴う家族の脱固定化のトレンドには、それを支持する人々もいれば、それに反対する人々もいる。言葉 (language) と同様に、「家族」も文化的なアイデンティティを形成する潜在的要素である。日常生活では家族のこのような社会的な機能は見えにくいかもしれないが、実際政治的言説においても、メディアや学術的言説においても家族の変動は頻繁に話題になっている。その中で、急激な社会変動に伴う家族の変わり方はしばしば「危機」として表象される。そして、その「危機」だと認識された現象を逆転させることができそうにないとき、それは文化的アイデンティティ (また

は、ナショナルアイデンティティ)の危機として意識されやすくなる。このような危機感は（西欧諸国も含めて）いずれの国にしても生じうるのだが、中でもとりわけ（西欧北米からの影響を問題視する）非西欧文化圏でしばしば（民族性の強化を求めながら）台頭する。たとえば、戦後の日本ではアメリカ的な核家族モデルが日本に入りこんでくることに対して、日本の伝統の保持を憂慮した人々から強い反発が見られた。

現在グローバル化の時代において文化的な側面で「危機」意識の対象になりやすいのが家族の多様化（脱固定化）である。具体的には、家族の多様性を高めている（第二の人口転換論が論じるような）西欧的な個人化である。非西欧文化圏の中で、この西欧的な個人化を危機とみなす程度は社会によって異なる。そして同じ社会の中でも政治やメディア、学術など言説の領野によって危機感が異なっている。家族研究の場合では、たとえば、日本の家族社会学は私生活における対人関係の民主化をより重視し、東アジア諸国の中で最も西欧的な個人化を肯定する傾向を示しているが、それに対して、中国の家族社会学は正反対の立場をとっているように思われる。中国でも実際家族が多様化へ進むような現象は起きているものの、中国の家族社会学ではそれは文化的にも社会的にも憂慮すべき問題であるとみなされている。中国の家族研究では西欧的な個人化を肯定的なものとしてではなく、むしろ自己中心的かつ自分勝手な個人化として理解する傾向が強い。その背景には、個人化の進行が、家族を大事にする中国文化の伝統性とともに、社会そのものを破壊しかねないという不安がある。

2 普遍性と特殊性

上記の「文化的アイデンティティ」問題の延長線上で考えると、次のような比較文化論的なジレンマ（dilemma）が生じる。つまり、家族を普遍的かつ通文化的なものとみなせばよいのか、それとも各社会（文化）において（比較もできないほど相違する）独特なあり方をもつものとして理解すればよいのか、という問題である。前者はいわゆる家族の「普遍性」説、後者は家族の「特殊性」説とされる問題である。このジレンマは古くから存在するが、

グローバル化時代においても大きな難問である。その裏には、異なる社会における家族の比較可能性をめぐる問いがある。家族の通文化的な普遍性を主張する場合では、「家族は比較できる」という立場をとる傾向があるが、特定の社会における家族の特殊性（民族性）を主張する場合ではむしろ比較できないという立場がとられやすい。前者に関して言えば、たとえばかつてアメリカの人類学者であるジョージ・P・マードック（Murdock, George P.）は（実際疑問の余地がある）核家族普遍説を提案し、核家族は地域・時代を超えて人類社会に普遍的に存在するものだと主張した。だが、それに対して、たとえば日本の従来の「イエ」制度を日本独特な生活集団とみなし、ほかの社会・文化には存在しないものだとする主張もある。

　このジレンマに対する一致した見解はない。グローバル化時代の家族変動が今後ますます複雑になることはまちがいないだろう。ただ先に述べた家族の普遍性説と特殊性説は対立的な関係を持っているものの、ある種の共通点も指摘できる。すなわち、両者ともある具体的な（固有の）家族モデルの存在を想定しているということだ。だが、グローバル化時代においては家族モデルの多様化（脱固定化）によって家族の普遍的かつ通文化的なモデルも、そして家族の（民族性をもつ）特殊なモデルもともにその妥当性が低下する。むしろ、晩婚化（非婚化）、晩産化、少子化、離婚率の上昇などが（その程度が相違していても）先進国をともに特徴づけており、家族モデルの多元化が起きている。加えて東アジアでは、圧縮された近代化との関係で伝統的、近代的、および脱近代的な側面が併存することが現状であることから、家族の普遍性説にしろ、特殊性説にしろ、固定的なモデルの妥当性はさらに低下していくであろう。

3　収斂か分散か

　上のジレンマにもつながる問題だが、最後に家族の変動の方向性を問うことにしたい。具体的には、そもそも各社会における家族のあり方が家族変動のグローバルなトレンドによって収斂するのかという問題である。アメリカの社会学者であるタルコット・パーソンズ（Parsons, Talcott）は1950年代初期に、

諸社会は伝統社会から産業社会への転換を通じて家族のあり方が近代家族のモデル（第1-1節を参照）へと収斂すると主張し、後に収斂理論（convergence theory）と名付けられた理論の形成に貢献した。この理論においては、欧米社会が非西欧文化圏より先に進んでいるという考え方とともに、家族変動に関して、ある種の進化論的考え方が内包されていた。換言すれば、欧米社会と非西欧文化圏との間にある種の優劣関係が暗示されていた。だが、世界諸国の家族変動はパーソンズが主張した近代家族に接近する局面もあったものの、完全には近代家族モデルに収斂しなかった。非西欧文化圏の場合だけではなく、西欧諸国の中でも実際家族の変動にはパターンの偏差がみられる。かくして収斂理論は1970年代以降むしろ否定されるようになった。

ひるがえって、現在のグローバル化時代において、世界各国の社会変動、そしてその中での家族変動が、再び一元化する方向へ向かっているように見えるかもしれない。そして、西欧中心の個人化が非西欧文化圏より先に進んでおり、再び西欧と非西欧とのあいだに進化論的な優劣関係があるようにみえているかもしれない。しかし現在起こっている家族変動は家族を脱固定化させるという点で変化を共有しているに過ぎず、何らかのグローバルな家族モデルへの収斂を予想させるものとは言いがたい（第1-2節を参照）。他方で家族のあり方は、各国の社会・政治・経済制度に大きく影響されるものであり、著しく大きな多様性を示している。ヒト、モノ、アイディアの自由な流れが社会のグローバルな均質化をもたらすベクトルとして作用する側面を全く否定することはできないが、だからと言ってあらゆる社会が完全に欧米化するわけではない。むしろさまざまな社会がさまざまなかたちで家族の脱固定化を経験していくことになるのである。

〔参考文献〕

落合恵美子『近代家族とフェミニズム』勁草書房、1989年
　　近代とフェミニズムを歴史社会学的な視点から詳細に論じる。近代家族の特徴とともに、近代家族というパラダイムを知るために。

落合恵美子『21世紀家族へ──家族の戦後体制の見かた・超えかた』有斐閣、2004年

21世紀の家族像を描き出しながら、日本家族の戦後体制を詳細に解説する。

D・J・ヴァン・デ・カー（福田亘孝訳）「先進諸国における『第二の人口転換』」『人口問題研究』58（1）: 22-56、2002年
　第一の人口転換と第二の人口転換の異同とともに、先進工業国における第二の人口転換の現状を多面的かつ体系的に論じる。

A・ギデンズ（松尾精文・松川昭子訳）『親密性の変容 ── 近代社会におけるセクシュアリティ、愛情、エロティシズム』而立書房、1995年
　感情革命を背景に、私生活・対人関係の平等化・民主化を興味深く考察し理論化する。

Chang Kyung-Sup 張慶燮, *South Korea under Compressed Modernity: Familial Political Economy in Transition*, Routledge, 2010
　家族を中心に、韓国の社会変動を詳細に論じる。韓国、そして東アジア全般における圧縮された近代化を知るために。

G・P・マードック（内藤莞爾監訳）『社会構造 ── 核家族の社会人類学』新泉社、2001年
　通文化的な調査と統計法を援用し、核家族という家族形態の普遍性を論じる。

T・パーソンズ、R・F・ベールズ（橋爪貞雄他訳）『家族 ── 核家族と子どもの社会化』黎明書房、2001年
　アメリカの家族構造と子どもの社会化を検討しながら、産業社会における近代家族の有用性を論じる。

Ulrich Beck and Elisabeth Beck, Gernsheim, *Individualization: Institutionalized Individualism and Its Social and Political Consequences*, Sage Publications, 2002
　制度化された個人主義という概念を背景に、個人化に伴う社会政治変動を詳細に解説する。

野々山久也『現代家族のパラダイム革新 ── 直系制家族・夫婦制家族から合意制家族へ』東京大学出版会、2007年
　合意制家族という概念を中心に、家族ライフスタイル論を展開しながら、家族意識の変容と家族多様化の時代のあり方を論じる。

事項索引

【英数】

AMRO（ASEAN+3 Macroeconomic Office） 36
ASEAN人権宣言 76
BRICS銀行 37
CAP（Common Agricultural Policy: 共通農業政策） 173, 174
CMIM（チェンマイ・イニシャティブ） 36
CRA（Contingent Reserve Arrangement） 37
EC → 欧州共同体
ECB → 欧州中央銀行
ECSC → 欧州石炭鉄鋼共同体
EDC → 欧州防衛共同体
EEC → 欧州経済共同体
EU → 欧州連合
EURATOM → 欧州原子力共同体
Facebook 258
FRB（連邦準備理事会） 34
GEF → 地球環境ファシリティー
HIV 219
IMF → 国際通貨基金
IPCC 158
NATO（North Atlantic Treaty Organization: 北大西洋条約機構） 107, 172
ODA（政府開発援助） 155, 217, 220, 226
SDR（特別引出権） 37
SNS（ソーシャル・ネットワーキング・サービス） 258
UNDP（国連開発計画） 87, 165
UNEP（国連環境計画） 165
Yellow Monkeys 52
2001年同時多発テロ事件 244
3C 189

【あ行】

アイデンティティ 14, 230, 238, 246
アイデンティティ・ポリティクス 119
アイルランド共和軍（IRA暫定派） 137
アジアインフラ投資銀行（AIIB） 37, 76
アジア開発銀行（ADB） 37
アジア危機 33, 35
アジア通貨基金 36
アジェンダ21 163
新しい戦争（new war） 119
圧縮された近代化 279
アナーキー 5
アパルトヘイト条約 79
アフリカ連合 75
アムステルダム条約 177
アラブの春 112, 258
安全保障理事会 86
『硫黄島からの手紙』 55
域内市場統合戦略 175
イスラーム国（Islamic State; IS） 15, 105
イニシアティブ（Initiative 国民提案制度） 142
イラク戦争 116, 156
インテリジェンス 261
ヴェストファーレン（ウェストファリア）条約 45, 67
受け手 255
エスニシティ（ethnicity） 237, 239, 241
エスニック・コミュニティ 238, 239
M字型 271
欧州安定メカニズム（ESM） 35
欧州共同体（European Community: EC） 174-176
欧州経済共同体（European Economic Community: EEC） 172-174

286　事項索引

欧州原子力共同体（EURATOM）172, 174
欧州人権条約　75
欧州石炭鉄鋼共同体（European Coal and Steel Community: ECSC）168, 171, 172
欧州中央銀行（ECB）　35, 179
欧州悲観主義（Europessimism）　175
欧州防衛共同体（European Defence Community: EDC）　171, 172
欧州連合（European Union: EU）　168, 176-185
オクシデンタリズム　48
送り手　255
汚染者負担原則　157
「オフショア」市場　33
オリエンタリズム　48
『オリエンタリズム』　47, 49, 55

【か行】

開発援助委員会　209
価格効果　201
核家族普遍説　282
格差　220
加重投票制　86
家族の定義問題　275
活版印刷技術　251
カルチュラル・スタディーズ　49
環境劣化　221
勧告的意見　73
慣習国際法　63
関税貿易一般協定（GATT）　25
関税同盟（Customs Union）　172
環太平洋パートナーシップ（TPP）協定　26, 79
機会費用　111
気候変動問題　149
気候変動枠組条約　158, 163, 164
北アイルランド紛争　136
北大西洋条約機構 → NATO
キャッチアップ　189
キューバ・ミサイル危機　262
強行規範（jus cogens）　65
強制措置　72
共存の国際法　66
共存のための術　127
京都議定書　164
協力の国際法　67
虚像　56
拒否権　10, 72, 91
緊縮政策　33
近代家族　268
金融取引税　37
金融危機　33
金融のトリレンマ　34, 35
空席危機　173
クズネッツ仮説　199
グッド・ガヴァナンス　226
グローバル・ガヴァナンス　84
グローバル化（グローバリゼーション）　4, 229, 230, 243
グローバル・バリュー・チェーン　29
芸者　56
ゲイテッドコミュニティ　198
合意形成型デモクラシー（Consensus Democracy コンセンサス型）　136
合意制家族　277
合意は当事者を拘束する（pacta sunt servanda）　65
公害輸出　154
公共圏　251
構造調整貸付　223
公的領域　276
後発開発途上国　211
後法は前法に優先する　64
国際通貨基金（IMF）　27, 30, 35, 36, 86
国際開発協会（IDA）　36
国際関係学　4
国際機関　4
国際競争力　23
国際協力NGO　224, 225
国際結婚　273
国際公法（public international law）　62

国際公務員	87	コンストラクティヴィズム	14
国際司法裁判所（ICJ）	63	コンディショナリティ	32
国際私法（private international law）	62	コンテクスト	55
国際人権規約	71, 241		
国際人権レジーム	240, 241	【さ行】	
国際仲裁裁判所	70	サービス貿易	25
国際テロリズム	120	最恵国待遇	25
国際テロ組織	15	在日コリアン	235, 236, 242
国際復興開発銀行（IBRD）	30, 36, 86	サバルタン・スタディーズ	50
国際分業	20	サブプライム・ローン	34
国際平和支援法	78	『サユリ』	55
国際法委員会	71	サラリーマン家族	268
国際法における立憲化	65	参加デモクラシー（Participatory democracy）	139
国際法の構造転換	68	三十年戦争	67
国際油濁補償基金条約	160	三種の神器	189
国際連合	10, 84, 231, 240	自衛権	78
国際連盟	9	ジェノサイド条約	79
国際労働機関（ILO）	87, 232	シェンゲン協定	181
国内避難民	99	ジェンダー	50, 215
国連貿易開発会議（UNCTAD）	27	持続可能な開発〔発展〕	161, 216
国連開発計画 → UNDP		――のための2030年アジェンダ	222
国連海洋法裁判所	70	持続可能な開発目標（SDGs）	98, 222
国連環境開発会議（UNCED）	162	シティズンシップ教育（Citizenship education）	143
国連環境計画 → UNEP			
国連カンボジア暫定統治機構（UNTAC）	95	私的領域	276
国連教育科学文化機関（UNESCO）	87	ジハード	114
国連児童基金（UNICEF）	86	支配の様式	51
国連人権委員会	72	資本規制	32
国連人権高等弁務官事務所	98	資本・金融自由化	32
国連総会	86	資本収支危機	32, 33, 34
国連難民高等弁務官事務所（UNHCR）	87, 99	市民（public）ジャーナリズム	263
国連人間環境会議	160	自民族中心的	52
国連パレスチナ難民救済事業機関（UNRWA）	99	社会あるところに法あり（*Ubi societas, ibi ius*）	60
国連貿易開発会議	208	社会的共通資本	193
国連ミレニアム開発目標（MDGs）	97, 213, 214	銃器	54
		柔術	55
国家の三要素	68	自由シリア軍（FSA）	113
固定的な家族モデル	268	集団安全保障	9
		集団的自衛権	78

288　事項索引

柔道	55
自由貿易協定 (FTA)	26
自由貿易地域 (Free Trade Area)	172
シューマン・プラン	168, 169, 171
収斂理論 (convergence theory)	283
熟議デモクラシー論 (Deliberative democracy)	140
主権国家システム	5
主権平等原則	72
出入国管理及び難民認定法 (入管法)	235
純粋な関係性 (pure relationship)	277
『将軍』	51
常設国際司法裁判所	72
常任理事国	91
情報・コミュニケーション技術 (ICT)	121
――革命	250
植民地	208, 235, 241, 245, 247
植民地主義	41, 53
女性の社会進出	270
初等教育	215, 218
自立原理 (principle of autonomy)	277
新安全保障条約	78
人権理事会	98
新興工業化経済	213
新興国	34, 36, 37
新国際経済秩序	212
人種差別	49
人種主義 (racism)	243-247
人道的介入 (humanitarian intervention)	107
人道問題調整官室 (OCHA)	99
親密圏	275
親密性	277
人民の自決権	68
新冷戦	175
数量効果	201
スカーフ論争	246
スタンドバイ取極 (SBA)	36
ステレオタイプ	47, 55
ストルパー＝サミュエルソン効果	194
頭脳流出	232
政治的暴力	137
政治的リテラシー	145
脆弱国家 (fragile state)	117
正戦論	68
成長しない経済	213
生と死の美学	54
性による差別	220
政府開発援助 → ODA	
生物多様性条約	164
勢力均衡 (バランス・オブ・パワー)	6
世界開発報告	194
世界銀行	27, 36, 165, 223, 225
世界金融危機	34, 36
世界金融恐慌	231
世界システム	40
世界食糧計画 (WFP)	99
世界人権宣言	71, 90, 241
世界貿易機関 (WTO)	25, 70
世界労働	21
絶対優位・劣位	23
折衷理論 (Eclectic theory)	28
切腹	54
セルフ・オリエンタリズム	56
先住諸民族	239, 240
先住民	243, 245
全体主義 (Totalitarianism)	130
選択条項受諾宣言	72
相互確証破壊 (Mutual Assured Destruction: MAD)	7
相対的価値剥奪感	111
総力戦	105
ソフトパワー論	47
ソフト・パワー	256
ソフト・ロー	72

【た行】

第三次産業革命	255
第三世界	211, 227
第一次世界大戦	77

対テロ戦争	122	テロリズム	120
第二次世界大戦	77	伝統	46
対日平和条約	78	ドイツのヨーロッパ化	176, 180
第二の人口転換	270	ドイツ問題	169, 184, 185
代表制デモクラシー（Representative democracy）	140	同化政策	45
太平洋戦争	77	闘技デモクラシー論（Agonistic democracy）	140
第四世界	198	東京電力福島第一原子力発電所事故	151
多角的関税交渉	25	同性愛者	270
多国籍企業	14, 27, 213	ドーハ・ラウンド	26
他者のイメージ	51	「特殊性」説	281
他者のステレオタイプ	51	特別法は一般法に優先する	64
多数代表型デモクラシー（Majoritarian democracy ウエストミンスター型）	136	特化（産業の）	24

【な行】

脱近代化	270	内国民待遇	25
脱固定化	270	内戦（intra-state war）	106
脱植民地・独立運動	42	ナショナリズム（Nationalism）	17, 46, 130-133
ダブリン協定	181		
多文化共生	242, 243	ナホトカ号事故	152
多文化主義（multiculturalism）	239-243, 245	南極海捕鯨事件	72
		南南問題	213
単一欧州議定書（Single European Act: SEA）	175	南北問題	212
		難民	229, 231, 233-235, 244, 247
単記移譲式比例代表制（Single transferable vote: PR-STV）	138	ニース条約	177
		ニクソン・ショック	31
チェルノブイリ原発事故	151, 152	二重の封じ込め	170
チェンマイ・イニシャティブ（CMI）	36	日米安全保障条約	78
地球環境ガヴァナンス	164, 165	日米和親条約	77
地球環境ファシリティー（GEF）	165	日本家族の戦後体制	268
地方分権化（Devolution）	131	日本銀行	34
直接投資	27	日本軍	52
長距離越境大気汚染条約	153	日本国憲法	78
調査報道	256	人間開発	97
蝶々さん幻想	53	妊産婦死亡率	215, 219, 222
通貨危機	32	認証マーク	16
通貨統合	175	ネイション（Nation）	130-133
帝国主義	41		
──列強	208	【は行】	
デジタル・ネイティブ	263		
手作り自伝（do-it-yourself biography）	278	バーゼル条約	153
デモクラシー（Democracy）	127-130	排外主義	230, 244, 245, 246, 247

破綻国家（failed state）	117	文明人	52
発展途上国	209	米州開発銀行	37
パリ協定	158	米州人権条約	75
パリ万博	56	ヘイトクライム	49
万国公法	77	ヘイトスピーチ	244
バンドン会議	211	平和安全法制整備法	78
反－野蛮	40	平和維持活動（PKO）	87
比較優位・劣位	23	平和構築	96
東アジア地域包括的経済連携（RCEP）	26	平和五原則	211
		平和への課題	96
東日本大震災	259	ヘッジファンド	33
非合法移民	233, 234	ベトナム戦争	30
非国家主体	11, 14	ベルファスト（聖金曜日）和平合意	137
非政府組織（NGO）	4	法治主義（rule by law）	61
非嫡出子	271	法の一般原則	63
人及び人民の権利に関するアフリカ憲章（バンジュール憲章）	75	法の支配（rule of law）	61
		保護する責任（responsibility to protect; R2P）	100, 107
表現の自由	252	ポスト・ウェストファリア時代	184
貧困と飢餓	215, 221	ポストコロニアル	49, 50
ファシズム（Fascism）	128	ポツダム宣言	78
封じ込め戦略	169	ポピュリズム（Populism）	128, 134, 135
フェア・トレード	154	ポリティカル・コレクトネス	55
フォーラム・ショッピング	70		
福祉ショービニズム	182		
武士道	54	**【ま行】**	
『武士道』	56	マーシャル・プラン	170
双子の赤字	32	マーストリヒト条約	177
「普遍性」説	281	マーポール条約	160
普遍性と特殊性	281	マイノリティ	50
武力行使禁止原則	68	マリア・ルス号事件	77
ブルントラント委員会	161	満州事変	77
ブレトンウッズ機関	30, 96	民族独自の価値	41
ブレトンウッズ体制	29-31	無差別戦争観	68
プロパガンダ映画	52	ムスリム	244-246
文化	40	メキシコ危機	33, 35
文化帝国主義	46	メディア	250
文化的アイデンティティと家族	280	メディア・リテラシー	259
文化統合	44	モントリオール議定書	154, 164
文化の「変容」	51	**【や行】**	
紛争	221		
文明	41	野蛮人	52

ユーロ危機	178, 179
ゆたかな社会	192, 193
ヨーロッパ公法	68
ヨーロッパ憲法条約	177
ヨーロピアン・アイデンティティ	179
善き統治（Good governance）	130
抑止論	6

【ら行】

ライフイベント（life event）	278
ライフコース（life course）	277
ライフストラテジー（life strategy）	274
『ラスト サムライ』	53
ラムサール条約	159
リアリズム	5
リーマンショック	34
リベラリズム	9
良質の報道（quality journalism）	257
量的緩和政策	34
量的・質的緩和政策（異次元緩和）	34
領土問題	78
ルクセンブルクの妥協	173, 175
レイシズム	131
レジーム	165
レファレンダム（Referendum 国民投票制度）	142
連邦準備理事会 → FRB	
労働生産性	22
労働のディスカウント（不等労働量交換）	23
ローマクラブ	203
ローマ条約	172
ロンドン条約	159

【わ】

ワシントン条約	154, 164
湾岸戦争	156

人名索引

【あ行】

アサド，ハーフィズ（al-Asad, Ḥāfiẓ）	112
アサド，バッシャール（al-Asad, Bashshār）	112
アデナウアー，K.（Adenauer, Konrad）	169, 171
安倍晋三	188
アンダーソン，B.（Anderson, Benedict）	42, 132, 251
石川経夫	198
猪木武徳	191
岩井克人	202
ヴァン・デ・カー，D. J.（Van de Kaa, Dirk J.）	278
ウィリアムズ，R. H.（Williams, Raymond H.）	42
ウェーバー，M.（Weber, Max）	126
ウォーラーステイン，I（Wallerstein, Immanuel）	41
宇沢弘文	192
ウルフ，M.（Wolf, Martin）	196
オーウェル，G.（Orwell, George）	261
緒方貞子	99
落合恵美子	268

【か行】

ガリ，B.（Boutros-Ghali, Boutros）	96
カルドー，M.（Kaldor, Mary）	119
菅直人	188

ギデンズ, A.(Giddens, Anthony) 276
グーテンベルク, J.(Gutenberg, Johannes) 251
クラウゼヴィッツ, C. von(Clausewitz, Carl von) 108
グラムシ, A.(Gramsci, Antonio) 50
クリック, B.(Crick, Bernard) 127
ケインズ, J. M.(Keynes, John Maynard) 189
ゲルナー, E.(Gellner, Ernest) 132

【さ行】

ザートマン, I. W.(Zartman, I. William) 117
サイード, E. W.(Said, Edward W) 47
サッチャー, M.(Thatcher, Margaret) 175
シューマン, R.(Schuman, Robert) 168, 169, 171
シュミット, A. P.(Schmid, Alex P.) 121
ジョージ, S.(George, Susan) 196
神野直彦 189
杉本栄一 187
スタッツァー, A.(Stutzer, Alois) 190
スティグリッツ, J. E.(Stiglitz, Joseph Eugene) 198
スノーデン, E. J.(Snoden, Edward Joseph) 261
スピヴァク, G. C.(Spivak, Gayatri C) 50
スミス, A. D.(Smith, Anthony D.) 132
セン, A.(Sen, Amartya) 198

【た行】

タイラー, E.(Tylor, Edward) 42
ダニング, J.(Dunning, John) 28
張慶燮(Chang Kyung-Sup) 279
ドゴール, C.(de Gaulle, Charles) 173, 174
ドロール, J.(Delors, Jacques) 175

【な行】

ナイ, J. S. Jr.(Nye, Joseph S. Jr) 255
ニクソン, R.(Nixon, Richard) 31
野々山久也 277

【は行】

パーソンズ, T.(Parsons, Talcott) 282
バーバ, H. K.(Bhabha, Homi K) 49
ハーバーマス, J.(Habermas, Jrgen) 251
ハッチンソン, J.(Hutchinson, John) 132
ピグー, A. C.(Pigou, Arthur Cecil) 199
ピケティ, T.(Piketty, Thomas) 199
ファノン, F.(Fanon, Frantz) 50
フライ, B. S.(Frey, Bruno S.) 190
ベック, U.(Beck, Ulrich) 277
ベネディクト, R.(Benedict, Ruth) 48
ホイートン, H.(Wheaton, Henry) 75
ホッブズ, T.(Hobbes, Thomas) 6, 60
ホブズボーム, E. J.(Hobsbawm, Eric J.) 132

【ま行】

マーシャル, A.(Marshall, Alfred) 199
マードック, G. P.(Murdock, George P.) 282
ミシャン, E. J.(Mishan, Ezra J.) 191
ミッテラン, F.(Mitterrand, Franois) 175
ミル, J. S.(Mill, John Stuart) 129, 199
メドウズ, D. H.(Meadows, Donella H.) 204
モネ, J.(Monnet, Jean) 169, 171, 184

【や・ら行】

吉川洋 189
リカード, D.(Ricardo, David) 21
リップマン, W.(Lippmann, Walter) 253
ルソー, J. J.(Rousseau, Jean-Jacques) 60, 140
レイプハルト, A.(Lijphart, Arend) 136
レーガン, R.(Reagan, Ronald) 31
レスタギ, R. J.(Lesthaeghe, Ron J.) 278
ローソン, B. E.(Rowthorn, Bob E.) 202
ロック, J.(Locke, John) 9

編者・執筆者紹介 （※印編者）

※板木　雅彦（いたき　まさひこ）
　　立命館大学国際関係学部教授（国際貿易投資論）
　　『国際過剰資本の誕生』ミネルヴァ書房（2006年）
　　『現代世界経済をとらえる』東洋経済新報社（2010年）

※本名　純（ほんな　じゅん）
　　立命館大学国際関係学部教授（東南アジア政治）
　　『民主化のパラドックス —— インドネシアにみるアジア政治の深層』岩波書店（2013年）
　　『2009年インドネシアの選挙 —— ユドヨノ再選の背景と第二期政権の展望』（共編）アジア経済研究所（2010年）

※山下　範久（やました　のりひさ）
　　立命館大学国際関係学部教授（歴史社会学）
　　『世界システム論で読む日本』講談社（2003年）
　　『現代帝国論』NHK出版（2008年）

　足立　研幾（あだち　けんき）
　　立命館大学国際関係学部教授（国際政治学）
　　『オタワプロセス —— 対人地雷禁止レジームの形成』有信堂高文社（2004年）
　　『国際政治と規範 —— 国際社会の発展と兵器使用をめぐる規範の変容』有信堂高文社（2015年）

　大田　英明（おおた　ひであき）
　　立命館大学国際関係学部教授（国際金融論）
　　『IMF：使命と誤算』中央公論新社（2009年）
　　『資本規制の経済学』日本評論社（2012年）
　　Capital Market and Rating Agencies in Asia: Structuring a Credit Risk Rating Model, Ch.4 (India), Ch7 (Pakistan), Ch10 (Philippines), Nova Publishers (2012)

　中本真生子（なかもと　まおこ）
　　立命館大学国際関係学部准教授（比較文化論、歴史学）
　　『アルザスと国民国家』晃洋書房（2008年）
　　『フランス史研究入門』（共著）山川出版社（2011年）

池田　淑子（いけだ　よしこ）
　　立命館大学国際関係学部准教授（カルチュラル・スタディーズ）
　　『映画に見る日米相互イメージの変容 ── 他者表象とナショナル・アイデンティティの視点から』大阪大学出版会（2014年）
　　"Godzilla and the Japanese after World War II: From a Scapegoat of the Americas to a Savior of the Japanese," *Acta Orientalia Vilnesia* 12 (2012): 43-62.

西村　智朗（にしむら　ともあき）
　　立命館大学国際関係学部教授（国際法）
　　『国際環境条約・資料集』（共編）東信堂（2014年）
　　「多数国間環境協定と『他の国際文書』との相互関連 ── 名古屋議定書を素材として ── 」『国際法外交雑誌』113巻4号1-19頁（2015年）

石原　直紀（いしはら　なおき）
　　立命館大学国際関係学部教授（国際連合論）
　　『人類の道しるべとしての国際法』（共著）国際書院（2011年）
　　『国際機構論』(共著) ミネルヴァ書房（2013年）

末近　浩太（すえちか　こうた）
　　立命館大学国際関係学部教授（中東地域研究、国際政治学、比較政治学）
　　『現代シリア・レバノンの政治構造』（共著）(2009年)
　　『イスラーム主義と中東政治 ── レバノン・ヒズブッラーの抵抗と革命』名古屋大学出版会（2013年）

南野　泰義（みなみの　やすよし）
　　立命館大学国際関係学部教授（政治学、比較政治学）
　　アンソニー・D・スミス『ネイションとエスニシティ ── 歴史社会学的考察』共訳　名古屋大学出版会（1999年）
　　「1998年『ベルファスト和平合意』の構造(1)(2・完)」『立命館国際研究』第24巻第2号（2011年）101-119頁、同第3号（2012年）43-71頁

大島　堅一（おおしま　けんいち）
　　立命館大学国際関係学部教授（環境経済学）
　　『再生可能エネルギーの政治経済学』東洋経済新報社（2010年）
　　『環境の政治経済学』（共著）ミネルヴァ書房（2010年）
　　『原発のコスト』岩波書店（2011年）
　　『原発はやっぱり割に合わない』東洋経済新報社（2013年）

編者・執筆者紹介

益田　実（ますだ　みのる）
　　立命館大学国際関係学部教授（欧米政治史）
　　『欧米政治外交史 ―― 1871〜2012』（共著）ミネルヴァ書房（2013年）
　　『冷戦史を問いなおす ――「冷戦」と「非冷戦」の境界』（共著）ミネルヴァ書房
　　（2015年）

星野　郁（ほしの　かおる）
　　立命館大学国際関係学部教授（ヨーロッパ統合）
　　『グローバル・エコノミー（第3版）』（共著）有斐閣アルマ（2012年）
　　『EU経済・通貨統合とユーロ危機』日本経済評論社（2015年）

高橋　伸彰（たかはし　のぶあき）
　　立命館大学国際関係学部教授（日本経済論）
　　『アベノミクスは何をもたらすのか』（水野和夫氏との共著）岩波書店（2013年）
　　『グローバル化と日本の課題』岩波書店（2005年）

中川　涼司（なかがわ　りょうじ）
　　立命館大学国際関係学部教授（開発経済論）
　　『中国のIT産業 ―― 経済成長方式転換の中での役割』ミネルヴァ書房（2007年）
　　『東アジアの企業経営　多様化するビジネスモデル』（共編著）ミネルヴァ書房
　　（2009年）

南川　文里（みなみかわ　ふみのり）
　　立命館大学国際関係学部教授（社会学、アメリカ研究）
　　『アメリカ多文化社会論 ――「多からなる一」の系譜と現在』法律文化社（2016年）
　　『「日系アメリカ人」の歴史社会学 ―― エスニシティ、人種、ナショナリズム』
　　彩流社（2007年）

岡田　滋行（おかだ　しげゆき）
　　立命館大学国際関係学部特別任用教授（ジャーナリズム論、インテリジェンス論）
　　『アムリツァル　ネール・ガンジー王朝の崩壊』新評論（1991年）
　　『読売新聞社説集　英語で読み解く世界と日本』技術評論社（2006年）

ライカイ・ジョンボル（RAJKAI Zsombor）
　　立命館大学国際関係学部准教授（家族社会学）
　　『競合する家族モデル論』京都大学学術出版会（2014年）
　　Family and Social Change in Socialist and Post-Socialist Societies: Change and Continuity in Eastern Europe and East Asia (ed.) Brill (2014)

編　者

板木　雅彦、本名　純、山下　範久

執筆分担

足立　研幾（第1章）　　　　大島　堅一（第8章）
板木　雅彦（第2章1・2節）　益田　実（第9章1節・2節1）
大田　英明（第2章3節）　　　星野　郁（第9章2節2-6、3・4節）
中本真生子（第3章1・2・3節）高橋　伸彰（第10章）
池田　淑子（第3章4節）　　　中川　涼司（第11章）
西村　智朗（第4章）　　　　南川　文里（第12章）
石原　直紀（第5章）　　　　岡田　滋行（第13章）
末近　浩太（第6章）　　　　ライカイ・ジョンボル（第14章）
南野　泰義（第7章）

Prelude to International Relations

プレリュード国際関係学

2016年3月31日　　初　版第1刷発行
2018年3月31日　　初　版第2刷発行

〔検印省略〕
定価はカバーに表示してあります。

編者Ⓒ板木雅彦・本名純・山下範久　　発行者　下田勝司　　印刷・製本／中央精版印刷

東京都文京区向丘1-20-6　　郵便振替00110-6-37828
〒113-0023　　TEL (03)3818-5521　　FAX (03)3818-5514

発行所　株式会社　東信堂

Published by TOSHINDO PUBLISHING CO., LTD.
1-20-6, Mukougaoka, Bunkyo-ku, Tokyo, 113-0023, Japan
E-mail: tk203444@fsinet.or.jp　http://www.toshindo-pub.com

ISBN978-4-7989-1355-1 C3031　　Copyright Ⓒ M. Itaki, J. Honna, N. Yamashita

東信堂

国際法新講〔上〕〔下〕	田畑茂二郎	〔上〕二九〇〇円／〔下〕二七〇〇円
ベーシック条約集 二〇一六年版	編集代表 松井芳郎	三八〇〇円
ハンディ条約集〔第2版〕	編集代表 薬師寺・坂元・浅田	二六〇〇円
国際環境条約・資料集	編集代表 薬師寺・富岡・田中・薬師寺	一五〇〇円
国際環境条約集〔第2版〕	編集代表 松井・富岡・田中・薬師寺	八六〇〇円
国際人権条約・宣言集〔第3版〕	編集代表 松井・薬師寺・坂元・徳川	三八〇〇円
国際機構条約・資料集〔第2版〕	編集代表 香西・安藤	三二〇〇円
国際機構条約・資料集	編集 松井・小畑・田中・徳川	三八〇〇円
判例国際法〔第2版〕	編集代表 松井芳郎	三八〇〇円
国際環境法の基本原則	松井芳郎	三八〇〇円
国際立法—国際法の法源論	髙桑昭	六五〇〇円
国際民事訴訟法・国際私法論集	中村道	八六〇〇円
国際機構法の研究	田中則夫	六八〇〇円
国際海洋法の現代的形成	坂元茂樹編著	四六〇〇円
条約法の理論と実際	坂元茂樹	四二〇〇円
国際海峡	村瀬信也	六八〇〇円
日中戦後賠償と国際法	浅田正彦	五二〇〇円
国際法〔第2版〕	浅田正彦編著	二九〇〇円
小田滋・回想の海洋法	小田滋	七六〇〇円
小田滋・回想の法学研究	小田滋	四八〇〇円
国際法と共に歩んだ六〇年—学者として裁判官として	小田滋	六八〇〇円
21世紀の国際法秩序—ポスト・ウェストファリアの展望	R・フォーク／川崎孝子訳	三八〇〇円
国際法から世界を見る—市民のための国際法入門〔第3版〕	松井芳郎	二八〇〇円
国際法／はじめて学ぶ人のための〔新訂版〕	大沼保昭	三六〇〇円
プレリュード国際関係学	板木雅彦	二四〇〇円
核兵器のない世界へ—理想への現実的アプローチ	黒澤満編	二三〇〇円
軍縮問題入門〔第4版〕	黒澤満著	二五〇〇円
国際法と共に歩んだ六〇年	山下範久	三〇〇〇円
ワークアウト国際人権法	中坂・徳川編訳／W・ベネデック編	二八〇〇円
難民問題と『連帯』—EUのダブリン・システムと地域保護プログラム	中坂恵美子	二八〇〇円
難民問題のグローバル・ガバナンス—人権を理解するために	中山裕美	三二〇〇円

〒113-0023 東京都文京区向丘1-20-6　TEL 03-3818-5521　FAX 03-3818-5514　振替 00110-6-37828
Email tk203444@fsinet.or.jp　URL:http://www.toshindo-pub.com/

※定価：表示価格（本体）＋税

IRA	Irish Republican Army	アイルランド共和軍
IRC	International Red Cross	国際赤十字
IS	Islamis State	イスラーム国
ISO	International Organization for Standardization	国際標準化機構
ITER	International Thermonuclear Experimental Reactor	国際熱核融合実験炉
ITU	International Telecommunication Union	国際電気通信連合
IUCN	International Union for Conservation of Nature and Natural Resources	国際自然保護連合
IWC	International Whaling Commission	国際捕鯨委員会
JET	Japan Exchange and Teaching	JET（日本の中・高校生の外国語教育の一環として、外国の青年を日本に招く事業）
JETRO	Japan External Trade Organization	日本貿易振興会（ジェトロ）
JICA	Japan International Cooperation Agency	国際協力機構
KEDO	Korean Peninsula Energy Development Organization	朝鮮半島エネルギー開発機構
LDC	Least Developed Countries	後発開発途上国
MAD	Mutual Assured Destruction	相互確証破壊
MDGs	Millennium Development Goals	ミレニアム開発目標
MERCOSUR	Mercado Común del Sur	南米共同市場（メルコスール）
MFN	Most-Favored-Nation Treatment	最恵国待遇
MIGA	Multilateral Investment Guarantee Agency	多数国間投資保証機関
MNC	Multi National Corporation	多国籍企業
MTCR	Missile Technology Control Regime	ミサイル関連技術輸出規制
NAFTA	North American Free Trade Agreement	北米自由貿易協定
NAM	Non-Allied Movement	非同盟運動
NATO	North Atlantic Treaty Organization	北大西洋条約機構
NGO	Non-Governmental Organization	非政府組織
NIEO	New International Economic Order	新国際経済秩序
NIEs	Newly Industrializing Economies	新興工業経済群
NMD	National Missile Defense	（米国の）国家ミサイル防衛
NPO	Non-Profit Organization	非営利組織
NPT	Treaty on the Non-Proliferation of Nuclear Weapons	核不拡散条約
NSG	Nuclear Suppliers Group	原子力供給国グループ
OAS	Organization of American States	米州機構
OAU	Organization of African Unity	アフリカ統一機構
ODA	Official Development Assistance	政府開発援助
OECD	Organisation for Economic Cooperation and Development	経済協力開発機構
OEM	Original Equipment Manufacturing	相手先ブランドによる製品供給
OPCW	Organisation for Prohibition of Chemical Weapons	化学兵器禁止機関
OPEC	Organization of Petroleum Exporting Countries	石油輸出国機構
OSCE	Organization for Security and Cooperation in Europe	欧州安全保障・協力機関
PECC	Pacific Economic Cooperation Council	太平洋経済協力会議
PFP	Partnership for Peace	平和のためのパートナーシップ
PKF	Peacekeeping Force	国連平和維持軍
PKO	Peacekeeping Operation	国連平和維持活動
PLC	Product Life Cycle	製品ライフサイクル
PLO	Palestine Liberation Organization	パレスチナ解放機構
PPP	Polluter Pays Principle	汚染者負担原則
PPP	Purchasing Power Parity	購買力平価
PRSPs	Poverty Reduction Strategy Papers	貧困削減戦略ペーパー